W0259173

Springers
Angewandte Informatik

Herausgegeben von Helmut Schauer

Listen, Bäume und Graphen als Objekte

Mit Beispielen in Object Pascal

Daniel Schaerer

Springer-Verlag Wien New York

Dipl.-Math. Daniel Schaerer
Institut für Informatik
Universität Zürich, Schweiz

Satz: Reproduktionsfertige Vorlage des Autors
Gedruckt auf säurefreiem, chlorfrei gebleichtem Papier – TCF

Die deutsche Bibliothek – CIP-Einheitsaufnahme

Schaerer, Daniel:
Listen, Bäume und Graphen als Objekte : mit Beispielen in Object Pascal / Daniel Schaerer. – Wien ; New York : Springer, 1994
(Springers angewandte Informatik)
ISBN-13: 978-3-211-82578-5 e-ISBN-13: 978-3-7091-9360-0
DOI: 10.1007/ 978-3-7091-9360-0

ISSN 0178-0069

Vorwort

Der Objektbegriff hat sich in vielen Bereichen der Informatik als äusserst fruchtbar erwiesen. Ein Objekt verknüpft, vereinfacht gesagt, eine Datenstruktur mit zugehörigen Algorithmen; es liegt deshalb nahe, Datenstrukturen und Algorithmen mittels objektorientierter Verfahren zu entwickeln. Erstaunlicherweise wird dies in der reichhaltigen Literatur zur Entwicklung von Datenstrukturen und Algorithmen noch wenig getan. Dieses Buch soll dazu beitragen, die Lücke zu schliessen.

Welche Vorteile können wir vom objektorientierten Ansatz erwarten? Ein wichtiger Vorteil ist, dass er helfen kann, Datenstrukturen und Algorithmen auch bei nichttrivialen Aufgabenstellungen verständlich darzustellen: Er fördert eine Entwurfsweise, die jede Aufgabe in überschaubare Teilaufgaben zerlegt, zudem lassen sich einfache Aufgaben durch Vererbung in kleinen Schritten zu schwierigeren Aufgaben erweitern. Hinzu kommt als weiterer Vorteil, dass der Vererbungsmechanismus vermehrte Möglichkeiten zur Wiederverwendung einmal entwickelter Datenstrukturen und Algorithmen bietet. Wer also eine bestimmte Aufgabe lösen muss, kann beispielsweise aus einem Lehrbuch nicht nur Lösungsideen beziehen, sondern in vielen Fällen die Lösungen direkt verwenden.

Das Buch führt in den Umgang mit einer sehr wichtigen Art von Daten ein, nämlich mit solchen, die als Listen, Bäume oder Graphen gegliedert sind. Für solche Daten entwickelt es geeignete Datenstrukturen und stellt Algorithmen zur Lösung einer Reihe wichtiger Aufgabenstellungen vor. Dabei macht es sich die oben erwähnten Vorteile des objektorientierten Ansatzes zunutze, indem es beispielsweise Bäume und Graphen mittels Vererbung von Listen ableitet. Mit ebendiesem objektorientierten Ansatz vertraut zu machen, ist das zweite Ziel des Buches: Die Listen, Bäume und Graphen spielen dabei die Rolle eines Fallbeispiels, anhand dessen es objektorientierte Entwurfs- und Programmierverfahren vorführt.

Alle Beispiele in diesem Buch sind in der Programmiersprache *Object Pascal* formuliert. Gegenüber jüngeren Sprachen wie etwa C++ hat diese Sprache den grossen Vorteil der Einfachheit, sie erweitert Pascal nur um die grundlegenden objektorientierten Konzepte. Es ist bei der Lektüre des Buches unbedingt empfehlenswert, die Beispiele auf einem Computer durchzuspielen. Sie wurden auf der Programmierumgebung *THINK Pascal* für Apple Macintosh entwickelt, lassen sich aber auch auf *Borland Pascal* für MS-DOS oder Windows übertragen, das ähnliche (leider nicht identische) objektorientierte Erweiterungen bietet.

Das Buch umfasst vier Teile. Teil 1 bietet einen Überblick über eine Reihe von Grundbegriffen der Informatik und ordnet den Begriff des Objektes darin ein. Wer sich in dieser Begriffswelt sicher fühlt, braucht diesen Teil nicht zu lesen. Die Teile 2, 3 und 4 behandeln Listen, Bäume respektive Graphen und sind einander im Aufbau ähnlich: Ein erstes Kapitel entwickelt jeweils eine Darstellung der Daten durch Objekte, ein zweites diskutiert ausgehend von dieser Darstellung Algorithmen für grundlegende Operationen, zusätzliche Kapitel behandeln weiterführende Themen. Die Resultate von Kapitel 2.4 werden in den Teilen 3 und 4 wieder verwendet; abgesehen davon lassen sich die drei Teile durchaus unabhängig voneinander lesen. Den Beginn jedes Kapitels bildet eine auf wenige Kernpunkte beschränkte Zusammenfassung des jeweiligen Inhalts.

Teil 1 setzt bescheidene Grundkenntnisse in mathematischer Sprechweise voraus. Es wäre möglich gewesen, die in diesem Teil eingeführten Begriffe streng mathematisch auf der Grundlage von Mengenlehre und Logik definieren. Ein solches Vorgehen ist aber nicht notwendig und wohl auch nicht nach jedermanns Geschmack. Deshalb verzichte ich weitgehend auf mathematischen Formalismus, versuche aber für erfahrene Leser erkennbar zu lassen, wie ein solcher aussehen würde.

Die in den Teilen 2, 3 und 4 aufgeführten Programmbeispiele bilden zusammen eine funktionsfähige Bibliothek zur Darstellung von Listen, Bäumen und Graphen. Diese wurde mit gutem Erfolg zur Realisierung mehrerer Anwendungen verwendet. Für anspruchsvolle Anwendungen kann sie zumindest als Grundlage dienen. Ein Überblick über diese Bibliothek, die auch in elektronischer Form erhältlich ist, findet sich im Anhang.

An dieser Stelle möchte ich mich bei Prof. Dr. Helmut Schauer bedanken. Er gab den Anstoss dazu, dass das Buch überhaupt entstanden ist. In unzähligen Diskussionen wirkte er als erster Prüfstein für meine Ideen. Ebenfalls bedanken möchte ich mich bei Prof. Dr. Clemens Cap, Gabriela Dörig, Rainer Nagel, Simona Rusnak und Anca Vaduva, die das Manuskript in seinen verschiedenen Entwicklungsstadien kritisch gelesen und durch viele Diskussionen zu seiner Abrundung beigetragen haben. Silvia Schilgerius vom Springer-Verlag bin ich dafür dankbar, dass sie sich durch mehrmalige Terminüberschreitung nicht beirren liess. Schliesslich gebührt ein grosser Dank meiner Familie, die in Kauf nehmen musste, dass ich mich vorübergehend von einem überzeugten Teilzeitvater in einen gehetzten kaum-Zeit-Vater verwandelte.

Zürich, Februar 1994

Daniel Schaerer

Inhalt

1 Objekte

Als Objekt bezeichnet man in der Umgangssprache etwas, das "ist" und womit man in der Regel "etwas tun" kann. In der Informatik hat dieser Begriff eine durchaus ähnliche Bedeutung. Eingeführt wurde er vor rund zwei Jahrzehnten durch die Programmiersprache Simula, populär gemacht durch Smalltalk und C++. Heute spielt er ausser bei Programmiersprachen auch in anderen Bereichen der Informatik eine wichtige Rolle, etwa bei Betriebssystemen und bei Datenbanken. Nicht immer wird er in genau derselben Bedeutung verwendet; dieses Buch folgt der Hauptströmung und weist gelegentlich auf andere Strömungen hin.

Bei näherer Betrachtung erweisen sich Objekte als Einheiten in dreierlei Hinsicht, nämlich als Einheiten der Gliederung, der Wiederverwendung und des Austausches. Kapitel 1.1 führt in einige wichtige Grundbegriffe der Informatik ein und weist den Objekten einen Platz als Gliederungseinheiten zu. Kapitel 1.2 erläutert die Bedeutung des Wiederverwendens von Problemlösungen und stellt Mechanismen dazu vor. Kapitel 1.3 zeigt, auf welche Arten Gliederungseinheiten austauschbar sein können.

1.1 Grundbegriffe

Kernpunkte dieses Kapitels:

- *Die typischen Aufgaben der Informatik lassen sich durch Anwendung von Funktionen auf Daten ausdrücken.*
- *Zur Lösung solcher Aufgaben müssen Daten und Funktionen durch Kombination elementarer Daten und Funktionen dargestellt werden. Gliederung in abstrakt formulierte Teilaufgaben hilft bei der Lösung grosser Aufgaben.*
- *Objekte sind Gliederungseinheiten, die sowohl Daten als auch Funktionen abstrahieren können. Sie werden in Object Pascal durch Klassen beschrieben.*

Daten und Funktionen

In der Informatik haben zwei Begriffe eine fundamentale Bedeutung: der Begriff des *Datenwerts* und der Begriff der *Funktion*. Ob es nun darum geht, eine Datenbank abzufragen oder nachzuführen, oder darum, einen gespeicherten Text zu betrachten oder zu verändern, oder auch nur um das Rechnen mit Zahlen, immer werden Funktionen auf Datenwerte angewendet.

Ein Beispiel: Wir möchten mit Zeitangaben rechnen, etwa Zeiten miteinander addieren können. Um das Beispiel einfach zu halten, beschränken wir uns auf die Addition von Zeitangaben modulo 24 Stunden, d.h. bei Addition über Mitternacht hinaus soll der Tageswechsel nicht berücksichtigt werden. Ein Datenwert ist also eine Zeitangabe der folgenden Art:

12:34

Die Menge aller Datenwerte umfasst die Zeitangaben von 0:00 bis 23:59. Die Funktion, welche die Summe zweier Zeitangaben modulo 24 Stunden bestimmt, ist eine Funktion mit zwei Argumenten und einem Resultat aus dieser Menge, entsprechend folgendem Bild:

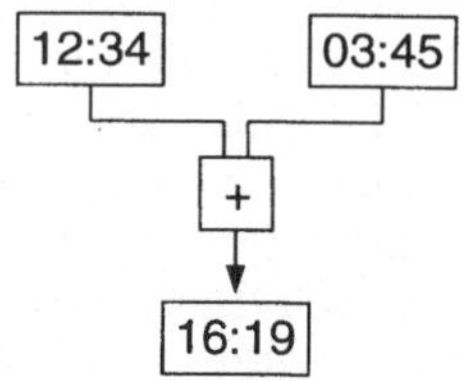

Oft gehören zu einer Aufgabe mehrere Funktionen, auch können dabei mehrere Mengen als Argument- und Resultatmengen auftreten. Eine Kombination einer oder mehrerer Mengen mit einer oder mehreren zwischen diesen Mengen wirkenden Funktionen heisst *Algebra*. Die Menge der Zeitangaben bildet zusammen mit der Additionsfunktion ein Beispiel einer Algebra. Weitere Beispiele von Algebren sind etwa die Menge der Werte "wahr" und "falsch" mit den logischen Grundoperationen, oder die Menge der ganzen Zahlen mit den arithmetischen Grundoperationen.

Speicher und Aktionen

Zur Datenverarbeitung gehört auch das Aufbewahren von Daten. Dies führt uns zu einem weiteren fundamentalen Begriff, nämlich jenem des *Speichers*. Ein Speicher "enthält" oder "hat" einen Datenwert, den man abfragen und – im Falle eines veränderbaren Speichers – verändern kann. Man spricht auch vom *Zustand* eines veränderbaren Speichers. Ein Speicher kann in der Regel nur Werte aus einer für diese Speicherart charakteristischen Menge enthalten. Ein Buch ist ein Beispiel eines nicht veränderbaren Speichers; Beispiele veränderbarer Speicher sind etwa ein Lichtschalter, eine Wandtafel, ein Plattenspeicher, eine Datei auf einem Plattenspeicher oder eine Variable in einem Pascal-Programm.

Eine *Abfrage* ist ein Vorgang, welcher den im Speicher enthaltenen Wert als Resultat liefert und ihn gleichzeitig im Speicher belässt:

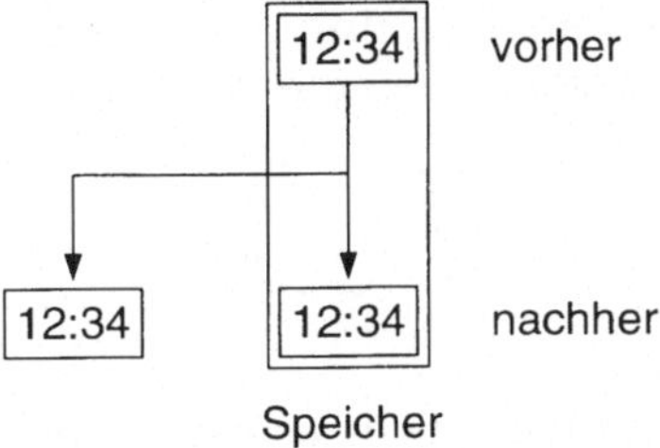

Bei einer *Veränderung* des Speicherzustands wird ein Wert in den Speicher übertragen, der vorher darin enthaltene Wert geht dabei verloren:

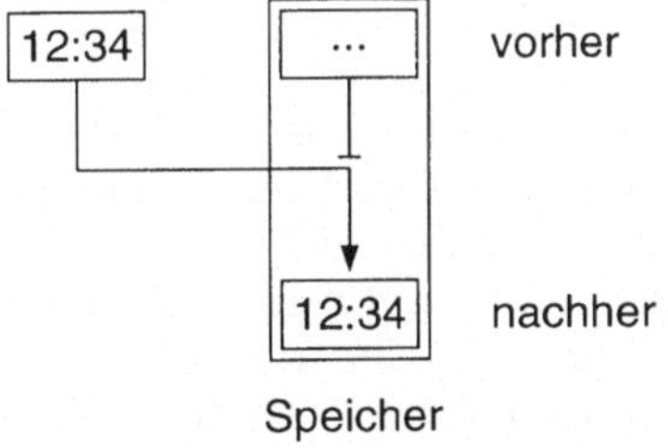

Die Abfrage lässt sich als Funktion mit einem Argument und zwei Resultaten verstehen, die Veränderung als Funktion mit zwei Argumenten und einem Resultat. In beiden Fällen tritt der Speicherinhalt sowohl als Argument als auch als Resultat auf, die Funktionen sind gewissermassen an den Speicher "gebunden". Um beliebige Speicheraufgaben beschreiben zu können, verallgemeinern wir diese Art von Verknüpfung zwischen Funktion und Speicher: Als *Aktion* bezeichnen wir eine Funktion mit einer zusätzlichen Zuordnung, die sie derart an einen oder mehrere Speicher bindet, dass deren Inhalte sowohl als Argumente als auch als Resultate auftreten. Die Wirkung der Aktion auf diese Speicher nennt man *Seiteneffekt*. Eine Aktion kann auch zusätzliche, ungebundene Argumente und Resultate haben, bezüglich welcher sie wie eine "reine" Funktion verwendet wird. Je nach Zusammenhang werden wir statt von Aktionen auch von *Zugriffsoperationen* sprechen.

Während man Datenwerte beliebig erzeugen, kopieren und wieder vergessen darf, gilt dies nicht für Speicher. Unter mehreren Speichern hat jeder eine eigene, unverwechselbare *Identität* – auch wenn sie denselben Wert enthalten, bleiben sie verschiedene Speicher. Um diese Identität auszudrücken, kann man Speicher mit Namen bezeichnen:

t
12:34

Für viele Anwendungen ist es zweckmässig, die Identität eines Speichers als Datenwert behandeln zu können. Ein solcher Datenwert ist also ein *Verweis* (engl. reference) auf einen Speicher, vergleichbar mit einer Telefonnummer oder mit einem Literaturverweis in einem Buch. Man kann den Zusammenhang zwischen einem Verweis und dessen Ziel durch einen Pfeil darstellen:

Diese Pfeile darf man natürlich nicht verwechseln mit den Pfeilen, die wir zur Darstellung von Funktionen benützt haben. Den Datenwert, der die Verknüpfung herstellt, lässt man in dieser Darstellung meist weg:

Eng verwandt mit dem Aufbewahren ist auch das *Übermitteln* von Datenwerten. Ein Kommunikationssystem besteht aus selbständigen Einheiten, die untereinander verbunden sind und sich gegenseitig *Meldungen* übermitteln können. Jede dieser Einheiten hat eine eigene Identität, vergleichbar mit jener eines Speichers. In der Tat lassen sich Speicheroperationen als Spezialfälle der Kommunikation verstehen: Um einen Speicher zu verändern, muss man ihm einen Datenwert übermitteln, und wenn man ihn abfragt, übermittelt er einen Datenwert als Antwort.

Datenstrukturen und Algorithmen

Wir haben bisher Aufgaben mittels Mengen und Funktionen beschrieben und dabei stillschweigend vorausgesetzt, dass diese wirklich existieren. Dies ist aber gar nicht so selbstverständlich. Beispielsweise existiert die Menge aller Zeitangaben nur in unserer Vorstellung. Um mit Zeitangaben arbeiten zu können, müssen wir sie *darstellen*, etwa durch Zeigerstellungen oder durch Text:

Eine Menge darzustellen bedeutet, jedem ihrer Elemente ein eindeutiges Element aus einer "Bildmenge" zuzuordnen. Wenn man dies für die Argument- und Resultatmengen einer Funktion tut, ergibt sich auf natürliche Weise zwischen den Bildmengen eine Darstellung für die Funktion selbst, nämlich durch jene Funktion, die den Bildern beliebiger Argumente die Bilder entsprechender Resultate zuordnet. Beispielsweise wird bei der Darstellung von Zeitangaben durch Text die Addition von Zeitangaben durch eine "Addition von Texten" dargestellt, welche etwa den Texten `12:34` und `03:45` den Text `16:19` zuordnet.

Nun wollen wir eine Aufgabe für jemanden beschreiben, der nur ein beschränktes Repertoire an Werten, Speicherarten und Funktionen kennt. Nur in einfachen Fällen können wir die benötigten Datenwerte unmittelbar durch Werte aus dem Repertoire darstellen. Beispielsweise lässt sich eine Zeitangabe durch die Gesamtzahl der Minuten seit Mitternacht darstellen, sofern das Repertoire eine genügend grosse Teilmenge der ganzen Zahlen enthält. Es gibt aber einen naheliegenden Weg, das Wert-Repertoire zu erweitern, nämlich durch Kombination der vorhandenen Werte. So kann man eine Zeitangabe durch ein *Paar* ganzer Zahlen für die Stunden und Minuten darstellen:

12	34

In Pascal formuliert man ein solches Paar zweckmässigerweise als Record mit zwei Komponenten, beschrieben durch folgenden Typ:

```
type Time = record
  h, m: Integer;
  end;
```

Die Werte der Komponenten eines Records sind einzeln zugänglich (präzise ausgedrückt: Es gibt Funktionen, welche die Komponentenwerte liefern), man sagt deshalb auch, Records seien *strukturierte Werte*. Allgemein verstehen wir darunter einen Wert, der aus Komponentenwerten kombiniert und aus welchem die Komponentenwerte rekonstruiert werden können (jeweils mit Hilfe geeigneter Funktionen). Pascal kennt vier Arten strukturierter Werte, nämlich Records, Arrays, Dateien und Mengen; die entsprechenden Typen heissen *strukturierte Typen*.

Um Werte dieses erweiterten Repertoires speichern zu können, muss man auch das Repertoire an Speicherarten erweitern. Zumindest in gewissen Fällen gibt es dazu wieder einen naheliegenden Weg: Ein Speicher für strukturierte Werte kann aus einzeln zugänglichen Speichern für Komponentenwerte bestehen. In Pascal sind Record-, Array- und Dateivariablen so organisiert, beispielsweise ist eine Variable vom Typ Time ein Paar von Variablen vom Typ Integer; bei einer Mengenvariablen dagegen sind die Komponenten nicht als Einzelvariablen zugänglich. Speicher für strukturierte Werte heissen *strukturierte Speicher*. Der Oberbegriff *Datenstruktur* steht für einen strukturierten Wert oder Speicher, in einem allgemeineren Sinn auch für eine *Beschreibung* strukturierter Werte oder Speicher.

Nun sind wir also in der Lage, auch komplexe Datenwerte durch Datenstrukturen darzustellen. Wie schon erwähnt, definiert eine Darstellung der Datenwerte auch eine Darstellung von Funktionen der Datenwerte, d.h. sie legt fest, welchen Argument-Datenstrukturen welche Resultat-Datenstrukturen zugeordnet werden sollen. Diese Funktionen sind aber im Funktionsrepertoire noch nicht enthalten, wir müssen deshalb auch dieses erweitern. Der naheliegende Weg besteht wieder darin, vorhandene Funktionen zu kombinieren. Eine solche Kombinationsvorschrift heisst *Algorithmus*. Beispielsweise lässt sich die Addition zweier durch Stunden und Minuten dargestellter Zeitangaben auf die Addition ganzer Zahlen zurückführen, entsprechend folgendem Bild:

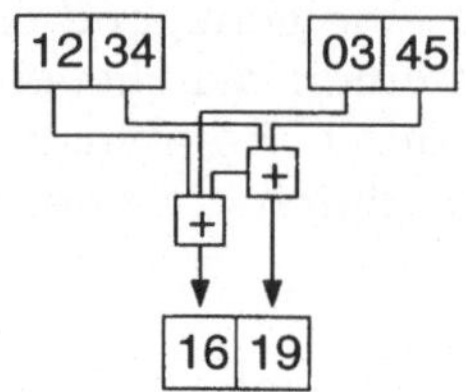

Das Bild ist ein Datenflussdiagramm, es gibt grafisch an, wie die Resultate von Teilfunktionen als Argumente anderer Teilfunktionen verwendet werden. Im vorliegenden Fall addiert der Algorithmus die Minuten (modulo 60) und die Stunden (modulo 24) einzeln, wobei er den Minutenübertrag in der Stundensumme mitberücksichtigt.

Ein verbreitetes Verfahren zur Formulierung von Algorithmen lehnt sich an menschliches Handeln an: Eine Funktion oder Aktion wird dabei aus einer Folge von Teilaktionen zusammengesetzt, entsprechend den Schritten, die nötig sind, um aus den Argumenten die Resultate zu bestimmen. Die Seiteneffekte der Teilaktionen können sich auf "Arbeitsspeicher" beschränken, die nur innerhalb des Algorithmus verwendet werden, sodass insgesamt kein Seiteneffekt entsteht. Pascal beruht auf diesem Verfahren, zur Angabe der Teilaktionen dienen *Anweisungen*, ein Arbeitsspeicher heisst *lokale Variable*. Wenn man das obige Datenflussdiagramm sinngemäss in Pascal formuliert, erhält man folgende Funktionsprozedur:

```
function TimeSum (t1, t2: Time): Time; 1
var c: Integer; t: Time;
begin
c := (t1.mm + t2.mm) div 60;
t.mm := (t1.mm + t2.mm) mod 60;
t.hh := (t1.hh + t2.hh + c) mod 24;
TimeSum := t;
end;
```

Insgesamt umfasst die Lösung einer Informatik-Aufgabe folgende Schritte:

- Zunächst muss man die benötigten Daten und Funktionen mittels Bedingungen beschreiben. Diese Beschreibung heisst *Spezifikation*.
- Nun muss man die Daten durch Datenstrukturen darstellen; dies ist ein erster Teil der *Implementation*.

---

1 Eigentlich darf in Pascal der Resultattyp einer Funktionsprozedur kein Record-Typ sein. Neuere Pascal-Dialekte wie beispielsweise THINK Pascal lassen dies aber zu.

- Anschliessend muss man Algorithmen für die Funktionen finden, und zwar für die entsprechend der Darstellung der Daten umgesetzten Funktionen. Dieser Schritt vervollständigt die Implementation.

Eigentlich gehört zur Lösung ein vierter Schritt, in welchem man die Algorithmen auf konkrete Datenwerte anwendet. Mit diesem Schritt befassen wir uns hier nicht, sondern betrachten eine Aufgabe als gelöst, sobald eine Implementation zur Verfügung steht.

Zu einer Spezifikation kann es mehrere Implementationen geben, und zwar kann man einerseits die Daten verschieden darstellen, andrerseits sind bei gegebener Darstellung für dieselbe Funktion verschiedene Algorithmen möglich. Die Wahl der Darstellung hat eine grosse Bedeutung, sie legt fest, welche Algorithmen möglich sind: Wenn man zum Beispiel Zeitangaben statt durch zwei Zahlen durch die Gesamtzahl der Minuten darstellt, ergibt sich ein einfacherer Additionsalgorithmus, dafür werden möglicherweise die Algorithmen für andere Funktionen komplizierter. (Wir werden auf dieses Beispiel in Kapitel 1.3 zurückkommen.)

Abstraktion

Die Entwicklung von Datenstrukturen und Algorithmen kostet Arbeit und gelingt bei komplexen Aufgaben selten fehlerfrei. Eine wichtige Strategie ist, geeignete *Teilaufgaben* festzulegen und unabhängig zu lösen. Die so entwickelten Teil-Datenstrukturen und Teil-Algorithmen können dann als Bausteine für die Gesamtlösung verwendet werden. Wenn die Aufgabe etwa lautete, einen Terminkalender zu verwalten, so würde sich das Rechnen mit Zeitangaben als Teilaufgabe anbieten. Man könnte also eine Datenstruktur `Time` sowie Algorithmen von der Art von `TimeSum` entwickeln und als Bausteine für die Terminkalender-Verwaltung einsetzen.

Diese Strategie des "Teilens und Herrschens" hat einen grossen Vorteil. Man kann nämlich erreichen, dass es im Rahmen der Gesamtaufgabe unwichtig ist, wie die Teilaufgaben gelöst werden. Dadurch kann man beispielsweise die Lösungen als Bausteine voraussetzen, bevor sie tatsächlich zur Verfügung stehen. Dies gelingt aber nur, wenn man die Teilaufgaben sorgfältig spezifiziert. Eine Spezifikation heisst *abstrakt* oder *Abstraktion* bezüglich gewisser Datenwerte oder Funktionen, wenn sie genügend Angaben festlegt, um diese Datenwerte und Funktionen verwenden zu können, ohne ihre Implementation zu kennen.

Die Spezifikation einer *Menge von Datenwerten* kann für sich betrachtet nicht abstrakt sein. Denn um diese Werte in irgendeiner Weise zu verarbeiten, benötigt man Funktionen, die solche Werte als Argumente verwenden oder als Resultate erzeugen. Die Implementation dieser Funktionen hängt aber von der Darstellung der Datenwerte ab, diese muss deshalb bekannt sein. Beispielsweise ist der oben beschriebene Additionsalgorithmus nur auf Zeitangaben anwendbar, die durch zwei Zahlen für

Stunden und Minuten dargestellt sind, weil er auf diese Zahlen einzeln zugreift.

Hingegen ist die Spezifikation einer *Funktion*, bei vorgegebener Darstellung der Argumente und Resultate, immer abstrakt. Um dies zu veranschaulichen, ergänzen wir das obige Datenflussdiagramm des Additionsalgorithmus für Zeitangaben mit einem Rahmen, der die Komponenten des Algorithmus einschliesst:

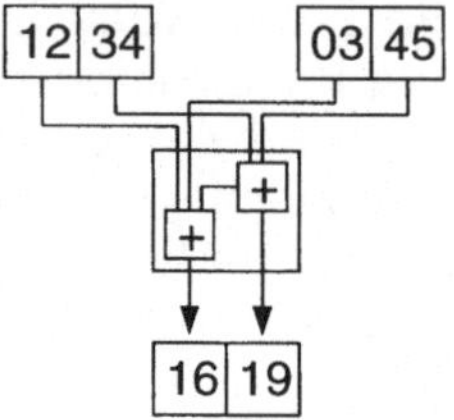

Zur Anwendung der Funktion muss man den Inhalt des Rahmens nicht kennen, man muss nur wissen, welche Datenwerte hinein- und wieder herausfliessen:

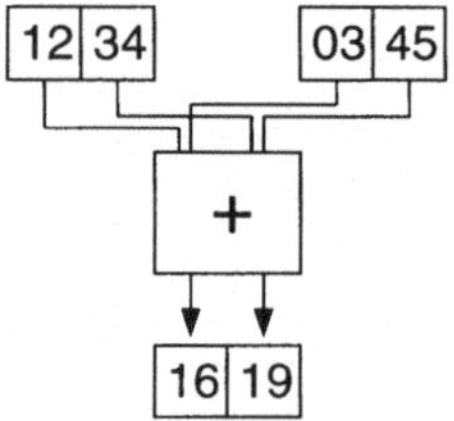

Pascal bietet zur Abstraktion von Funktionen und Aktionen den Begriff der *Prozedur*. Die oben vorgestellte Funktionsprozedur TimeSum ist ein Beispiel dafür. Der *Kopf* einer Prozedur benennt die Funktion und gibt ihre Argument- und Resultatmengen an:

```
function TimeSum (t1, t2: Time): Time;
```

Zur Anwendung der Funktion muss man die Argumentwerte bereitstellen und die Prozedur "rufen", sie liefert dann die Resultatwerte (im Falle einer Aktion kann sie auch direkt die gewünschten Seiteneffekte bewirken). Der Algorithmus, der die Funktion oder Aktion implementiert, ist im *Rumpf* der Prozedur beschrieben.

Wir haben schon festgestellt, dass man Datenwerte allein nicht abstrakt spezifizieren kann: Zur Verarbeitung dieser Werte benötigt man Funktionen, deren Implementation wiederum von der Darstellung der Daten abhängt. Es liegt nun nahe, die benötigten Funktionen *gemeinsam* mit den Datenwerten, d.h. in einer *Algebra* zu spezifizieren. Nun ist allerdings nicht jede Spezifikation einer Algebra abstrakt. Beispielsweise würde es nicht genügen, die Spezifikation von Time und TimeSum unter einem Hut zu vereinigen; wie das folgende Beispiel verdeutlicht, müsste man nämlich zur Anwendung von TimeSum nach wie vor wissen, dass eine Zeitangabe die zwei Komponenten h und m hat, um die Argumente bereitzustellen und das Resultat zu interpretieren:

```
var a, b, c: Time;
...
Read(a.h, a.m);
Read(b.h, b.m);
c := TimeSum(a, b);
WriteLn(c.h, c.m);
...
```

Damit man die Darstellung der Daten nicht kennen muss, muss die Spezifikation der Algebra Funktionen umfassen, mit denen Datenwerte erzeugt und interpretiert werden können. In unserem Beispiel könnten dies Funktionen sein, die aus der Zahl der Stunden und Minuten eine (abstrakte) Zeitangabe erzeugen und umgekehrt:

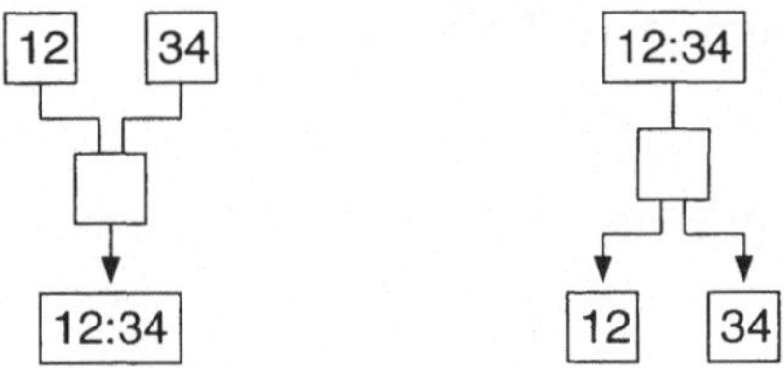

In Pascal würden diese Funktionen folgenden Prozedurköpfen entsprechen:

```
function TimeAt (h, m: Integer): Time;

function Hours (t: Time): Integer;
function Minutes (t: Time): Integer;
```

Erst bei der so erweiterten Spezifikation kann man die Darstellung von Time frei wählen, sie wird durch die zusätzlichen Funktionen abgeschirmt; die Spezifikation ist also sowohl bezüglich der Zeitangaben als auch bezüglich der zugehörigen Funktionen abstrakt. Eine Spezifikation einer Algebra, die bezüglich einer Menge von Datenwerten abstrakt ist, heisst auch *abstrakter Datentyp*.

Die Spezifikation einer Teilaufgabe dient ursprünglich nur als verbindliche Grundlage für die Implementation. Bei der Anwendung der Implementation wäre es grundsätzlich möglich, Eigenschaften zu benützen, die in der Spezifikation nicht aufgeführt sind. Dies widerspricht aber dem Ziel der Abstraktion; bei abstrakt definierten Aufgaben ist deshalb die Spezifikation auch für die Anwendung verbindlich, sie spielt damit die Rolle einer

Schnittstelle (engl. interface). Meist stehen Mechanismen zur Verfügung, die die Umgehung einer Schnittstelle verhindern; man spricht dabei von *Kapselung*. Beispielsweise kann eine Prozedur nicht anders verwendet werden, als es der Prozedurkopf vorsieht. Viele Programmiersprachen gestatten es zudem, Programme in *Module* zu gliedern. Ein Modul besteht aus einem Schnittstellen- und einem Implementationsteil und kann in der Regel einzeln vom Compiler übersetzt werden. In Object Pascal (und in einer Reihe anderer Pascal-Dialekte) heisst ein Modul *unit*. Ein Modul zur Lösung der Teilaufgabe "Rechnen mit Zeitangaben" könnte etwa so aussehen:

```
unit Time;

interface

  type Time = record
    hh, mm: Integer;
    end;

  function Hours (t: Time): Integer;
  function Minutes (t: Time): Integer;
  function TimeAt (h, m: Integer): Time;
  function TimeSum (t1, t2: Time): Time;

implementation

  function Hours (t: Time): Integer;
  begin
  Hours := t.hh;
  end;

  function Minutes (t: Time): Integer;
  begin
  Minutes := t.mm;
  end;

  function TimeAt (h, m: Integer): Time;
  var t: Time;
  begin
  t.hh := h;
  t.mm := m;
  end;

  function TimeSum (t1, t2: Time): Time;
  var c: Integer; t: Time;
  begin
  c := (t1.mm + t2.mm) div 60;
  t.mm := (t1.mm + t2.mm) mod 60;
  t.hh := (t1.hh + t2.hh + c) mod 24;
  TimeSum := t;
  end;

end.
```

Um ein solches Modul in einem anderen Programm oder Modul benützen zu können, muss man dort seinen Namen in einer **uses**-Vereinbarung aufführen:

```
program User;
uses Time;
...
end.
```

Dies bewirkt, dass alle im Schnittstellenteil von Time aufgeführten Vereinbarungen auch in User zur Verfügung stehen. Der Implementationsteil dagegen ist nicht sichtbar, er ist im Modul gekapselt. Das folgende Programm bestimmt die Summe zweier Zeitangaben mit Hilfe dieses Moduls:

```
program TimeCalculator;

uses Time;

var h1, m1, h2, m2: Integer; t: Time;

begin
Write('t1: '); ReadLn(h1, m1);
Write('t2: '); ReadLn(h2, m2);
t := TimeSum(TimeAt(h1, m1), TimeAt(h2, m2));
WriteLn('t1 + t2 = ', Hours(t), Minutes(t));
end.
```

Am Beispiel des Moduls Time zeigt sich ein Schönheitsfehler des Modulmechanismus von Object Pascal: Die Einzelheiten des Typs Time, d.h. die Komponenten hh und mm, sind in der Schnittstelle sichtbar, obwohl wir sie nicht benötigen und sogar ausdrücklich verbergen wollten. Wenn man sich bei der Implementation zu einer anderen Darstellung von Zeitangaben entschliessen sollte, würde sich dadurch auch die Schnittstelle verändern. Um die Implementation nicht einzuschränken, darf man deshalb als Benutzer nie auf Komponenten von Time zugreifen.

Objekte

Wir wissen bereits, dass man mittels abstrakter Datentypen die Darstellung von Datenwerten und Funktionen abschirmen kann. Nun wenden wir ein ähnliches Prinzip auf *Speicher* an. Als Beispiel betrachten wir eine Anwendung, bei der eine Zeitangabe gespeichert werden soll, ausserdem soll später die gespeicherte Zeitangabe um eine Zeitdifferenz erhöht werden. Dazu lässt sich durchaus das Modul Time verwenden:

```
var h, m: Integer; t: Time;
...
t := TimeAt(h, m);
...
t := TimeSum(t, TimeAt(h, m));
...
```

Die Formulierung der Aufgabe legt aber nahe, nicht nur die Darstellung der Werte und Funktionen in die Abstraktion einzubeziehen, sondern auch den Speicher selbst. Das Resultat wäre ein spezialisierter Speicher, der die Zugriffoperationen "Zeit setzen" und "Zeit erhöhen" anbietet, sodass man das obige Anwendungsbeispiel wie folgt schreiben könnte:

```
var h, m: Integer;
...
SetTo(h, m);
...
AdvanceBy(h, m);
...
```

Dazu vereinbaren wir die benötigten Variablen im Implementationsteil des Moduls und passen die Funktionen entsprechend an:

```
unit TimeMemory;

interface

  function Hours: Integer;
  function Minutes: Integer;
  procedure SetTo (h, m: Integer);
  procedure AdvanceBy (h, m: Integer);

implementation

  var hh, mm: Integer;

  function Hours: Integer;
  begin
  Hours := hh;
  end;

  function Minutes: Integer;
  begin
  Minutes := mm;
  end;

  procedure SetTo (h, m: Integer);
  begin
  hh := h;
  mm := m;
  end;

  procedure AdvanceBy (h, m: Integer);
  var c: Integer;
  begin
  c := (mm + m) div 60;
  mm := (mm + m) mod 60;
  hh := (hh + h + c) mod 24;
  end;

end.
```

Diese Verknüpfung eines Speichers mit einer Anzahl zugehöriger Zugriffsoperationen ist charakteristisch für ein *Objekt.* Ein Objekt hat sowohl einen *Zustand,* beschrieben durch den Speicher, als auch ein *Verhalten,* beschrieben durch die Algebra der Zugriffsoperationen. Wenn die Operationen geeignet gewählt sind, benötigt man zur Anwendung des Objekts keinen direkten Zugang zu dessen Zustand. Die Spezifikation eines solchen Objekts heisst *abstraktes Objekt* und ist ein abstrakter Datentyp, dessen ausgezeichnete Menge die Zustandsmenge des Objekts ist. Das Konzept ist keineswegs neu, in Pascal ist beispielsweise eine sequentielle Datei im Sinne dieser Definition ein Objekt, da ihr Zustand nur über die entsprechenden Zugriffsoperationen Reset, Read usw. zugänglich ist. In vielen Anwendungen haben sich Objekte als zweckmässige Gliederungseinheiten erwiesen, wenn gleichzeitig Zustand und Verhalten abstrahiert werden soll.

In der obigen Realisierung durch das Modul TimeMemory ist es der Modulmechanismus, der die Variablen und die Zugriffsoperationen miteinander verbindet. Object Pascal bietet aber einen flexibleren Mechanismus, mit welchem man Objekte ähnlich einfach definieren kann wie Variablen. Die Struktur eines Objektes wird durch einen *Objekttyp* beschrieben. Dieser gleicht zunächst einem Record-Typ, ein Objekt kann also mehrere Teilvariablen haben, die man *Instanzvariablen* nennt. Ausserdem können mit dem Objekt mehrere Zugriffsoperationen verknüpft sein, von welchen der Objekttyp aber nur die Prozedurköpfe angibt. Das folgende Beispiel entspricht dem Modul TimeMemory, jetzt als Objekttyp formuliert:

```
type TimeObject = object
  hh, mm: Integer;
  function Hours: Integer;
  function Minutes: Integer;
  procedure SetTo (h, m: Integer);
  procedure AdvanceBy (h, m: Integer);
  end;
```

Die zu den Prozedurköpfen gehörenden Prozeduren werden separat geschrieben und heissen auch *Methoden.* Um sie dem Objekttyp zuordnen zu können, wird dessen Name dem Prozedurnamen vorangestellt, getrennt durch einen Punkt. Innerhalb der Prozedur sind die Instanzvariablen zugänglich wie lokale Variablen. Da die Instanzvariablen in unserem Beispiel gleich heissen wie die globalen Variablen im Modul TimeMemory, sehen auch die Prozeduren bis auf den vorangestellten Typnamen gleich aus:

```
function TimeObject.Hours: Integer;
begin
Hours := hh;
end;

...
```

Objekte werden in Object Pascal dynamisch erzeugt und vernichtet. Es genügt deshalb nicht, eine Variable eines Objekttyps zu vereinbaren, man muss anschliessend mit **New** in dieser Variablen ein Objekt erzeugen. Die Zugriffsoperationen werden benannt wie die Komponenten eines Records, d.h. man fügt dem Variablennamen den Operationsnamen an, getrennt durch einen Punkt. Nicht mehr benötigte Objekte muss man mit **Dispose** vernichten. Gemäss diesen Regeln lässt sich das frühere Anwendungsbeispiel wie folgt schreiben:

```
var h, m: Integer; t: TimeObject;
...
New(t);
...
t.SetTo(h, m);
...
t.AdvanceBy(h, m);
...
Dispose(t);
...
```

Die Erzeugung und Vernichtung von Objekten erinnert an die Erzeugung und Vernichtung von Variablen mit Hilfe von Zeigervariablen. In der Tat enthält eine Objektvariable in Object Pascal nicht das Objekt selbst, sondern einen Verweis auf das Objekt:

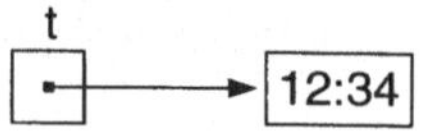

Dieser Verweis kann einer anderen Objektvariablen zugewiesen werden (sofern deren Typ dies zulässt). Dabei wird aber vom betreffenden Objekt keine Kopie erstellt, die beiden Variablen beziehen sich also auf dasselbe Objekt:

```
...
New(t1);
t1.SetTo(h, m);
t2 := t1;
...
```

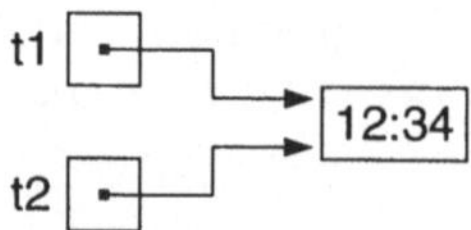

Wenn der Resultattyp einer Funktion ein Objekttyp ist, bedeutet dies ebenfalls, dass die Funktion nicht ein Objekt, sondern einen Verweis auf ein Objekt liefert. Anders als bei eigentlichen Zeigerwerten wird bei Objektwerten nicht mit dem Symbol "^" ausgedrückt, dass es sich um Verweise handelt. An diese Besonderheit muss man sich gewöhnen; Object

Pascal teilt sie mit einer Reihe anderer objektorientierter Programmiersprachen.

Der Objekttyp bildet zusammen mit den zugehörigen Methoden eine *Klasse*. Ein Objekt heisst auch *Instanz* seiner Klasse. Der Objekttyp allein beschreibt die Schnittstelle zum Objekt. Wenn man Objekte in einem Modul abstrahieren will, führt man deshalb den Objekttyp in dessen Schnittstellenteil auf, die Methoden im Implementationsteil:

```
unit TimeObject;

interface

  type TimeObject = object
    hh, mm: Integer;
    function Hours: Integer;
    function Minutes: Integer;
    procedure SetTo (h, m: Integer);
    procedure AdvanceBy (h, m: Integer);
    end;

implementation

  function TimeObject.Hours: Integer;
  begin
  Hours := hh;
  end;

  ...

end.
```

Hier zeigt sich derselbe Schönheitsfehler wie früher beim Modul Time: Auch wenn man durch geeignete Wahl der Zugriffsoperationen den direkten Zugriff auf die Instanzvariablen unnötig macht, sind sie dennoch in der Schnittstelle sichtbar. Anders gesagt: Der Zustand der Objekte lässt sich nicht kapseln, man muss sich also freiwillig dazu verpflichten, nicht direkt darauf zuzugreifen.

Wir haben früher bemerkt, dass ein Speicherzugriff einen Spezialfall von Kommunikation darstellt. Dies äussert sich in der Sprechweise, die sich zur Umschreibung des Zugriffs auf ein Objekt eingebürgert hat: Dem Objekt wird eine *Meldung* übergeben; es interpretiert diese, ändert dabei möglicherweise seinen Zustand und liefert möglicherweise eine *Antwort* zurück. In diesem Sinne kann man den Objektbegriff durchaus erweitern, sodass er nicht mehr an Speicher gebunden ist: Ein Objekt ist ein Knoten in einem Kommunikationsnetzwerk. Im Zusammenhang mit Betriebssystemen wird der Objektbegriff in dieser erweiterten Bedeutung verwendet. Auch die Programmiersprache *Actor* beruht auf diesem Objektbegriff.

1.2 Wiederverwendung

Kernpunkte dieses Kapitels:

- *Lösungen von Teilaufgaben können zu Bibliotheken zusammengestellt und im Rahmen anderer Aufgaben wiederverwendet werden.*
- *Parameterisierung einer Aufgabe erweitert den Anwendungsbereich der Lösung.*
- *Vererbung ist ein Mechanismus, mit dem die Lösung einer Aufgabe zur Lösung einer erweiterten Aufgabe benützt werden kann.*

Parametrisierung

Kapitel 1.1 hat gezeigt, wie die Gliederung in Teilaufgaben hilft, grosse Aufgaben zu lösen. Es ist nun naheliegend, eine für eine Teilaufgabe gefundene Lösung aufzubewahren und in einem anderen Zusammenhang wieder zu verwenden. Wenn man beispielsweise das Modul Time oder TimeObject für eine Terminkalender-Anwendung entwickelt hat, kann man es später in anderen Anwendungen wieder einsetzen, die mit Zeitangaben zu tun haben. Man kann auch häufig verwendete Teilaufgaben von vornherein lösen und aus diesen Lösungen *Bibliotheken* bilden.

Beim Entwurf einer Bibliothek ist die Aufgabenstellung oft nicht bis in jede Einzelheit vorgegeben, sondern es besteht eine gewisse Freiheit in der Wahl der Datenwerte und Funktionen, die die Bibliothek darstellen soll. In der Regel wählt man sie so, dass die Bibliothek möglichst breit anwendbar wird. Ein wichtiger Freiheitsgrad ist die *Parametrisierung* von Funktionen, d.h. die Wahl ihrer Argument- und Resultatmengen; man stattet Funktionen einer Bibliothek oft mit mehr Argumenten und Resultaten aus, als man es bei einer spezialisierten Teilaufgabe würde.

Eine Form der Parametrisierung sei hier besonders hervorgehoben, nämlich die Parametrisierung von Funktionen mittels Funktionen. Als Beispiel nehmen wir an, wir wollten eine Bibliotheksprozedur entwerfen, die eine beliebige reelle Funktion mit reellem Argument (etwa die Betrags- oder Sinusfunktion) grafisch darstellt. In Pascal können wir die Schnittstelle so wählen, dass die Prozedur die darzustellende Funktion als Argument entgegennimmt:

```
procedure DrawFunction (a, b: Real; function f (x: Real): Real);
```

Dies ist so zu verstehen, dass die Prozedur DrawFunction die Funktion f für Argumentwerte zwischen a und b grafisch darstellen soll. Dazu kann sie nach Bedarf Resultatwerte von f bestimmen, sie muss dabei nicht wissen, um welche Funktion es sich handelt. Bei der Anwendung von DrawFunction kann man für f eine beliebige Funktion einsetzen, die im Argument- und Resultattyp mit dieser übereinstimmt. So würde die Anweisung DrawFunction(-1, 1, abs) die Betragsfunktion für Argumente von -1 bis 1 zeichnen, oder die Anweisung DrawFunction(0, 6.2831853, sin) die Sinusfunktion für Argumente von 0 bis 2π:

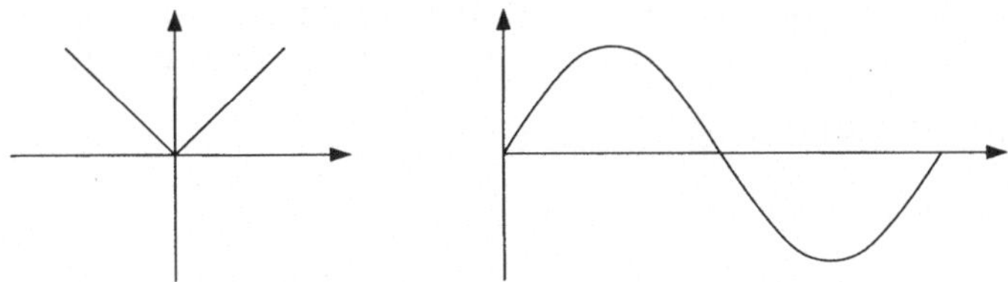

In späteren Teilen dieses Buches werden wir solche Parametrisierungen mehrmals benützen.

Vererbung

Zu einer anderen Art von Wiederverwendung führt folgende Idee: Wenn man die Lösung einer Teilaufgabe zur Verfügung hat, kann man eine *erweiterte* Aufgabe lösen, indem man die Lösung entsprechend erweitert. Eine Lösung zu erweitern kann heissen, sie zu verändern; es kann aber auch heissen, sie unverändert zu belassen und die Unterschiede *getrennt* anzugeben. Die objektorientierten Programmiersprachen haben einen Mechanismus namens *Vererbung* eingeführt, der genau dies ermöglicht.

Als Beispiel erweitern wir die Aufgabe des Rechnens mit Zeitangaben. Ein Zeitobjekt soll ausser einer Zeitangabe auch die *Zeitzone* speichern, auf welche sich die Zeitangabe bezieht. Die Zone soll jederzeit geändert und abgefragt werden können, und zwar jeweils ausgedrückt durch die Zahl der Stunden, um welche die Zeit von der Weltzeit (UT) abweicht. Das Setzen oder Abfragen der Zeit soll sich immer auf die gegenwärtige Zone beziehen. Wenn man beispielsweise zuerst die Zone +1 wählt, die Zeit 12:34 speichert und anschliessend die Zone -5 wählt, soll eine Abfrage der Zeit das Resultat 6:34 liefern.

Das Zeitobjekt muss demnach gegenüber früher über zwei zusätzliche Operationen verfügen, mit denen man die Zone setzen und abfragen kann. Um die Zone zu speichern, benötigt es ausserdem eine zusätzliche Instanzvariable. Diese zwei Erweiterungen können wir in Object Pascal durch Vererbung ausdrücken:

```
type WorldTimeObject = object(TimeObject)
  zz: Integer;
  function Zone: Integer;
  procedure SetZone (z: Integer);
  end;
```

Die Angabe von TimeObject in Klammern hinter dem Schlüsselwort **object** bewirkt, dass die Klasse WorldTimeObject von TimeObject, ihrer *Oberklasse*, abgeleitet wird. Sie wird zu deren *Unterklasse* und *erbt* von ihr alle Eigenschaften, ihre Objekte haben also dieselben Instanzvariablen und Operationen (samt den Methoden) wie die Objekte der Oberklasse. Hinzu kommen die zusätzlich angegebenen Instanzvariablen und Operationen; die zusätzlichen Methoden muss man natürlich auch vereinbaren:

```
function WorldTimeObject.Zone: Integer;
begin
Zone := zz;
end;

procedure WorldTimeObject.SetZone (z: Integer);
begin
zz := z;
end;
```

Die so definierte Klasse WorldTimeObject löst allerdings noch nicht die gewünschte Aufgabe. Ein Objekt dieser Klasse kann wohl ausser der Zeitangabe eine Zonenangabe speichern, aber diese wird in der Zeitangabe nicht berücksichtigt. Um dies zu erreichen, müssen wir die Algorithmen anpassen. Es gibt dazu zwei Möglichkeiten, die sich darin unterscheiden, ob die gespeicherte Zeit die Zonenzeit oder die Weltzeit sein soll:

- Wenn die gespeicherte Zeit die Zonenzeit ist, muss man sie jeweils beim Setzen der Zone anpassen.
- Wenn die gespeicherte Zeit die Weltzeit ist, muss man jeweils beim Setzen und Abfragen der (Zonen-)Zeit die Zone berücksichtigen.

Da man aufgrund der Aufgabenstellung wohl voraussetzen kann, dass beim Setzen der Zeit die Zone definiert ist, nicht aber umgekehrt, wählen wir die zweite Variante. Diese erfordert Anpassungen bei den Methoden Hours und SetTo: Hours muss zur gespeicherten Weltzeit die Zone addieren, SetTo muss von der zu speichernden Stundenzahl die Zone subtrahieren.

Nun wäre es natürlich unsinnig, die in der Oberklasse definierten Methoden zu ändern. Dadurch würde die Oberklasse, die eine in sich geschlossene Lösung einer Aufgabe darstellt, zerstört. Was man stattdessen tun kann, ist, in der Unterklasse für diese Operationen *neue* Methoden zu definieren. Dazu führt man in der Typvereinbarung der Unterklasse die entsprechenden Prozedurköpfe nochmals auf und kennzeichnet sie mit dem Wort override:

```
type WorldTimeObject = object(TimeObject)
  zz: Integer;
  function Hours: Integer; override;
  procedure SetTo (h, m: Integer); override;
  function Zone: Integer;
  procedure SetZone (z: Integer);
  end;
```

Die entsprechenden Methoden kennzeichnet man dann wie gewohnt mit dem Namen der Klasse:

```
function WorldTimeObject.Hours: Integer;
begin
Hours := hh + zz;
end;

procedure WorldTimeObject.SetTo (h, m: Integer);
begin
hh := h - zz;
mm := m;
end;
```

Jetzt erst erfüllt die Klasse WorldTimeObject die gestellte Aufgabe. Wenn man will, kann man sie unabhängig von der Klasse TimeObject in einem Modul kapseln. In diesem muss TimeObject in einer **uses**-Vereinbarung aufgeführt sein.

Allerdings sind die beiden Klassen nicht konsequent voneinander entkoppelt, da die obigen Methoden Hours und SetTo direkt auf die in TimeObject definierten Instanzvariablen hh und mm zugreifen. Situationen wie diese treten in der Praxis recht häufig auf. Im vorliegenden Fall lässt sich die Kopplung sogar lösen; wir greifen zur Implementation von Hours und SetTo auf die entsprechenden Methoden der Oberklasse zu, die mit Hilfe des Schlüsselworts **inherited** zugänglich sind:

```
function WorldTimeObject.Hours: Integer;
begin
Hours := (inherited Hours) + zz;
end;

procedure WorldTimeObject.SetTo (h, m: Integer);
begin
inherited SetTo(h - zz, m);
end;
```

Nach dieser Änderung ist WorldTimeObject nicht mehr von der Darstellung der Zeitangaben in TimeObject abhängig, man könnte also dort auch eine andere Darstellung wählen.

Vererbung hat sich als ein sehr mächtiger Mechanismus herausgestellt und bildet nach Ansicht vieler die Quintessenz des objektorientierten Ansatzes in der Programmierung.

Andere Mechanismen

In Object Pascal kann eine Klasse höchstens eine Oberklasse haben. Es gibt Sprachen, in denen eine Klasse gleichzeitig mehrere Oberklassen haben kann, man spricht in diesem Fall von *Mehrfachvererbung*. Sie macht Bibliotheken möglich, in denen jede Klasse eine unabhängige Eigenschaft eines Objektes beschreibt. Durch "mischen" dieser Klassen lassen sich Objekte mit beliebigen Kombinationen von Eigenschaften erzeugen.

Kritiker weisen allerdings darauf hin, dass Mehrfachvererbung zu unübersichtlichen Zusammenhängen zwischen Klassen führen kann. Die Vererbung birgt eine ähnliche Gefahr wie der Sprungbefehl, der den Kontrollfluss in Programmen unübersichtlich machen kann.

Vererbung von Klasse zu Klasse ist nicht der einzig mögliche Ansatz zur Erweiterung von Teillösungen. Es gibt objektorientierte Programmiersprachen, die auf den Klassenbegriff überhaupt verzichten, das bekannteste Beispiel dafür ist die Sprache *Self*. Das Verhalten eines Objekts ist in diesen Sprachen direkt an das Objekt gebunden. Ein Objekt kann aber die Verantwortung für sein Verhalten, oder für einzelne Zugriffsoperationen, an ein anderes Objekt *delegieren*. Wenn mehrere Objekte ihr Verhalten an ein Musterobjekt delegieren, spielt dieses dieselbe Rolle wie eine Klasse; Delegation zwischen Musterobjekten hat dieselbe Wirkung wie die Vererbung zwischen Klassen. Delegation ist ein noch mächtigerer Mechanismus als Vererbung, insbesondere die dynamische Delegation, bei der ein Objekt innerhalb seiner Lebensdauer sein Verhalten abwechselnd an verschiedene Objekte delegieren kann.

1.3 Austausch

Kernpunkte dieses Kapitels:

- *Verschiedene Implementationen einer Abstraktion sind austauschbar.*
- *Eine polymorphe Spezifikation beschreibt für verschiedenartige Daten die gleichartige Aufgabe. In Anwendungen sind die Arten von Daten austauschbar, dabei müssen jeweils die zugehörigen Funktionen gewählt ("gebunden") werden.*
- *Zugriffsoperationen von Objekten können polymorph sein. Polymorphismus bezüglich der Zustandsmenge ist in der Schnittstelle nicht sichtbar, was direkt austauschbare Objekte möglich macht.*
- *Vererbte Operationen sind polymorph. Ein Objekt der Unterklasse kann die Rolle eines Objektes der Oberklasse spielen, beispielsweise über eine Variable vom Typ der Oberklasse angesprochen werden.*

Austausch der Implementation

Der ursprüngliche Sinn der Abstraktion war, komplexe Aufgaben besser bewältigen zu können. Als zweiten Vorteil haben wir erwähnt, dass sich Lösungen von Teilaufgaben wiederverwenden lassen. Nun kommt ein dritter Aspekt hinzu: Eine abstrakt beschriebene Teilaufgabe lässt sich auf *verschiedene* Arten lösen, diese verschiedenen Teillösungen sind untereinander *austauschbar*. Beispielsweise könnte man das Modul Time auch anders implementieren als in Kapitel 1.1 beschrieben, nämlich, indem man eine Zeitangabe durch eine einzige Zahl darstellt, welche die Anzahl der Minuten seit Mitternacht angibt:

```
type Time = Integer;
```

Die Addition von Zeitangaben wird in dieser Darstellung einfacher:

```
function TimeSum (t1, t2: Time): Time;
begin
TimeSum := (t1 + t2) mod 1440;
end;
```

Dafür muss man zur Erzeugung und zur Interpretation einer Zeitangabe jeweils rechnen:

```
function TimeAt (h, m: Integer): Time;
begin
TimeAt := h * 60 + m;
end;

function Hours (t: Time): Integer;
begin
Hours := t div 60;
end;

function Minutes (t: Time): Integer;
begin
Minutes := t mod 60;
end;
```

Die aus diesen Teilen zusammengestellte Variante des Moduls Time ist mit der ursprünglichen Variante austauschbar. Auf ähnliche Weise erhält man eine austauschbare Variante der Klasse TimeObject. Die beiden Varianten von TimeObject sind sogar in ihrer Rolle als Oberklasse von WorldTime-Object austauschbar, dank der Tatsache, dass wir WorldTimeObject von der Darstellung der Zeitangaben entkoppelt haben.

Polymorphe Funktionen

Eine Spezifikation beschreibt eine Aufgabe, indem sie Anforderungen an die Daten und Funktionen stellt. Es gibt nun Aufgaben, die man für *verschiedenartige* Daten *gleichartig* formulieren kann. Zwei Beispiele:

- Die Addition von Zeitangaben muss gleichartige Bedingungen erfüllen wie die Addition von ganzen oder reellen Zahlen.
- Ähnliches gilt für Vergleichsoperationen (etwa "≤") zwischen Zahlen, zwischen Wörtern und zwischen Einträgen einer Adressliste.

Eine solche Aufgabe lässt sich durch eine Spezifikation beschreiben, deren Anforderungen so allgemein gefasst sind, dass verschiedene Algebren sie erfüllen. Man kann beispielsweise die Additionsgesetze so formulieren, dass sich zu verschiedenen Mengen jeweils eine Additionsfunktion finden lässt, welche die Gesetze erfüllt, etwa zur Menge der ganzen Zahlen, der reellen Zahlen oder der Zeitangaben. Eine solche Spezifikation heisst *polymorph*. Etwas nachlässig nennt man eine Gesamtheit von Funktionen, die dieselbe polymorphe Spezifikation erfüllen, "eine" polymorphe Funktion.

Viele sinnvolle Aufgabenstellungen setzen von den Daten nur voraus, dass sie eine bestimmte polymorphe Spezifikation erfüllen. Um beispielsweise von einer Anzahl Datenwerten die Summe zu bestimmen, muss man nur voraussetzen, dass sie addierbar sind; um sie nach aufsteigender Grösse zu ordnen oder um ihren kleinsten oder grössten Wert zu bestimmen, muss man nur voraussetzen, dass sie vergleichbar sind. Die Lösung einer solchen Aufgabe ist selbst wieder eine polymorphe Funktion: Aus Argumenten, die verschiedenen Datenmengen entstammen können, bestimmt sie Resultate aus entsprechend verschiedenen Datenmengen.

Ein sprachlicher Aspekt des Polymorphismus ist, dass man für vergleichbare Funktionen bei verschiedenartigen Daten dieselbe Bezeichnung verwenden möchte. Konventionelles Pascal erlaubt dies für gewisse Spezialfälle. Beispielsweise ist das Pluszeichen Symbol für die Addition sowohl von Integer- als auch von Real-Werten:

```
2 + 3

2.0 + 3.0
```

Ebenso ist "≤" Symbol für eine Vergleichsoperation sowohl von Integer- oder Real-Werten als auch von Werten verschiedener anderer Typen:

```
2 ≤ 3

2.0 ≤ 3.0

'a' ≤ 'b'

False ≤ True
```

Ein weiteres Beispiel sind die Standardprozeduren Read und Write, die auf Parameter verschiedener Typen angewendet werden können:

```
Write(2);

Write(2.0);

Write('a');

Write(False);
```

In allen diesen Fällen handelt es sich trotz der gleichartigen Schreibweise jeweils um verschiedene Funktionen. Es ist Aufgabe des Compilers, beim Auftreten polymorpher Funktionsbezeichnungen die zu den Daten passende Funktion zu wählen ("binden").

Hingegen erlaubt Pascal nicht, neue polymorphe Funktionen einzuführen oder bestehende auf neue Datenmengen zu erweitern. Es wäre beispielsweise nicht möglich, das Pluszeichen auch für die Addition von Zeitangaben zu verwenden, oder das Zeichen "≤" für den Vergleich von Einträgen in einer Adressliste. Ebenso kann man weder die Prozeduren Read und Write auf neue Typen erweitern noch neue Prozeduren dieser Art entwickeln.

Polymorphe Zugriffsoperationen

Nun übertragen wir diese Überlegungen auf Objekte. Zunächst stellen wir fest, dass die Bezeichnung der Zugriffsoperationen in jeder Klasse frei gewählt werden kann; es können also durchaus verschiedenartige Objekte Operationen desselben Namens anbieten. Wir könnten beispielsweise verschiedene Klassen entwickeln, die für verschiedenartige Daten jeweils eine Additionsoperation definieren, und diese jeweils mit Add bezeichnen:

```
procedure IntegerObject.Add (n: IntegerObject);

procedure RealObject.Add (x: RealObject);

procedure TimeObject.Add (t: TimeObject);
```

Eine weitere Besonderheit ist, dass der Objektzustand für die Zugriffsoperationen zugänglich ist, aber in deren Schnittstelle nicht auftritt. Objekte mit verschiedener Zustandsmenge können deshalb Operationen mit *identischer* Schnittstelle haben. Wir können zum Beispiel verschiedene Klassen mit einer Operation Show ausstatten, die ein Objekt veranlassen soll, sich auf passende Weise sichtbar zu machen, etwa mit Hilfe von Write-Anweisungen:

```
procedure IntegerObject.Show;

procedure RealObject.Show;

procedure TimeObject.Show;

procedure StringObject.Show;
```

Solche Operationen sind in einer Weise polymorph, dass die verschiedenartigen Daten beim Zugriff nicht in Erscheinung treten, die Objekte sind also bezüglich dieser Operationen *direkt* austauschbar. Man kann diesen Sachverhalt auch anders ausdrücken: Verschiedene Objekte können dieselbe Meldung verschieden interpretieren und so beispielsweise dieselbe Dienstleistung auf veschiedene Art erbringen.

In allen diesen Fällen handelt es sich trotz der gleichen Bezeichnungen jeweils um verschiedene Zugriffsoperationen. Das angesprochene Objekt ist mit seinen Operationen gekoppelt und sorgt damit selbst für korrekte Bindung, d.h. für die Auswahl der passenden Methode.

Sogar konventionelles Pascal kennt polymorphe Zugriffsoperationen in einem Spezialfall, nämlich für sequentielle Dateien. Eine sequentielle Datei kann entweder durch eine Datei auf dem Massenspeicher dargestellt werden oder durch ein Ein- oder Ausgabegerät. Ein Zugriff, etwa durch Read oder Write, hat in den verschiedenen Fällen trotz identischer Schnittstelle unterschiedliche Wirkung.

Vererbungspolymorphismus

Wir haben die Vererbung als Mechanismus eingeführt, mit welchem man die Lösung einer Aufgabe verwenden kann, um eine erweiterte Aufgabe zu lösen. Im Vordergrund steht zunächst die Wiederververwendung der Implementation: Ein Objekt der Unterklasse "kann" alles, was ein Objekt der Oberklasse "kann", hinzu kommen die in der Unterklasse neu definierten Eigenschaften. Dabei wird natürlich auch die Schnittstelle vererbt: Ein Objekt der Unterklasse "versteht" alles, was ein Objekt der Oberklasse "versteht", hinzu kommen allenfalls weitere Operationen. Die vererbten Operationen haben in den beiden Klassen identische Schnittstellen, sie sind also polymorph. Dies gilt unabhängig davon, ob die zugehörige Methode mitvererbt oder in der Unterklasse neu definiert wird.

Man kann nun einen Schritt weiter gehen und Vererbung als *Spezialisierung* verstehen: Jedes Objekt der Unterklasse kann die Rolle eines Objektes der Oberklasse spielen. Object Pascal versteht Vererbung in diesem Sinn. Wo immer etwa ein Objekt der Klasse TimeObject erwartet wird, kann man auch ein WorldTimeObject einsetzen, wie im folgenden Beispiel:

```
var t: TimeObject; w: WorldTimeObject;
...
New(w);
t := w;
...
```

Die Variable t hat zwar den Typ TimeObject, sie verweist aber nach der Anweisung t := w auf ein WorldTimeObject. Man muss deshalb unterscheiden zwischen dem Typ einer Objektvariablen und der Klasse, der ihr Wert angehört; eine Variable eines Objekttyps kann auf Objekte der entsprechenden Klasse *oder beliebiger Unterklassen* verweisen. Auf eine solche Variable kann man zwar nur die in ihrem Typ definierten Operationen anwenden, aber ein Zugriff löst je nach dem angesprochenen Objekt die in der jeweiligen Klasse definierte Methode aus. Dazu wieder ein Beispiel:

```
var t: TimeObject; w: WorldTimeObject;
...
New(w);
w.SetZone(1);
t := w;
t.SetTo(12, 34);
...
```

Zum Zeitpunkt der letzten Anweisung verweist t auf ein Objekt der Klasse WorldTimeObject, deshalb löst sie die Methode WorldTimeObject.SetTo aus, und nicht etwa TimeObject.SetTo, wie man aufgrund des Typs von t erwarten könnte. Dieser Vorgang heisst *dynamische Bindung*. Er gestattet es, auf Objekte mittels polymorpher Operationen zuzugreifen, ohne deren Klasse zu kennen: Objekte verschiedener Klassen sind bezüglich Operationen, die in einer gemeinsamen Oberklasse definiert sind, austauschbar. Dies macht polymorphe Algorithmen möglich, also Algorithmen, die auf verschiedenartige Daten anwendbar sind. Erst damit lässt sich der durch Vererbung eingeführte Polymorphismus ausschöpfen.

Umgekehrt gibt der Typ einer Objektvariablen nicht volle Auskunft über das Objekt, auf das sie verweist. In aller Regel ist dies gut so; hin und wieder möchte man aber wissen, ob man auf das Objekt Operationen anwenden könnte, die in einer Unterklasse definiert sind. Zu diesem Zweck bietet Object Pascal die Funktion Member an, im obigen Beispiel hätte der Ausdruck Member(t, WorldTimeObject) den Wert True. Wenn man dies nun weiss, möchte man vielleicht sogar eine solche Operation anwenden, im obigen Beispiel etwa die Operation SetZone. Die Anweisung t.SetZone(1) wäre aber nicht zulässig, das Typsystem von Object Pascal verbietet solche möglicherweise gefährlichen Zugriffe. Man kann den Schutz durch ausdrückliche *Typkonversion* umgehen: Der Name eines Objekttyps kann als Name einer Funktion verwendet werden, die einen beliebigen Objektwert als Wert dieses Typs interpretiert. Beispielsweise interpretiert der Ausdruck WorldTimeObject(t) den Wert von t als Wert des Typs WorldTimeObject, die Anweisung WorldTimeObject(t).SetZone(1) wäre also zulässig.

Eine Vererbungshierarchie in Object Pascal ist immer sowohl eine Hierarchie von Schnittstellen als auch von Implementationen. Gelegentlich ist es zweckmässig, Vererbung *ausschliesslich* für Schnittstellen einzusetzen, etwa um ein abstraktes Objekt vorzugeben, das für mehrere Klassen gemeinsame polymorphe Operationen definiert. Das folgende Beispiel definiert die schon früher als Beispiel verwendete Operation Show:

```
type Visible = object
  procedure Show;
  end;
```

Die zugehörige Methode Visible.Show ist eine leere Prozedur, da es in diesem abstrakten Objekt nichts sichtbar zu machen gibt. Von Visible können nun konkrete Klassen abgeleitet werden, die Show jeweils neu definieren:

```
type VisibleInteger = object(Visible)
  nn: Integer;
  procedure Show; override;
  ...
  end;
```

```
type VisibleString = object(Visible)
  ss: string;
  procedure Show; override;
  ...
  end;
```

Eine Klasse von der Art von Visible heisst oft *virtuelle Klasse*, eine Operation von der Art von Show *virtuelle Operation*.

2 Listen

Listen sind als Mittel zur Gliederung von Information allgegenwärtig. Im Alltag stellen wir uns etwa Einkaufslisten oder Adresslisten zusammen; typische Aufgaben wären beispielsweise, gemäss einer Einkaufsliste einzukaufen oder innerhalb einer Adressliste eine bestimmte Adresse zu suchen. Listen treten aber nicht nur bei derartigen Aufgaben auf, sie dienen auch als Grundlage für kompliziertere Datenstrukturen.

Kapitel 2.1 definiert den Listenbegriff und entwickelt eine Darstellung von Listen durch Objekte. Kapitel 2.2 zeigt, wie mit diesen Listenobjekten die grundlegenden Listenalgorithmen implementiert werden können. Kapitel 2.3 diskutiert Listen, bei denen die Reihenfolge der Elemente mit einer Ordnungsrelation verträglich ist. Kapitel 2.4 schliesslich verallgemeinert die Listendarstellung, sodass sie für verschiedene Anwendungen wiederverwendbar wird.

2.1 Listenobjekte

Kernpunkte dieses Kapitels:

- *Eine Liste ist eine Datenstruktur aus linear angeordneten Elementen. Die Grundaufgaben lauten, auf Elemente zuzugreifen sowie Elemente einzufügen und zu entfernen. Pascal bietet nur für Spezialfälle von Listen direkte Unterstützung.*
- *Zur Abstraktion von Listen kann man die Elemente fortlaufend numerieren und sie direkt zugänglich machen. Die naheliegende Darstellung dazu speichert die Elemente in einem Array.*
- *Eine andere Abstraktion macht die Elemente durch Navigation zugänglich. Bei der rekursiven Variante besteht eine Liste aus verschachtelten Teillisten. Die naheliegende Darstellung dazu speichert die Elemente unabhängig voneinander und verkettet sie durch Verweise.*

Listen

Eine *Liste* (engl. list) ist eine Datenstruktur aus linear angeordneten Datenwerten, die wir *Elemente* der Liste nennen. "Lineare Anordnung" ist dabei so zu verstehen, dass jedes Element genau einen Vorgänger hat (ausser dem ersten) und genau einen Nachfolger (ausser dem letzten). Das folgende Beispiel stellt eine Liste aus drei Wörtern dar:

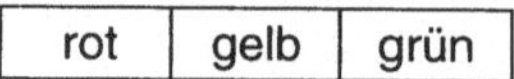

Hier ist etwa das Wort gelb Nachfolger des Wortes rot und Vorgänger des Wortes grün, das seinerseits keinen Nachfolger hat. Grundsätzlich kann man aus beliebigen Daten Listen bilden, also ebensogut aus Bildern:

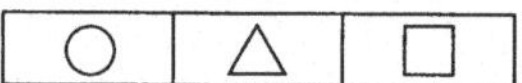

Eine Liste kann auch leer sein, also keine Werte enthalten. In der bisher gewählten Darstellung entspricht dies einer "leeren Kästchenreihe":

Natürlich kann man lineare Anordnungen auch anders darstellen als durch aneinandergereihte Kästchen. So ist bei Listen mit Text-Elementen oft eine Darstellung als Folgen von Zeilen oder Wörtern zweckmässiger:

```
rot
gelb
grün

rot gelb grün
```

Nach der obigen Definition sind Listen Datenstrukturen aus Werten und damit selbst Werte. Wir haben aber schon in Kapitel 1.1 erwähnt, dass es zweckmässig ist, den Begriff der Datenstruktur auf Kombinationen anderer Komponenten auszudehnen. Eine lineare Anordnung von Variablen bezeichnen wir deshalb als *Liste von Variablen*, eine lineare Anordnung von Objekten als *Liste von Objekten.*

Grundaufgaben mit Listen

Die Anwendungen von Listen lassen sich grob in zwei Klassen einteilen. Eine erste Klasse begnügt sich damit, vorgegebene Listen zu "inspizieren", etwa so, wie man ein Telefonbuch anschaut. Die Grundaufgabe dafür ist der *Elementzugriff*, ausgedrückt durch eine Funktion, die den Wert eines bestimmten Elementes liefert:

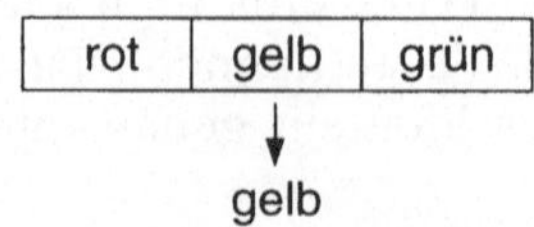

Um auch Listen von Variablen oder Objekten zu erfassen, dehnen wir die Grundaufgabe aus auf das Vermitteln beliebiger Zugriffe auf einzelne Elemente, beispielsweise die Veränderung eines Elementwerts:

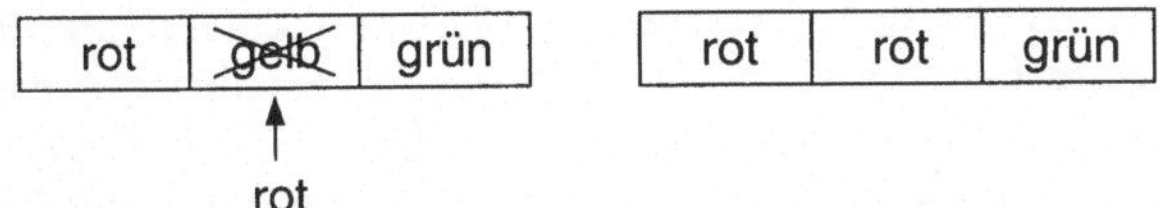

Eine zweite Klasse von Listenanwendungen hat dynamischen Charakter. Listen werden dabei in ihrer Struktur verändert, etwa erweitert, verkürzt oder umgeordnet. Diese Aufgaben lassen sich auf zwei Grundaufgaben zurückführen, nämlich das *Einfügen* eines neuen Elements an einer bestimmten Stelle sowie das *Entfernen* eines bestimmten Elements:

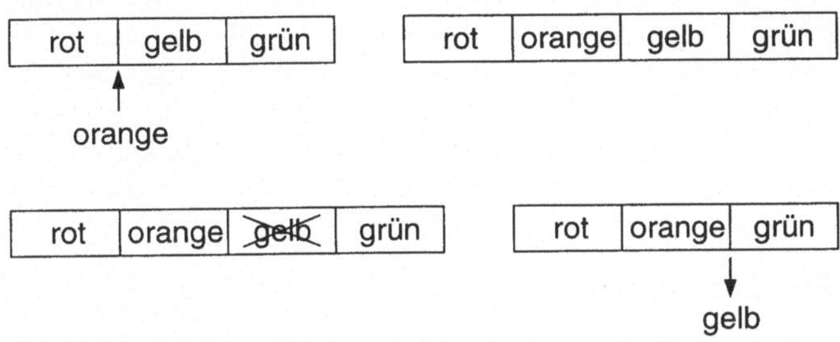

Arrays, Dateien und Zeichenketten

Pascal bietet – wie viele andere Programmiersprachen – direkte Unterstützung für zwei Datenstrukturen mit Listencharakter, nämlich für Arrays und Dateien. Ein *Array* umfasst eine Anzahl Elemente, die fortlaufende Indizes tragen, beispielsweise Nummern. Im Sinne unserer Definition ist dies eine Liste; da die Anzahl der Elemente eines Arrays fest ist, sprechen wir von einer statischen Liste. Trotz dieser Einschränkung haben Arrays in der Informatik eine fundamentale Bedeutung: Die meisten Speichermedien sind als Arrays von Speicherzellen organisiert.

Eine *sequentielle Datei* ist eine Liste, deren Elemente nur der Reihe nach zugänglich sind. Sie kann zwar beliebig lang sein, aber nur an ihrem Ende können Elemente angefügt werden.

Ein Array vom Typ **packed array** [1..n] **of** Char ist eine Liste von Schriftzeichen und wird meist *Zeichenkette* (engl. string) genannt. Diese Arrays sind die einzigen, für die in Pascal auch Werte (Konstanten) geschrieben werden können; so hat beispielsweise die Konstante 'abc' den Typ **packed array** [1..3] **of** Char. Darüber hinaus bieten einige Pascal-Dialekte auch einen Typ **string**[n] für *dynamische* Zeichenketten: Eine Variable vom Typ **string**[10] entspricht grundsätzlich einem **packed array** [1..10] **of** Char, kann aber auch Zeichenketten mit weniger als 10 Zeichen aufnehmen. In der Regel werden dazu verschiedene Prozeduren und Funktionen angeboten, mit denen sich Zeichenketten umformen lassen.

Abgesehen vom Spezialfall dynamischer Zeichenketten bietet Pascal keine direkte Unterstützung für Listen, die *beliebige* Strukturveränderungen erlauben. Nur wenige Sprachen tun dies, insbesondere Lisp und Smalltalk. Der Rest dieses Kapitels befasst sich damit, wie wir solche Listen in Pascal (und verwandten Sprachen) darstellen können.

Direkter Zugang

Als nächstes wollen wir den Listenbegriff abstrakt formulieren, und zwar durch ein *abstraktes Objekt*. Dieses beschreibt die Zugriffsoperationen, die für ein Listenobjekt verfügbar sein sollen; als Schreibweise dafür verwenden wir die Vereinbarung eines Objekttyps in Object Pascal. Im Falle der Listen tritt in der Aufgabenstellung eine Datenmenge auf, die beliebig wählbar ist, nämlich die Menge der Elementwerte. Für diese Menge wählen wir vorläufig stellvertretend die Menge der Zeichenketten, da man mit Textbeispielen einfach experimentieren kann. Wir suchen also ein abstraktes Listenobjekt für Zeichenketten:

```
type StringList = object
  ...
  end;
```

Nun müssen wir uns überlegen, welche Operationen wir benötigen, um einerseits auf Elemente einer Liste zugreifen und andrerseits Elemente einfügen und entfernen zu können. Es gibt dafür mehrere Möglichkeiten, die sich darin unterscheiden, wie die einzelnen Elemente zugänglich sind. Ein erster Vorschlag beruht darauf, dass sich die Elemente jeder Liste fortlaufend numerieren lassen:

rot	gelb	grün
1	2	3

Dies ist natürlich die Struktur eines Arrays. Es ist deshalb naheliegend, auf die Elemente wie auf Array-Elemente zuzugreifen; wir führen eine Funktion ein, die jedes Element unter Angabe seiner Nummer direkt zugänglich macht:

```
function ValueAtNumber (n: Integer): string;
```

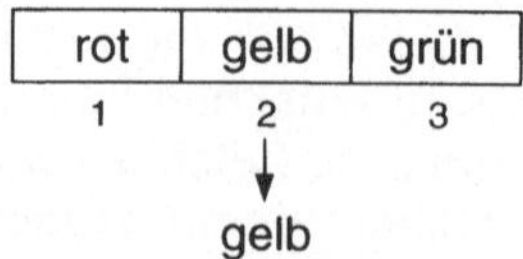

Eine zweite Operation fügt in eine Liste ein Element ein, und zwar an der durch eine Nummer bezeichneten Stelle; dabei erhöhen sich die Nummern der nachfolgenden Elemente um eins:

procedure InsertAtNumber (n: Integer; s: **string**);

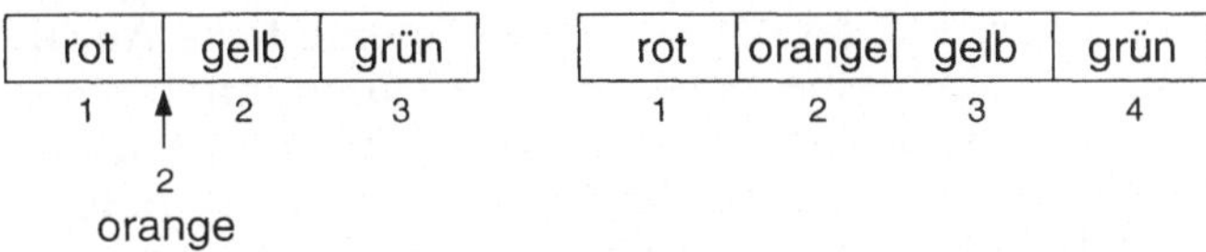

Mit dieser Operation soll man auch am Ende der Liste ein Element anfügen können; die entsprechende Stelle wird bei einer Liste der Länge n durch die Nummer $n + 1$ bezeichnet:

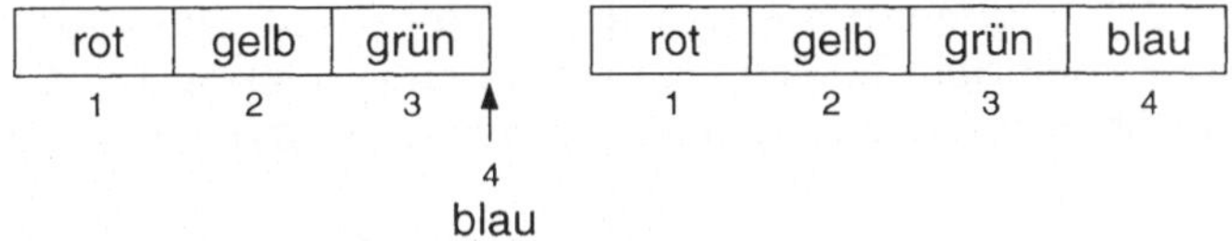

Eine dritte Operation entnimmt der Liste das durch eine Nummer bezeichnete Element, dabei verringern sich die Nummern der nachfolgenden Elemente um eins:

procedure RemoveAtNumber (n: Integer; **var** s: **string**);

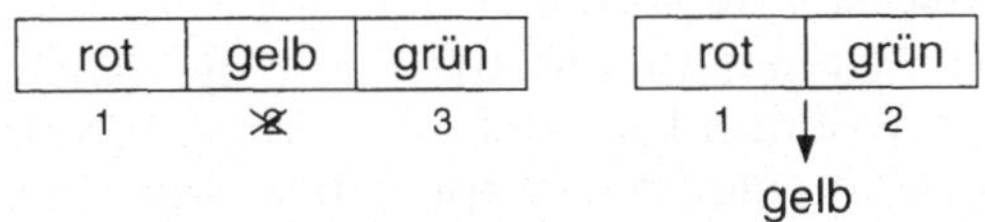

Als Ergänzung ist eine Funktion zweckmässig, welche die Länge der Liste liefert. Zusammengefasst erhalten wir das folgende abstrakte Objekt:

```
type StringList = object
  function Length: Integer;
  function ValueAtNumber (n: Integer): string;
  procedure InsertAtNumber (n: Integer; s: string);
  procedure RemoveAtNumber (n: Integer; var s: string);
  end;
```

Array-Darstellung

Um ein abstraktes Objekt zu implementieren, muss man einerseits eine Datenstruktur zur Darstellung des Objektzustands wählen, andrerseits Algorithmen für die Operationen finden. Wir konzentrieren uns zunächst auf die Wahl der Datenstruktur, da diese – wie schon in Kapitel 1.1 erwähnt – die Eigenschaften einer Implementation in hohem Masse beeinflusst.

Gesucht ist also eine geeignete Darstellung für direkt zugängliche Listen. Wie wir früher festgestellt haben, sind Arrays direkt zugängliche Listen, allerdings umfasst eine Array-Variable jeweils eine feste Anzahl Elemente. Man kann aber dennoch eine Liste variabler Länge durch einen Array darstellen, ganz einfach, indem man entsprechend der Anzahl der Listenelemente jeweils nur einen Teil der Plätze des Arrays belegt. Diese veränderliche Anzahl gehört dann ausser den einzelnen Elementen zusätzlich zur Darstellung:

3 | rot | gelb | grün | |

Dynamische Zeichenketten werden in der Regel auf diese Art dargestellt. Beispielsweise entspricht in THINK Pascal der Typ **string**[10] einem **packed array** [1..10] **of** Char, mit der Listenlänge in einer zusätzlichen Zelle:

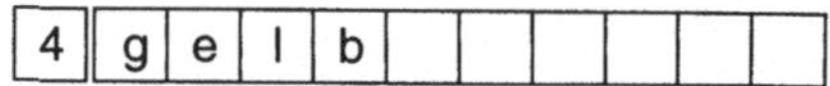

Diese Darstellung erlaubt ohne weiteres die Implementation des oben eingeführten abstrakten Objekts. Sie hat aber zwei gewichtige Nachteile:

- Wenn man ein Element einfügt oder entfernt, müssen alle nachfolgenden Elemente um eine Position verschoben werden. Bei langen Listen ist dieser Vorgang sehr aufwendig.
- Die Anzahl der Listenelemente ist durch die Länge des Arrays beschränkt. Diese wiederum lässt sich nicht beliebig vergrössern, da auch unbelegte Array-Elemente Speicherplatz beanspruchen.

Trotz dieser Nachteile ist die Array-Darstellung in gewissen Fällen zweckmässig, etwa für kurze Listen oder für Listen, deren Struktur nur selten verändert werden muss.

Navigation und rekursiver Zugang

Eine andere Art, Listen zu abstrahieren, ergibt sich aus der Definition, die wir zu Beginn dieses Kapitels gegeben haben. Gemäss dieser Definition kann man eine Liste vollständig beschreiben, indem man zu jedem Element dessen Vorgänger und Nachfolger angibt, diese Angaben verbinden die Elemente wie die Perlen einer Perlenkette:

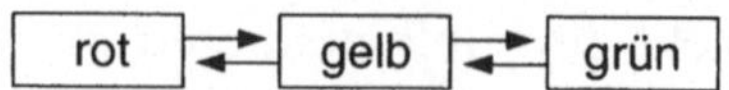

Durch "Schreiten" (navigieren) von Element zu Element wird die gesamte Liste zugänglich. Für die meisten Anwendungen kann man sich sogar auf eine der beiden Richtungen beschränken, etwa auf die Vorwärtsrichtung, man braucht also jeweils nur den Nachfolger anzugeben:

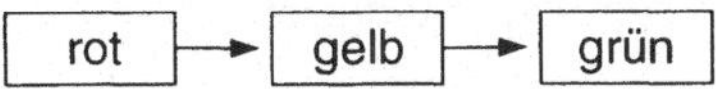

Um diesen Sachverhalt durch Daten und Funktionen zu erfassen, gibt es mehrere Ansätze. Wir können zum Beispiel jedem Element eine "Position" zuordnen:

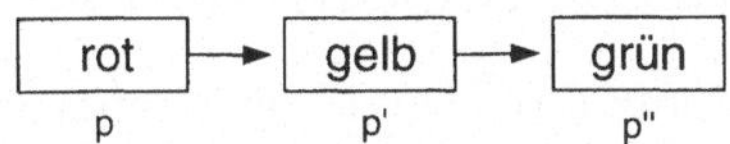

Die Positionsmenge kann eine beliebige Menge sein. Der Schreitvorgang lässt sich durch eine Funktion ausdrücken, die jeder Position ihre Nachfolgerposition zuordnet. Wenn man für die Positionen fortlaufende Zahlen verwendet, erhält man die fortlaufende Numerierung als Spezialfall.

Es gibt aber einen anderen Ansatz, der ohne Positionsmenge auskommt und zusätzliche Vorteile bietet. Jede Position ist nämlich gleichbedeutend mit dem Beginn einer *Teilliste*, die jeweils die restlichen Elemente bis zum Listenende umfasst:

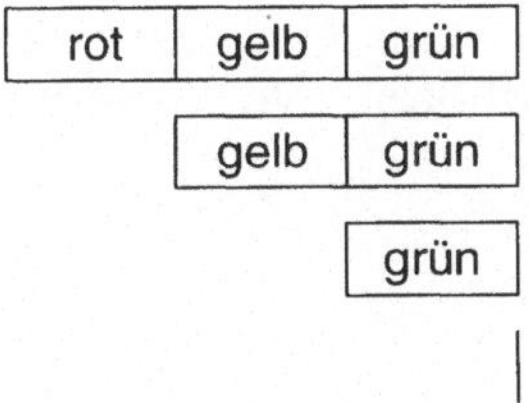

Die letzte, leere Teilliste ist jene, die bei der Endposition beginnt. Man kann eine nichtleere Liste vollständig beschreiben, indem man ihr erstes Element sowie die daran anschliessende Teilliste, ihre *Nachfolgerliste*, angibt. Diese Beschreibung ist rekursiv, sie führt zu ineinander verschachtelten Teillisten:

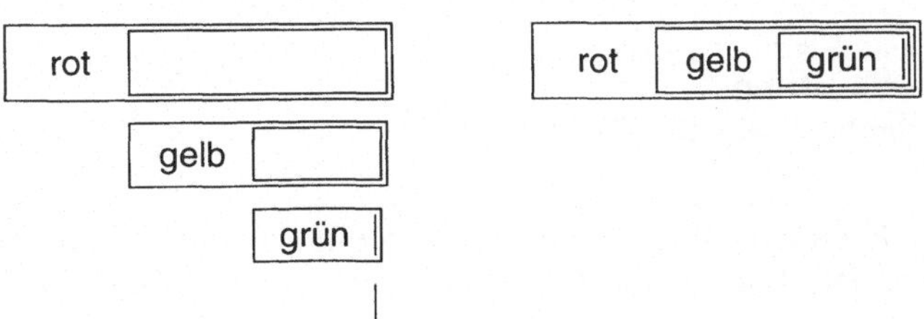

Um zu einem bestimmten Element zu gelangen, muss man es gewissermassen "auspacken", d.h. schrittweise zur Teilliste gelangen, die bei diesem Element beginnt. Dies ist wieder eine Form von Navigation; ein Schritt lässt sich ausdrücken durch eine Funktion, die von einer Liste zu ihrer Nachfolgerliste führt. Wir schreiben diese Funktion als Zugriffsfunktion eines Objekts vom Typ StringList:

```
function StringList.AfterFirst: StringList;
```

Die Schreibweise der Funktion legt nahe, dass sie als Wert eine Teilliste liefert. In Object Pascal ist aber ein Wert eines Objekttyps immer ein Verweis auf ein Objekt, d.h. die Funktion liefert in Wirklichkeit einen *Verweis auf eine Teilliste* innerhalb der ursprünglichen Liste.

Die Operation für Elementzugriff sowie die Einfüge- und Entfernoperation kommen nun ohne Positionsangabe aus, sie beziehen sich immer auf die erste Position der Liste. Eine weitere Funktion benötigen wir, um leere Listen zu erkennen. Wir erhalten folgende Objektschnittstelle:

```
type StringList = object
  function Empty: Boolean;
  function First: string;
  function AfterFirst: StringList;
  procedure Insert (s: string);
  procedure Remove (var s: string);
  end;
```

Wichtig ist, dass auch jede Teilliste ein Objekt der Klasse StringList ist und somit dieselben Operationen anbietet. Diese Schnittstelle erlaubt es, Algorithmen rekursiv zu formulieren; wir werden dies später ausgiebig benutzen.

Verkettete Darstellung

Eine Liste ist entweder leer oder hat ein erstes Element; ein Element ist entweder das letzte oder hat einen Nachfolger. Dies lässt sich in Object Pascal direkt wiedergeben durch eine Kombination eines Listenobjekts mit einer Anzahl Elementobjekten:

```
type StringList = object
  FirstElement: StringElement;
  end;

type StringElement = object
  Contents: string;
  NextElement: StringElement;
  end;
```

Die Variable FirstElement im Listenobjekt stellt das erste Element dar; wenn die Liste leer ist, hat sie den Wert **nil**. Entsprechend stellt die Variable

NextElement im Elementobjekt das nächste Element dar und hat beim letzten Element den Wert **nil**.

Die Schreibweise legt nahe, dass das Listenobjekt ein Elementobjekt "enthält". Wir haben aber schon früher erwähnt, dass Objekte in Object Pascal immer voneinander unabhängig sind und durch Zeigerwerte identifiziert werden. FirstElement und NextElement sind also Zeiger, die jeweils ein Elementobjekt identifizieren. Sie "verketten" die Objekte miteinander, deshalb spricht man von der *verketteten Listendarstellung*. Die Verkettungen kann man durch Pfeile symbolisieren, wir erhalten folgendes Bild:

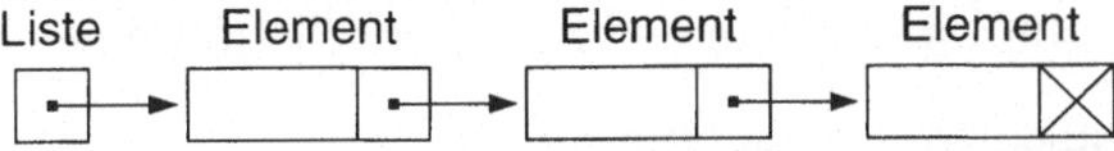

Das Kreuz im letzten Element symbolisiert einen leeren Zeiger, also den Wert **nil**. Das Bild ähnelt jenem, das wir bei der Einführung der Navigation gezeichnet haben, aber hier stehen die Pfeile nicht für eine abstrakte Nachfolgerbeziehung, sondern für die konkrete Verkettung durch Objektzeiger.

Die verkettete Darstellung vermeidet die beiden Nachteile der Array-Darstellung. Einerseits belegen nur die tatsächlich vorhandenen Elemente Speicherplatz, andrerseits sind Strukturveränderungen effizient möglich. Um beispielsweise ein Elementobjekt einzufügen, muss man nur zwei Verkettungen ändern:

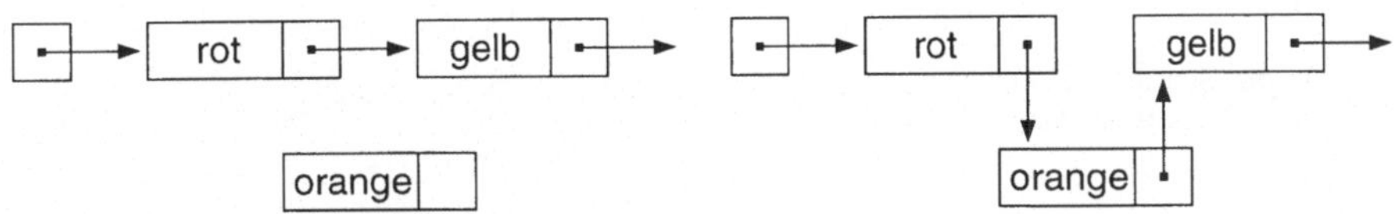

Auch für die umgekehrte Operation, also um ein Element zu entfernen, muss man nur zwei Verkettungen ändern. Zu beachten ist in beiden Fällen, dass die jeweils *vorangehende* Verkettung betroffen ist: Um an einer bestimmten Stelle ein Element einzufügen oder zu entfernen, muss man die Verkettung ändern, die *zu dieser Stelle führt*.

Mit der Darstellung durch ein Listenobjekt und eine Anzahl Elementobjekte lässt sich grundsätzlich eine auf Navigation beruhende Schnittstelle implementieren. Wir haben aber eine *rekursive* Form der Navigation eingeführt, und für diese fehlen in der Darstellung die Teillisten-Objekte. Wir ändern deshalb das Elementobjekt ab, sodass es nicht mit dem Nachfolgerelement verkettet ist, sondern mit der Nachfolgerliste:

```
type StringElement = object
  Contents: string;
  NextElements: StringList;
  end;
```

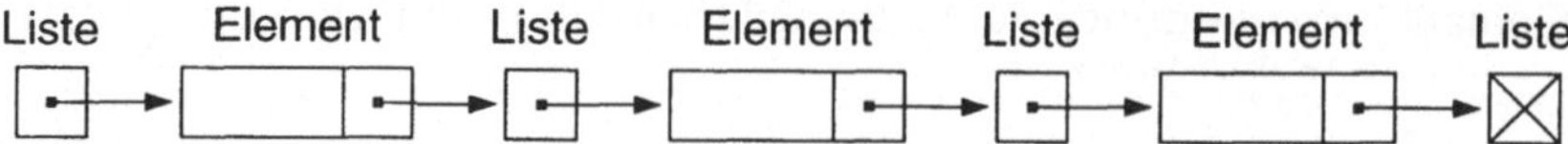

Damit können wir die rekursive Schnittstelle implementieren. Allerdings haben wir diesen Vorteil damit erkauft, dass nun etwa doppelt soviele Objekte auftreten. Es gibt nun eine weitere Variante ohne diesen Nachteil. Wir geben dem Elementobjekt eine Doppelrolle: Statt ein Listenobjekt zu bezeichnen, das die Nachfolgerliste darstellt, soll es *selbst* die Rolle dieses Listenobjekts spielen. Diese Doppelrolle lässt sich in Object Pascal mittels Vererbung ausdrücken. Wir lassen die Elementklasse von der Listenklasse erben, ein Elementobjekt erhält so alle Eigenschaften eines Listenobjekts:

```
type StringElement = object (StringList)
  Contents: string;
  end;
```

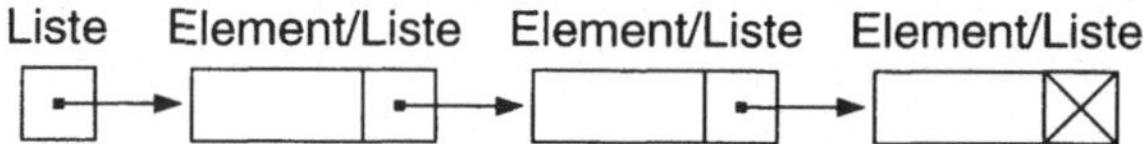

Damit kommt nur noch im Listenobjekt eine Zeigervariable vor. Wegen der Doppelrolle der Elementobjekte hat diese aber mehrere Bedeutungen, sie kann je nach Zusammenhang das erste Element einer Liste bezeichnen, oder deren Nachfolgerliste, oder das Nachfolgerelement eines Elements. Wir verwenden deshalb statt FirstElement den neutraleren Namen Link:

```
type StringList = object
  Link: StringElement;
  end;
```

Nun zeigen wir ausführlich, wie man die Grundoperationen rekursiv zugänglicher Listen in der verketteten Darstellung implementieren kann. Zunächst stellen wir die Typvereinbarung nochmals zusammen, sie definiert einerseits die Schnittstelle, andrerseits die Instanzvariablen:

```
type StringList = object
  Link: StringElement;
  function Empty: Boolean;
  function First: string;
  function AfterFirst: StringList;
  procedure Insert (s: string);
  procedure Remove (var s: string);
  end;

type StringElement = object (StringList)
  Contents: string;
  end;
```

Wir beginnen mit der Funktion Empty. Eine Liste ist leer, wenn sie kein erstes Element hat, also wenn die Instanzvariable Link den Wert **nil** hat:

```
function StringList.Empty: Boolean;
begin
Empty := (Link = nil);
end;
```

Die Funktion First soll die im ersten Elementobjekt enthaltene Zeichenkette liefern, wobei die Liste natürlich nicht leer sein darf (für diesen Fall setzen wir eine Prozedur Error (s: **string**) voraus, welche die Fehlermeldung schreibt und nicht mehr zur rufenden Programmstelle zurückkehrt):

```
function StringList.First: string; 2
begin
if Empty then
  Error('string list empty');
First := Link.Contents;
end;
```

Die Funktion AfterFirst soll einen Verweis auf die Nachfolgerliste liefern. Dieser entspricht gerade dem Wert von Link, allerdings interpretiert als Liste (nicht als Element):

```
function StringList.AfterFirst: StringList;
begin
if Empty then
  Error('string list empty');
AfterFirst := Link;
end;
```

Um eine Zeichenkette in die Liste einzufügen, muss die Operation Insert ein Elementobjekt erzeugen und einfügen; umgekehrt muss Remove beim Entfernen einer Zeichenkette ein Elementobjekt vernichten:

```
procedure StringList.Insert (s: string);
var x: StringElement;
begin
New(x);
x.Contents := s;
x.Link := Link;
Link := x;
end;
```

---

[2] THINK Pascal 4.0 würde an dieser Stelle einen Fehler melden. Dies liegt an einem Fehler im Compiler, der nur bei Methoden auftritt, die einen Funktionswert vom Typ **string** haben. Die Fehlermeldung lässt sich umgehen, indem man nicht den ganzen Prozedurkopf wiederholt, sondern (was bei Object Pascal erlaubt ist) nur den Namen:

```
function StringList.First; {eigentlich: function StringList.First: string}
begin...
```

```
procedure StringList.Remove (var s: string);
var x: StringElement;
begin
s := First;
x := Link;
Link := x.Link;
Dispose(x);
end;
```

Schliesslich benötigen wir eine Funktion, die eine neue leere Liste erzeugt:

```
function NewStringList: StringList;
var l: StringList;
begin
New(l);
l.Link := nil;
NewStringList := l;
end;
```

Damit haben wir eine Darstellung rekursiv zugänglicher Listen durch verkettete Objekte definiert. Das nächste Kapitel wird zeigen, wie man mit diesen Listen arbeiten kann.

2.2 Listenalgorithmen

Kernpunkte dieses Kapitels:

- *Eine rekursiv zugängliche Liste kann aus der leeren Liste durch wiederholtes Einfügen von Elementen aufgebaut werden. Auf die einzelnen Elemente greift man mit Hilfe der Nachfolgerfunktion zu.*
- *Oft will man auf alle Elemente nacheinander zugreifen. Dies lässt sich elegant rekursiv ausdrücken.*
- *Um Positionen innerhalb der Liste bequemer zugänglich zu machen, kann man Schreitfunktionen anbieten, welche die Nachfolgerfunktion mehrfach anwenden. Auch Suchvorgänge lassen sich so behandeln.*
- *Stapel und Warteschlange sind wichtige Abstraktionen, die sich durch rekursiv zugängliche Listen gut darstellen lassen.*
- *Mengen und Verzeichnisse sind ebenfalls wichtige Abstraktionen; sie lassen sich durch rekursiv zugängliche Listen darstellen, diese Darstellungen sind aber nicht effizient.*

Aufbau von Listen

Um mit den in Kapitel 2.1 eingeführten Grundoperationen der StringList eine Liste aufzubauen, müssen wir immer von einer leeren Liste ausgehen und anschliessend Listenelemente einfügen. Dazu dienen einerseits die Funktion NewStringList, andrerseits die Methode Insert. Das folgende Programmstück baut auf diese Weise eine beliebige Liste von Zeichenketten aufgrund einer Tastatureingabe auf:

```
var l: StringList; s: string;
...
l := NewStringList;
repeat
  ReadLn(s);
  if s <> '' then
    l.Insert(s);
  until s = '';
...
```

Bei Ausführung dieses Fragments ergibt jede nichtleere Eingabezeile ein Listenelement; eine Leerzeile schliesst die Eingabe ab. Beispielsweise erzeugt die folgende Eingabe eine Liste mit drei Elementen (das Pfeilsymbol auf der letzten Zeile stellt eine Leerzeile dar):

```
rot
gelb
grün
↵
```

Für unsere Beispiele wäre es oft bequemer, mehrere Elemente auf einer Zeile eingeben zu können. Wenn wir im Programmfragment den Aufruf von ReadLn durch einen Aufruf der im Anhang beschriebenen Prozedur ReadWord ersetzen, können wir die drei Wörter auf einer Zeile eingeben:

```
rot gelb grün
```

In beiden Fällen wird folgende Liste aufgebaut:

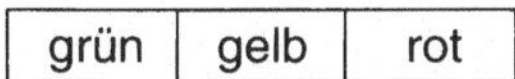

Wie zu erwarten, enthält die Liste die drei Wörter in der umgekehrten Eingabereihenfolge, da die Listenelemente jeweils zu *Beginn* der wachsenden Liste eingefügt wurden. Auf die einzelnen Elemente kann man nun mit den Funktionen First und AfterFirst zugreifen. First liefert das erste Element, Write(l.First) ergibt also die Ausgabe `grün`. Durch wiederholte Anwendung von AfterFirst gelangt man zu jeder Position innerhalb der Liste:

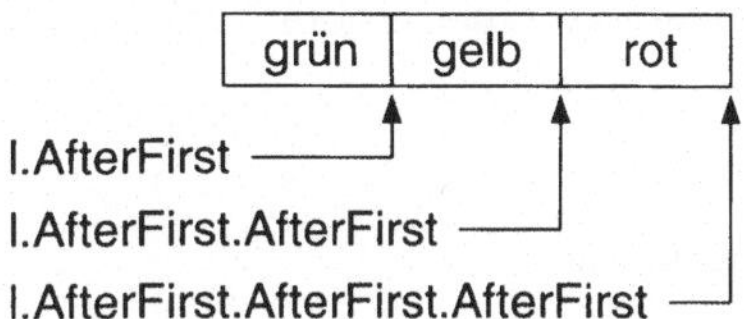

Write(l.AfterFirst.First) ergibt also die Ausgabe `gelb`, und so fort.

An den verschiedenen Positionen kann man natürlich auch Elemente mit Insert einsetzen oder mit Remove entfernen. Manchmal möchte man ein Element entfernen und gleich wegwerfen; dazu führen wir folgende Abkürzung ein:

```
procedure StringList.RemoveAndDelete; 3
var s: string;
begin
Remove(s);
end;
```

Durchlaufen von Listen

Häufig will man nicht auf einzelne Elemente zugreifen, sondern auf alle nacheinander. Die folgende Prozedur schreibt beispielsweise alle in einer Zeichenketten-Liste enthaltenen Zeichenketten, und zwar nicht mit Hilfe einer Wiederholungsanweisung, sondern rekursiv:

```
procedure StringList.WriteAll;
begin
if not Empty then
  begin
  Write(' ', First);
  AfterFirst.WriteAll;
  end;
end;
```

Die Rekursion lässt sich in Worten so ausdrücken: "Ich schreibe mich, indem ich zuerst mein erstes Element schreibe und anschliessend meine Nachfolgerliste". Angewendet auf das weiter oben aufgebaute Beispiel ergibt die Prozedur folgendes Resultat:

```
grün gelb rot
```

Die Prozedur trennt die einzelnen Zeichenketten mit einem Leerzeichen. Je nach Anwendung könnte stattdessen eine Prozedur WriteLnAll zweckmässig sein, in der die Write-Anweisung durch eine WriteLn-Anweisung ersetzt ist, sodass sie pro Element eine Zeile schreibt.

---

[3] Natürlich muss diese Operation auch in der Typvereinbarung von StringList aufgeführt werden:

```
type StringList = object
  ...
  procedure RemoveAndDelete;
  ...
```

Wir verzichten in Zukunft darauf, dies zu erwähnen, zeigen also nur noch die Implementationen neuer Operationen.

Man kann sich auch wünschen, die Liste in umgekehrter Reihenfolge zu durchlaufen. Dank der Rekursion muss dazu die Prozedur nur geringfügig abgeändert werden:

```
procedure StringList.WriteAllBackward;
begin
if not Empty then
  begin
  AfterFirst.WriteAllBackward;
  Write(' ', First);
  end;
end;
```

In Worten ausgedrückt: "Ich schreibe mich rückwärts, indem ich zuerst meine Nachfolgerliste rückwärts schreibe und anschliessend mein erstes Element."

Schliesslich kann man eine Liste auch bloss durchlaufen, um ihre *Länge*, d.h. die Anzahl ihrer Elemente zu bestimmen:

```
function StringList.Length: Integer;
begin
if Empty then
  Length := 0
else
  Length := AfterFirst.Length + 1;
end;
```

In Worten: "Wenn ich leer bin, ist meine Länge null, sonst ist sie um eins grösser als die Länge meiner Nachfolgerliste." Angewendet auf unser Beispiel ergäbe l.Length das Resultat 3.

Alle aufgeführten Beispiele beruhen auf Rekursion. Natürlich könnte man z.B. die Prozedur WriteAll auch nichtrekursiv implementieren:

```
procedure StringList.WriteAll;
var l: StringList;
begin
l := Self;
while not l.Empty do
  begin
  Write(' ', l.First);
  l := l.AfterFirst;
  end;
end;
```

Es wäre aber schon wesentlich schwieriger, für WriteAllBackward eine nichtrekursive Lösung zu finden, also für das Durchlaufen einer Liste in umgekehrter Reihenfolge.

Schreiten in Listen

Während beim Durchlaufen alle Elemente nacheinander berührt werden, geht es beim "Schreiten" darum, ein einzelnes Element zugänglich zu machen, etwa das letzte oder das *n*-te. Möglicherweise möchte man auf den Inhalt des Elements zugreifen oder diesen verändern, oder man möchte das Element entfernen oder ein neues an dieser Stelle einfügen. Alle diese Schreit-Operationen führen wir als Verallgemeinerungen der Nachfolgerfunktion AfterFirst ein, also als Funktionen, die jeweils einen Verweis auf eine Teilliste liefern. Auf diese Teilliste können dann andere Operationen, etwa First, Insert oder Remove, angewendet werden.

Das einfachste Beispiel dafür ist das Schreiten zum *Ende* der Liste, also zur leeren Teilliste, die nach dem letzten Element beginnt:

```
function StringList.AtEnd: StringList;
begin
if Empty then
  AtEnd := Self
else
  AtEnd := AfterFirst.AtEnd;
end;
```

Die Funktion ist wieder rekursiv und lässt sich in Worten so ausdrücken: "Wenn ich leer bin, bin ich selbst das Listenende, sonst muss ich meine Nachfolgerliste fragen". Um "sich selbst" als Resultat zu liefern, verwendet sie das Symbol Self, dessen Wert einem Verweis auf das angesprochene Objekt entspricht. Wir können AtEnd beim Aufbau einer Liste anwenden, um zu erreichen, dass neue Elemente jeweils am Ende eingefügt werden:

```
...
l := NewStringList;
repeat
  ReadWord(s);
  if s <> '' then
    l.AtEnd.Insert(s);
  until s = '';
...
```

Nun erzeugt das Programmfragment eine Liste, welche die Elemente in derselben Reihenfolge enthält, in der sie eingegeben worden sind.

Eine andere nützliche Schreitoperation ist jene, die zum *letzten Element* der Liste führt. Sie lässt sich rekursiv fast gleich formulieren:

```
function StringList.AtLast: StringList;
begin
if AfterFirst.Empty then
  AtLast := Self
else
  AtLast := AfterFirst.AtLast;
end;
```

In Worten ausgedrückt: “Wenn meine Nachfolgerliste leer ist, so ist mein erstes Element auch das letzte, sonst muss ich meine Nachfolgerliste fragen.”

In gewissen Fällen möchte man zu einer zahlenmässig vorgegeben *Position* innerhalb einer Liste schreiten, entsprechend dem in Kapitel 2.1 beschriebenen direkten Zugang. Eine Zahl zwischen 1 und der Länge der Liste soll zum Beginn der entsprechenden Teilliste führen, die um 1 erhöhte Länge zum Ende der Liste. Wir lösen diese Aufgabe wieder rekursiv:

```
function StringList.AtNumber (n: Integer): StringList;
begin
if n < 1 then
  AtNumber := nil
else if n = 1 then
  AtNumber := Self
else if Empty then
  AtNumber := nil
else
  AtNumber := AfterFirst.AtNumber(n - 1);
end;
```

Zahlwerte ausserhalb des zulässigen Bereichs sollten eigentlich zu einer Fehlermeldung führen, ähnlich wie die Funktionen First und AfterFirst bei leerer Liste eine Fehlermeldung erzeugen. Die Funktion AtNumber wird aber vielseitiger anwendbar, wenn sie die Verantwortung für die Behandlung solcher Fehler dem rufenden Programm überlässt. Deshalb führen unerlaubte Werte hier nicht zu einer Fehlermeldung, sondern zum Resultat **nil**. Bei der Anwendung muss man dies natürlich berücksichtigen, etwa so:

```
...
atNumberN := l.AtNumber(n);
if atNumberN <> nil then ...
...
```

Zum Schluss zeigen wir, wie man die *Mitte* einer Liste erreichen kann; dies wird später für gewisse Sortieralgorithmen nützlich sein. Zunächst müssen wir allerdings festlegen, was wir unter der “Mitte” einer Liste verstehen wollen. Dies hängt davon ab, ob die Liste eine gerade oder ungerade Anzahl Elemente enthält; bei gerader Anzahl soll der Algorithmus den Beginn der zweiten Listenhälfte liefern, bei ungerader Anzahl die beim mittleren Element beginnende Teilliste:

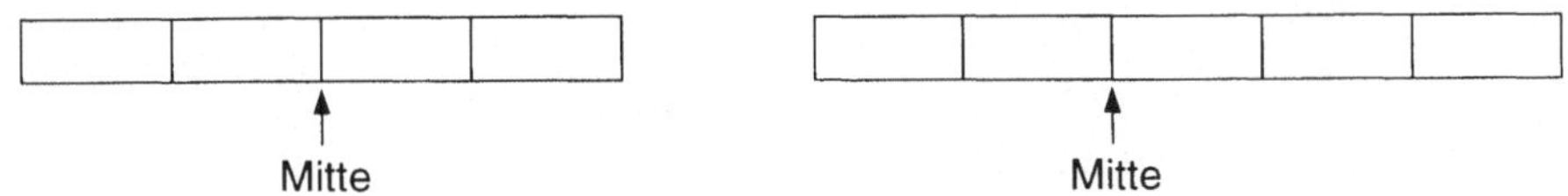

Die so definierte Mitte kann man auf verschiedene Weise bestimmen. Eine naheliegende Lösung besteht darin, die Länge der Liste durch zwei zu teilen und die Funktion **AtNumber** zu verwenden:

```
...
AtMiddle := l.AtNumber(l.Length div 2 + 1);
...
```

Diese Lösung erfordert allerdings zwei (genauer: eineinhalb) Durchgänge durch die gesamte Liste. Eine elegantere Lösung, die mit einem Durchgang auskommt, sucht in Zweierschritten das Ende der Liste und geht gleichzeitig in Einerschritten zur Mitte vor:

```
function StringList.AtMiddle: StringList;
var ToMiddle, ToEnd: StringList;
begin
ToMiddle := Self;
ToEnd := Self;
while not ToEnd.Empty do
  begin
  ToEnd := ToEnd.AfterFirst;
  if not ToEnd.Empty then
    begin
    ToEnd := ToEnd.AfterFirst;
    ToMiddle := ToMiddle.AfterFirst;
    end;
  end;
AtMiddle := ToMiddle;
end;
```

Bei diesem Beispiel haben wir ausnahmsweise auf Rekursion verzichtet, weil eine rekursive Lösung komplizierter gewesen wäre.

Anwendung: Stapel und Warteschlange

Listen sind "durchsichtige" Behälter: Alle Elemente einer Liste sind grundsätzlich zugänglich. Nun gibt es Anwendungen, für welche Behälter mit eingeschränkten Zugangsmöglichkeiten zweckmässiger sind. Ein Beispiel eines solchen Behälters ist der *Stapel* (engl. stack). Dieser ist einem Stapel von Gegenständen nachgebildet, auf welchen man Gegenstände auflegen oder welchem man den jeweils obersten Gegenstand entnehmen kann:

Das abstrakte Stapel-Objekt umfasst im Prinzip nur eine Auflege- und eine Entnahmeoperation, die üblicherweise Push und Pop heissen. Wir ergänzen es um eine Funktion, die leere Stapel erkennt:

```
type StringStack = object
  function Empty: Boolean;
  procedure Push (s: string);
  procedure Pop (var s: string);
  end;
```

Man sieht leicht ein, dass ein Stapel durch eine Liste darstellbar ist, bei der nur der Beginn (oder nur das Ende) zugänglich ist. Wenn wir uns für den Beginn entscheiden, entsprechen die Stapeloperationen Push und Pop gerade den Listenoperationen Insert und Remove. Anders gesagt: Eine rekursiv zugängliche Liste verhält sich wie ein Stapel, solange man die Nachfolgerfunktion AfterFirst nicht benutzt. Es drängt sich deshalb gar nicht auf, die Typvereinbarung von StringStack zu einer vollständigen Klasse auszubauen; wenn immer wir einen Stapel für Zeichenketten benötigen, verwenden wir eine StringList und beschränken uns dabei auf die Operationen Insert und Remove.

Ein anderes Beispiel eines Behälters mit eingeschränktem Zugriff ist die *Warteschlange* (engl. queue). Während ein Stapel nur an einer Stelle zugänglich ist, nämlich "oben", hat eine Warteschlange zwei zugängliche Stellen, es können nämlich Elemente "hinten" angefügt und "vorne" entnommen werden:

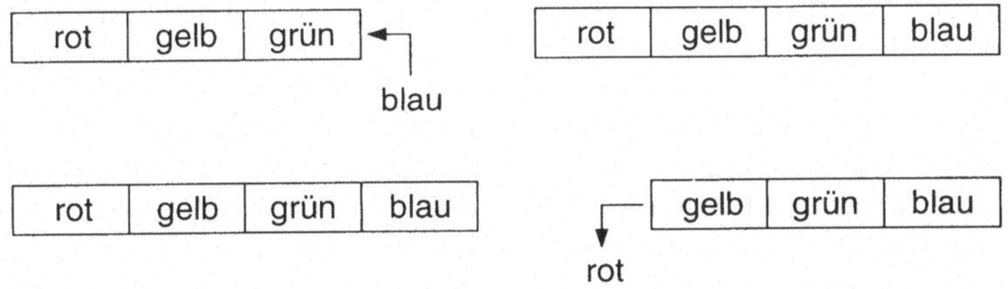

Anders als beim Stapel erscheinen die Elemente beim Entnehmen in derselben Reihenfolge, in der sie eingefügt wurden. Das abstrakte Warteschlangen-Objekt umfasst eine Anfüge- und eine Entnahmeoperation, sodass wir bis auf die Namen dieselbe Typvereinbarung wie beim Stapel erhalten:

```
type StringQueue = object
  function Empty: Boolean;
  procedure Append (s: string);
  procedure Remove (var s: string);
  end;
```

Wie ein Stapel ist auch eine Warteschlange durch eine Liste darstellbar, indem man Elemente jeweils beim Listenende anfügt und beim Listenbeginn entnimmt (oder umgekehrt). Wenn wir uns für das Entnehmen beim Beginn entscheiden, entsprechen die Warteschlangen-Operationen Append und Remove den Listenoperationen AtEnd.Insert und Remove. Da es keine Mühe bereitet, eine StringList so zu verwenden, verzichten wir auch in diesem Fall darauf, die Klasse StringQueue zu implementieren.

Die soeben beschriebene Implementation einer Warteschlange ist ineffizient, weil beim Anfügen die gesamte Liste durchlaufen werden muss, um das Listenende zu erreichen. Eine wesentliche Verbesserung bringt dagegen die folgende Implementation, bei der das Listenende *ohne* Durchlaufen zugänglich ist. Sie beruht auf einer spezialisierten Liste, die im Listenkopf einen Verweis auf das Listenende speichert:

```
type StringQueue = object(StringList)
  Tail: StringList;
  procedure Append (s: string);
  end;

procedure StringQueue.Append (s: string);
begin
if Empty then
  Tail := Self;
Tail.Insert(s);
Tail := Tail.AfterFirst;
end;
```

Die Elemente werden jeweils beim Listenende angefügt. Dieses ist über die Variable Tail direkt erreichbar, die natürlich anschliessend nachgeführt werden muss. Wenn die Liste leer ist, muss Tail vor dem Einfügen jeweils auf den Listenbeginn gesetzt werden.

Sowohl Stapel als auch Warteschlangen lassen sich übrigens sehr effizient durch Arrays darstellen. In Kapitel 2.1 haben wir zwar erwähnt, dass bei dieser Darstellung Strukturveränderungen aufwendig sind: Um für ein einzufügendes Element Platz zu schaffen, müssen Elemente verschoben werden, umgekehrt muss man die beim Entfernen eines Elementes entstehende Lücke durch Verschieben von Elementen schliessen. Da aber im Fall des Stapels und der Warteschlange nur an den Enden Elemente angefügt oder entfernt werden, fällt dieser Nachteil weg; es bleibt nur der andere Nachteil, dass nämlich die maximale Anzahl der Elemente vorgegeben werden muss.

Suchen in Listen

In vielen Anwendungen sollen innerhalb einer Liste Elemente gesucht werden, die eine bestimmte Eigenschaft haben. Vielleicht möchte man in einer Zeichenketten-Liste eine bestimmte Zeichenkette suchen (resp. das erste Auftreten einer bestimmten Zeichenkette, falls sie mehrmals auftritt). Wir behandeln diese Fälle gleich wie die bereits eingeführten Schreit-

Operationen: Eine Suchoperation ist eine Funktion, welche auf jene Teilliste führt, deren erstes Element das gesuchte ist (oder allenfalls auf das leere Listenende). Das erste Auftreten einer vorgegebenen Zeichenkette finden wir wie folgt rekursiv:

```
function StringList.AtFirstEqual (s: string): StringList;
begin
if Empty then
  AtFirstEqual := Self
else if First = s then
  AtFirstEqual := Self
else
  AtFirstEqual := AfterFirst.AtFirstEqual(s);
end;
```

In Worten ausgedrückt: "Wenn ich leer bin, enthalte ich die gesuchte Zeichenkette nicht; wenn ich sie andernfalls als erstes Element enthalte, bin ich die gewünschte Teilliste, sonst muss ich meine Nachfolgerliste fragen."

Als Anwendung zeigen wir, wie man eine Zeichenketten-Liste aufbauen kann, die keine Duplikate enthält:

```
var Unique, l: StringList;
...
l := Unique.AtFirstEqual(s);
if l.Empty then
  l.Insert(s);
...
```

Das Suchverfahren lässt sich ohne weiteres auf andere Suchkriterien übertragen. Ein Beispiel: Die gesuchte Zeichenkette soll nicht mit der vorgegebenen übereinstimmen müssen, sondern nur diese *enthalten*, so wie 'rot' in 'Brot' enthalten ist. Dazu ersetzen wir in der **else**-**if**-Anweisung den Ausdruck First = s durch den Ausdruck Pos(s, First) > 0 (Pos ist eine von THINK Pascal angebotene Bibliotheksfunktion, die eine Zeichenkette innerhalb einer anderen sucht):

```
function StringList.AtFirstContaining (s: string): StringList;
begin
if Empty then
  AtFirstContaining := Self
else if Pos(s, First) > 0 then
  AtFirstContaining := Self
else
  AtFirstContaining := AfterFirst.AtFirstContaining(s);
end;
```

Unabhängig vom Suchkriterium findet das Verfahren immer das *erste* Element mit der durch das Suchkriterium beschriebenen Eigenschaft. Ein etwas aufwendigeres Verfahren benötigen wir, um statt dem ersten das *letzte* Element zu finden, das ein bestimmtes Suchkriterium erfüllt. Die folgende Suchoperation findet das letzte Auftreten einer vorgegebenen Zeichenkette, wiederum rekursiv:

```
function StringList.AtLastEqual (s: string): StringList;
var l: StringList;
begin
if Empty then
  AtLastEqual := Self
else
  begin
  l := AfterFirst.AtLastEqual(s);
  if not l.Empty then
    AtLastEqual := l
  else if First = s then
    AtLastEqual := Self
  else
    AtLastEqual := l;
  end;
end;
```

Wir versuchen auch diese Rekursion mit Worten zu umschreiben: "Wenn ich leer bin, enthalte ich die gesuchte Zeichenkette nicht. Sonst muss ich meine Nachfolgerliste fragen; wenn ich die Zeichenkette als erstes Element enthalte und meine Nachfolgerliste sie nicht enthält, so bin ich die gewünschte Teilliste, andernfalls liefert meine Nachfolgerliste diese."

Die bisher vorgestellten Funktionen suchen jeweils ein Element mit einer *lokalen* Eigenschaft, also mit einer Eigenschaft, die von den übrigen Elementen unabhängig ist. Es gibt auch Fälle, wo man ein Element mit einer *globalen* Eigenschaft sucht, beispielsweise die längste Zeichenkette (resp. eine Zeichenkette mit maximaler Länge, falls mehrere Zeichenketten diese Länge haben). Die folgende Funktion sucht die erste solche Zeichenkette in einer nichtleeren Liste:

```
function StringList.AtFirstLongest: StringList;
var l: StringList;
begin
if AfterFirst.Empty then
  AtFirstLongest := Self
else
  begin
  l := AfterFirst.AtFirstLongest;
  if StringLength(l.First) > StringLength(First) then
    AtFirstLongest := l
  else
    AtFirstLongest := Self;
  end;
end;
```

Wieder in Worten ausgedrückt: "Wenn meine Nachfolgerliste leer ist, ist mein erstes Element das längste. Sonst muss ich meine Nachfolgerliste fragen; wenn ihr längstes Element länger ist als mein erstes, liefert sie die gewünschte Teilliste, sonst bin ich diese." Nun ändern wir den letzten Satz ab zu "wenn mein erstes Element länger ist als das längste meiner Nachfolgerliste, bin ich die gewünschte Teilliste, sonst liefert meine Nachfolgerliste diese"; diese Funktion findet die *letzte* Zeichenkette maximaler Länge:

```
function StringList.AtLastLongest: StringList;
var l: StringList;
begin
if AfterFirst.Empty then
  AtLastLongest := Self
else
  begin
  l := AfterFirst.AtLastLongest;
  if StringLength(First) > StringLength(l.First) then
    AtLastLongest := Self
  else
    AtLastLongest := l;
  end;
end;
```

Anwendung: Menge

Wir kennen den Begriff der *Menge* (engl. set) als Grundbegriff für die Beschreibung von Daten und Funktionen; in Pascal beschreibt jeder Typ im wesentlichen eine Menge von Datenwerten. Nun gibt es auch Aufgaben, bei denen die Datenwerte selbst Mengen sind. Eine Menge ist ein strukturloser Behälter, ihre Elemente haben keine Reihenfolge. Man kann einer Menge Elemente zufügen oder entnehmen:

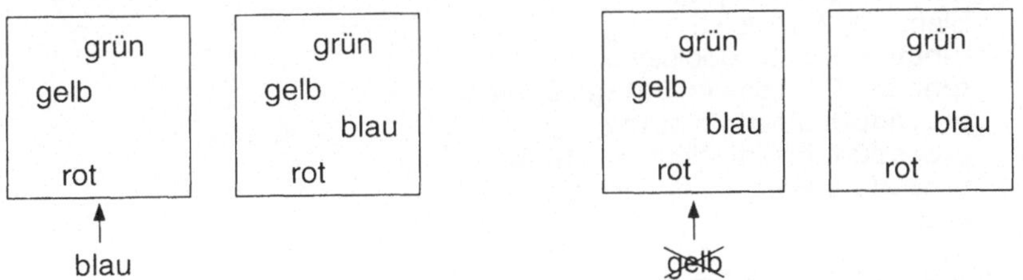

Ausserdem kann man – und dies ist typischerweise die wichtigste Operation – prüfen, ob ein Element in einer Menge enthalten ist:

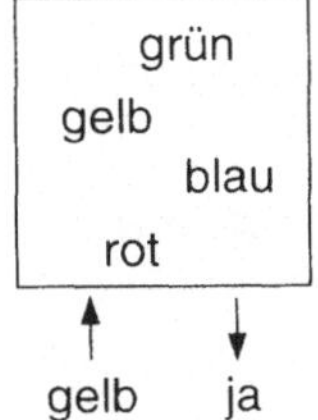

Das abstrakte Mengenobjekt umfasst demnach eine Abfrage-, eine Zufüge- und eine Entnahmeoperation. Wir ergänzen es wie üblich mit einer Funktion zur Erkennung leerer Mengen:

```
type StringSet = object
  function Empty: Boolean;
  function Contains (s: string): Boolean;
  procedure Insert (s: string);
  procedure Remove (s: string);
  end;
```

Gemäss der üblichen Definition kann eine Menge dasselbe Element nicht mehrmals enthalten. Nun gibt es aber Anwendungen, für welche eine "Menge" zweckmässig wäre, die dies könnte. Eine solche "Menge" heisst *Multimenge* (engl. multiset oder bag). Sie erlaubt dieselben Operationen wie eine echte Menge, der Unterschied besteht nur in der Wirkung der Zufügeoperation: Einer Multimenge kann man jederzeit weitere Elemente zufügen, wenn man aber einer echten Menge ein Element zufügt, welches sie schon enthält, so bleibt sie unverändert. Wir ergänzen deshalb das abstrakte Objekt, sodass es beide Arten von Zufügeoperation umfasst:

```
procedure Insert (s: string);
procedure InsertUnique (s: string);
```

Eine Menge oder Multimenge lässt sich durch eine Liste darstellen, welche die Elemente in beliebiger Reihenfolge enthält. Die folgende Implementation fügt die Elemente jeweils beim Listenbeginn ein und sucht zur Abfrage und zum Entnehmen die Liste ab:

```
type StringSet = object
  Elements: StringList;
  function Empty: Boolean;
  function Contains (s: string): Boolean;
  procedure Insert (s: string);
  procedure InsertUnique (s: string);
  procedure Remove (s: string);
  end;

function StringSet.Empty: Boolean;
begin
Empty := Elements.Empty;
end;

function StringSet.Contains (s: string): Boolean;
begin
Contains := not Elements.AtFirstEqual(s).Empty;
end;

procedure StringSet.Insert (s: string);
begin
Elements.Insert(s);
end;
```

```
procedure StringSet.InsertUnique (s: string);
begin
if not Contains(s) then
  Elements.Insert(s);
end;

procedure StringSet.Remove (s: string);
var l: StringList;
begin
l := Elements.AtFirstEqual(s);
if not l.Empty then
  l.RemoveAndDelete;
end;
```

Anders als bei der Darstellung der Warteschlange haben wir StringSet nicht mittels Vererbung von StringList abgeleitet, sondern mittels Kapselung, d.h. jedes Mengenobjekt *enthält* ein Listenobjekt. Dies ist naheliegend, da eine Menge nicht als Spezialfall einer Liste betrachtet werden kann.

Anwendung: Verzeichnis

Mengen bilden die Grundlage für *Verzeichnisse*. Ein Verzeichnis (engl. dictionary) ist ein Behälter, dessen Elemente eindeutige "Etiketten" tragen. Elemente können samt Etikette dem Verzeichnis zugefügt oder unter Angabe der Etikette aus dem Verzeichnis entfernt werden:

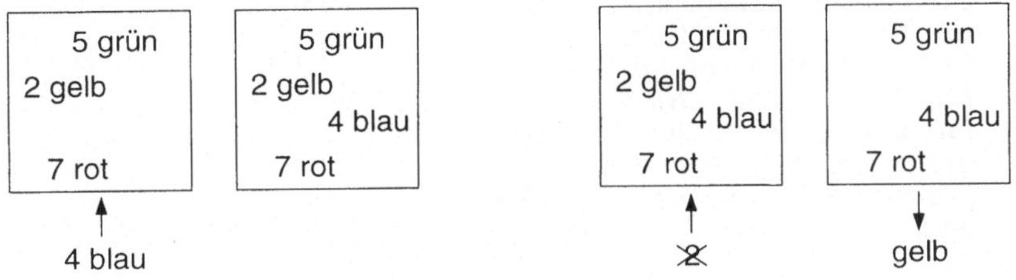

Ausserdem kann auf ein Element unter Angabe seiner Etikette zugegriffen werden, ohne es zu entfernen:

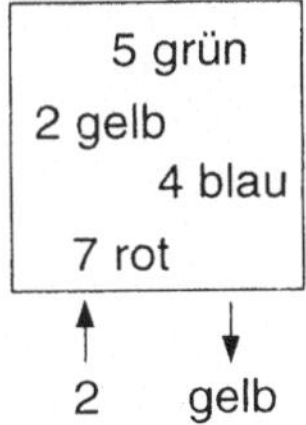

Diese drei Operationen sind verwandt mit den drei Mengenoperationen; man kann sich ein Verzeichnis als Menge von Etiketten denken, denen jeweils zusätzliche Information zugeordnet ist. Andrerseits erkennt man auch eine Verwandtschaft zu den Operationen einer direkt zugänglichen Liste, die Rolle der Positionsnummern spielen hier die Etiketten. Man kann ein Verzeichnis auch als "veränderbare Funktion" betrachten. Verzeichnisse sind in der Informatik äusserst wichtig: So sind zum Beispiel Dateisysteme zur Verwaltung von Massenspeichern in der Regel auf Verzeichnissen aufgebaut, die Etikette einer Datei ist ihr Dateiname.

Wir formulieren das abstrakte Verzeichnis-Objekt wieder für Zeichenketten, ergänzt mit einer Funktion zur Erkennung leerer Verzeichnisse:

```
type StringDictionary = object
  function Empty: Boolean;
  function ValueAtKey (k: string): string;
  procedure InsertAtKey (k, s: string);
  procedure RemoveAtKey (k: string; var s: string);
  end;
```

Wie eine Menge lässt sich auch ein Verzeichnis durch eine Liste darstellen, indem man Elemente jeweils an beliebiger Stelle der Liste einfügt und für den Zugriff und das Entfernen nach der Etikette sucht. Ein Element ist dabei immer ein Paar, bestehend aus der Etikette und dem Inhalt. Wir führen hier eine Liste für Zeichenkettenpaare ein, die später auch für andere Zwecke nützlich sein wird:

```
type StringPairList = object
  Link: StringPairElement;
  function Empty: Boolean;
  function FirstKey: string;
  function FirstData: string;
  function AfterFirst: StringPairList;
  procedure Insert (k, s: string);
  procedure Remove (var k, s: string);
  end;

type StringPairElement = object(StringPairList)
  Key, Data: string;
  end;
```

Die Grundoperationen dieser StringPairList entsprechen weitgehend jenen der StringList, wir gehen auf deren Implementation nicht näher ein. Diese Liste ergänzen wir mit einer Suchoperation entsprechend AtFirstEqual:

```
function StringPairList.AtFirstKeyEqual (k: string): StringPairList;
begin
if Empty then
  AtFirstKeyEqual := Self
else if FirstKey = k then
  AtFirstKeyEqual := Self
else
  AtFirstKeyEqual := AfterFirst.AtFirstKeyEqual(k);
end;
```

Mit Hilfe der StringPairList können wir nun StringDictionary implementieren:

```
type StringDictionary = object
  Elements: StringPairList;
  function Empty: Boolean;
  function ValueAtKey (k: string): string;
  procedure InsertAtKey (k, s: string);
  procedure RemoveAtKey (k: string; var s: string);
  end;

function StringDictionary.Empty: Boolean;
begin
Empty := Elements.Empty;
end;

function StringDictionary.ValueAtKey (k: string): string;
var l: StringPairList;
begin
l := Elements.AtFirstKeyEqual(k);
if l.Empty then
  Error('key not found')
else
  ValueAtKey := l.FirstData;
end;

procedure StringDictionary.InsertAtKey (k, s: string);
begin
if Elements.AtFirstKeyEqual(k).Empty then
  Elements.Insert(k, s)
else
  Error('duplicate key');
end;

procedure StringDictionary.RemoveAtKey (k: string; var s: string);
var l: StringPairList; ignore: string;
begin
l := Elements.AtFirstKeyEqual(k);
if l.Empty then
  Error('key not found')
else
  l.Remove(ignore, s);
end;
```

Die Darstellung von Mengen und Verzeichnissen durch Listen ist nicht sehr effizient; der Zeitaufwand für einen Zugriff ist ungefähr proportional zur Anzahl der in der Menge oder im Verzeichnis enthaltenen Elemente. Wir werden später andere Darstellungen vorstellen, bei denen ein Zugriff wesentlich weniger Aufwand erfordert.

2.3 Geordnete Listen

Kernpunkte dieses Kapitels:

- *Für gewisse Listenanwendungen muss die Reihenfolge der Elemente mit einer Ordnungsrelation verträglich sein. Solche Listen heissen geordnet.*
- *In einer geordneten Liste kann man einen Suchvorgang beim ersten Element, das nicht vor dem gesuchten Element eingeordnet ist, abbrechen.*
- *Um ein Element in eine geordnete Liste einzufügen, ohne die Ordnung zu verletzen, muss man zuerst die passende Einfügestelle suchen.*
- *Die Darstellung von Mengen und Verzeichnissen durch geordnete Listen ist nur wenig effizienter als jene durch ungeordnete Listen.*
- *Die geordnete Warteschlange ist eine Abstraktion, die die Warteschlange verallgemeinert. Sie ist durch eine geordnete Liste darstellbar.*
- *Um eine ungeordnete Liste zu ordnen (sortieren), lassen sich die üblichen Verfahren verwenden. Wir stellen Mergesort und Quicksort vor.*

Ordnung und Reihenfolge

In vielen Fällen ist die Reihenfolge der Elemente einer Liste durch die Anwendung vorgegeben; etwa bei der Liste der Wagennummern eines Eisenbahnzuges, bei der Liste der Namen der englischen Thronfolger oder bei der Liste der Wörter eines Satzes. Es gibt aber auch Anwendungen, bei denen dies nicht der Fall ist. Ein typisches Beispiel sind Listen, die als Mengen oder Verzeichnisse verwendet werden, etwa eine Telefonliste:

```
Vera    470
Thomas  325
Bettina 511
Martin  458
```

Bei diesem Beispiel gibt es keine natürliche Reihenfolge – jede Zeile steht für sich selbst, ihre Position innerhalb der Liste spielt keine Rolle. In solchen Fällen besteht aber vielfach der Wunsch, eine Reihenfolge festzulegen, etwa so, dass die Namen alphabetisch geordnet erscheinen:

```
Bettina 511
Martin  458
Thomas  325
Vera    470
```

Der Wunsch könnte aber auch lauten, die Telefonnummern sollten aufsteigend geordnet erscheinen:

```
Thomas  325
Martin  458
Vera    470
Bettina 511
```

In solchen Anwendungen ist es zweckmässig, eine Liste geordnet zu halten oder nachträglich zu ordnen. Der Wunsch nach Ordnung rührt dabei in der Regel daher, dass man ein Element leicht finden möchte: Ordnung hilft beim Suchen – eine Erkenntnis des täglichen Lebens, die auch in der Informatik eine grosse Bedeutung hat.

Ordnung setzt eine Ordnungsrelation voraus. Wir nehmen also an, zwischen den Elementen einer Liste bestehe eine Ordnungsrelation, die wir mit "≤" bezeichnen. Die Liste heisst dann *geordnet* bezüglich dieser Relation, wenn die Reihenfolge der Elemente mit der Relation verträglich ist, d.h. wenn für je zwei aufeinanderfolgende Elemente x und y gilt $x \leq y$.

In unseren Beispielen werden wir die übliche lexikographische Ordnung von Zeichenketten verwenden, aber es sind natürlich auch andere Ordnungen möglich. Beim Beispiel der Telefonliste war eine Ordungsrelation durch den Vergleich der Namen gegeben, eine andere durch den Vergleich der Nummern; eine Liste kann also durchaus mehrere Ordnungen haben.

Suchen in geordneten Listen

Eine ungeordnete Liste muss bis zu ihrem Ende durchsucht werden, wenn sie das gesuchte Element nicht enthält. Bei einer geordneten Liste ist dies nicht der Fall: Hier kann man die Suche abbrechen, sobald man ein Element antrifft, das in der Ordnung *nicht vor* dem gesuchten Element liegt. Dieses ist dann entweder *gleich* dem gesuchten Element, oder das gesuchte Element ist in der Liste nicht enthalten:

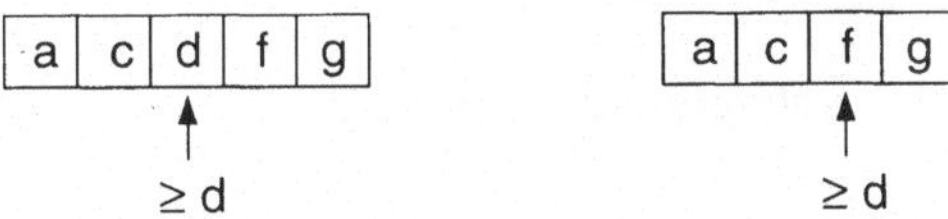

Die entsprechende Suchoperation für die StringList unterscheidet sich von der in Kapitel 2.2 eingeführten Suchoperation AtFirstEqual nur im Suchkriterium:

```
function StringList.AtFirstNotBefore (s: string): StringList;
begin
if Empty then
  AtFirstNotBefore := Self
else if First >= s then
  AtFirstNotBefore := Self
else
  AtFirstNotBefore := AfterFirst.AtFirstNotBefore(s);
end;
```

Um nun ein Element zu suchen, sucht man zuerst mit AtFirstNotBefore die passende Stelle und prüft anschliessend, ob es sich an dieser Stelle tatsächlich befindet:

```
var Ordered, l: StringList;
...
l := Ordered.AtFirstNotBefore(s);
if not l.Empty then
  if l.First = s then...
...
```

Die neue Suchoperation AtFirstNotBefore lässt sich ohne weiteres auch auf die StringPairList übertragen, wobei wir annehmen, dass deren Elemente bezüglich ihrer Key-Werte geordnet sind:

```
function StringPairList.AtFirstKeyNotBefore (k: string): StringPairList;
begin
if Empty then
  AtFirstKeyNotBefore := Self
else if FirstKey >= k then
  AtFirstKeyNotBefore := Self
else
  AtFirstKeyNotBefore := AfterFirst.AtFirstKeyNotBefore(k);
end;
```

Einfügen in geordnete Listen

Oft möchte man Elemente in eine geordnete Liste so einfügen, dass die Ordnung dabei erhalten bleibt. Um die passende Einfügestelle zu finden, kann man wieder die Funktion AtFirstNotBefore verwenden:

```
...
Ordered.AtFirstNotBefore(s).Insert(s);
...
```

Es könnte nun sein, dass das einzufügende Element in der Liste bereits vorhanden ist. In diesem Fall fügt die obige Anweisung das neue Element *vor* seinen Duplikaten ein. Vielleicht möchte man es stattdessen *dahinter* einfügen. Zu diesem Zweck führen wir eine Suchoperation ein, die zum ersten Element führt, das in der Ordnung *hinter* dem einzufügenden Element liegt:

```
function StringList.AtFirstAfter (s: string): StringList;
begin
if Empty then
  AtFirstAfter := Self
else if First > s then
  AtFirstAfter := Self
else
  AtFirstAfter := AfterFirst.AtFirstAfter(s);
end;
```

An dieser Stelle kann man nun das Element einfügen:

```
...
Ordered.AtFirstAfter(s).Insert(s);
...
```

Man fragt sich zu Recht, welchen Sinn diese Unterscheidung haben soll; schliesslich ist das Resultat unabhängig davon, ob man das neue Element vor oder hinter seinen Duplikaten einfügt. Die Unterscheidung wird aber wichtig, wenn die Elemente ausser dem Ordnungskriterium andere Daten enthalten, wie etwa bei einer nach Key-Werten geordneten StringPairList: Hier können mehrere Elemente zwar im Sinne der Ordnung Duplikate sein, sich aber in ihrem übrigen Inhalt unterscheiden. Deshalb ergänzen wir auch die StringPairList mit der entsprechenden Suchoperation:

```
function StringPairList.AtFirstKeyAfter (k: string): StringPairList;
begin
if Empty then
  AtFirstKeyAfter := Self
else if FirstKey > k then
  AtFirstKeyAfter := Self
else
  AtFirstKeyAfter := AfterFirst.AtFirstKeyAfter(k);
end;
```

Falls Duplikate überhaupt nicht erwünscht sind, fügt man ein Element nur dann ein, wenn es noch nicht in der Liste enthalten ist:

```
...
l := OrderedUnique.AtFirstNotBefore(s);
if l.Empty then
  l.Insert(s)
else if l.First > s then
  l.Insert(s);
...
```

Anwendung: Menge und Verzeichnis

Bei Mengenanwendungen ist das Suchen die wichtigste Operation. Nun haben wir festgestellt, dass es etwas weniger Aufwand kostet, in einer geordneten Liste nach einem Element zu suchen als in einer ungeordneten, vor allem wenn häufig erfolglos gesucht werden muss. Es ist deshalb naheliegend, eine Menge durch eine geordnete Liste darzustellen. Dazu müssen wir die Zufügeoperationen so abändern, dass die Ordnung erhalten bleibt, wie im vorherigen Abschnitt beschrieben:

```
procedure StringSet.Insert (s: string);
begin
Elements.AtFirstNotBefore(s).Insert(s);
end;
```

```
procedure StringSet.InsertUnique (s: string);
var l: StringList;
begin
l := Elements.AtFirstNotBefore(s);
if l.Empty then
  l.Insert(s)
else if l.First > s then
  l.Insert(s);
end;
```

Nun können wir die Abfrage- und die Entfernoperation anpassen, sodass sie das Element mit AtFirstNotBefore statt mit AtFirstEqual suchen:

```
function StringSet.Contains (s: string): Boolean;
var l: StringList;
begin
l := Elements.AtFirstNotBefore(s);
if l.Empty then
  Contains := False
else
  Contains := (l.First = s)
end;

procedure StringSet.Remove (s: string);
var l: StringList;
begin
l := Elements.AtFirstNotBefore(s);
if not l.Empty then
  if l.First = s then
    l.RemoveAndDelete;
end;
```

Im gleichen Sinne können wir ein Verzeichnis durch eine nach Etiketten geordnete Liste darstellen. Dazu muss die Einfügeoperation mit Hilfe von AtFirstKeyNotBefore die Ordnung erhalten, und die Zugriffs- und die Entfernoperation können AtFirstKeyNotBefore statt AtFirstKeyEqual zur Suche nach dem betreffenden Element verwenden.

Die Darstellung von Mengen und Verzeichnissen durch geordnete Listen ist nur wenig effizienter als jene durch ungeordnete Listen; der Suchaufwand ist wohl im Durchschnitt etwas geringer, aber immer noch proportional zur Anzahl der in der Menge oder im Verzeichnis enthaltenen Elemente.

Anwendung: Geordnete Warteschlange

Eine *geordnete Warteschlange* (engl. ordered queue oder priority queue) unterscheidet sich von einer gewöhnlichen Warteschlange darin, dass jeweils nicht das "älteste" Element, sondern das "dringendste" entnommen wird. Dies setzt voraus, dass zwischen den Elementen eine Ordnungsrelation besteht, die ausdrückt, welches von zweien das dringendere ist.

Man stellt sich eine geordnete Warteschlange am besten als Liste vor, in welcher die Elemente nach Dringlichkeit geordnet sind; eingefügt werden sie entsprechend ihrer Dringlichkeit, entnommen wird jeweils das erste:

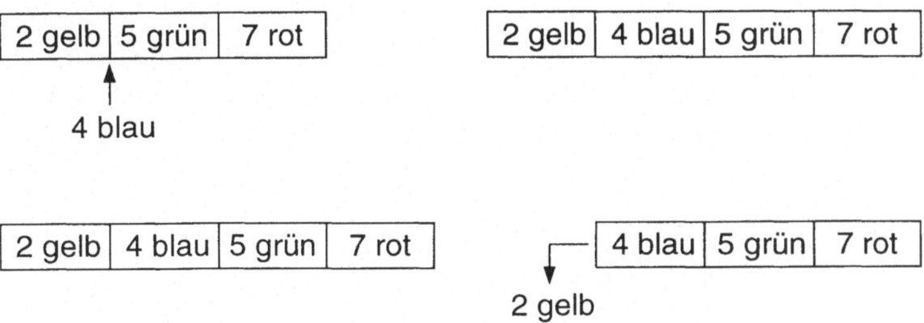

Elemente derselben Dringlichkeit werden idealerweise gleich behandelt wie bei einer gewöhnlichen Warteschlange, d.h. unter diesen wird jeweils das älteste entnommen. Eine geordnete Warteschlange, die diese Bedingung erfüllt, nennen wir *fair*.

Das entsprechende abstrakte Objekt umfasst wieder eine Einfüge- und eine Entnahmeoperation. Wir formulieren es für Zeichenketten unter der Annahme, dass die Dringlichkeit durch eine zusätzliche Zeichenkette angegeben wird, und ergänzen es wie immer mit einer Funktion zur Erkennung leerer Warteschlangen:

```
type OrderedStringQueue = object
  function Empty: Boolean;
  procedure InsertByKey (k, s: string);
  procedure Remove (var k, s: string);
  end;
```

Eine geordnete Warteschlange ist offensichtlich darstellbar durch eine geordnete Liste von Paaren, in welche man die Elemente nach Dringlichkeit geordnet einfügt und der man sie beim Listenbeginn (oder beim Listenende) entnimmt. Wenn wir uns für das Entnehmen beim Beginn entscheiden und wieder die StringPairList benützen, entspricht die Warteschlangen-Operation InsertByKey der Listenoperation AtFirstKeyAfter(k).Insert.

Diese Implementation ist nicht effizient, da beim Einfügen immer die geeignete Stelle gesucht werden muss. Bei der gewöhnlichen Warteschlange konnten wir dies vermeiden mittels einem direkten Zugang zum Listenende; hier geht dies nicht mehr. Wir werden aber später eine effizientere Implementation vorstellen.

Ordnen ungeordneter Listen

Die Aufgabe des Sortierens, also der Überführung einer ungeordneten Datenstruktur in eine geordnete, gehört zu den am besten untersuchten

Aufgaben in der Informatik. Wir möchten hier keinen umfassenden Überblick über die verschiedenen Sortieralgorithmen geben, sondern nur zeigen, wie sich zwei bewährte Algorithmen mit Hilfe unserer Listenobjekte implementieren lassen, nämlich *Mergesort* und *Quicksort*.

Der *Mergesort*-Algorithmus umfasst drei Schritte. Die zu sortierende Liste wird in zwei Hälften geteilt, dann werden die zwei Hälften einzeln (rekursiv) sortiert und anschliessend zu einer geordneten Liste gemischt:

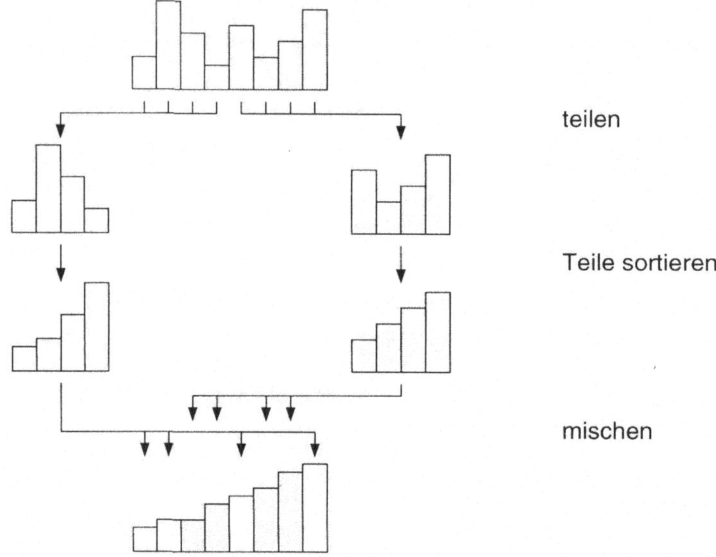

Als Mischen bezeichnet man den Vorgang, aus den Elementen zweier geordneter Listen eine neue, ebenfalls geordnete Liste zu erzeugen. Ein naheliegender Algorithmus vergleicht fortlaufend die ersten Elemente der beiden Listen, entnimmt das jeweils vorher einzuordnende und baut daraus eine neue Liste auf. Die folgende Variante ist etwas sparsamer, sie lässt eine der beiden Listen bestehen und fügt die der anderen Liste entnommenen Elemente an den passenden Stellen ein:

```
procedure StringList.MergeFrom (l: StringList);
begin
if not l.Empty then
  begin
  if Empty then
    InsertFrom(l)
  else if l.First < First then
    InsertFrom(l);
  AfterFirst.MergeFrom(l);
  end;
end;
```

Die hier verwendete Hilfsprozedur InsertFrom dient der besseren Lesbarkeit, sie entnimmt der Liste l ein Element und fügt es ein:

```
procedure StringList.InsertFrom (l: StringList);
var s: string;
begin
l.Remove(s);
Insert(s);
end;
```

Der erste Schritt von Mergesort besteht darin, die zu sortierende Liste zu halbieren. Wir haben bereits eine Funktion zur Verfügung, die die Mitte der Liste findet; nun könnten wir, ausgehend von der Mitte, alle restlichen Elemente entnehmen und in eine neue Liste einfügen. Dies ist allerdings ineffizient; wir führen stattdessen eine neue Grundoperation ein, die den Inhalt zweier Listen *vertauscht* (engl. swap) und die sich auch für andere Listen-Umformungen als nützlich erweisen wird:

```
procedure StringList.SwapWith (l: StringList);
var x: StringElement;
begin
x := Link;
Link := l.Link;
l.Link := x;
end;
```

Die Stärke dieser Operation zeigt sich dann, wenn man sie auf Teillisten anwendet. Wir verwenden sie hier, um eine Liste zu halbieren, indem wir den Inhalt der zweiten Hälfte mit jenem einer leeren Liste vertauschen:

```
...
OtherHalf := NewStringList;
AtMiddle.SwapWith(OtherHalf)
...
```

Nach diesen Vorbereitungen können wir Mergesort implementieren:

```
procedure StringList.Mergesort;
var OtherHalf: StringList;
begin
if not Empty then
  if not AfterFirst.Empty then
    begin
    OtherHalf := NewStringList;
    AtMiddle.SwapWith(OtherHalf);
    Mergesort;
    OtherHalf.Mergesort;
    MergeFrom(OtherHalf);
    Dispose(OtherHalf);
    end;
end;
```

Diese Implementation ist übrigens *stabil*, d.h. sie verändert die Reihenfolge allfälliger Duplikate nicht. Dies liegt daran, dass MergeFrom erstens die Reihenfolge innerhalb der Teillisten nicht verändert, und zweitens das Element der ersten Teilliste bei Gleichheit jenem der zweiten vorzieht.

Quicksort ist der zweite rekursive Sortieralgorithmus, den wir vorstellen möchten. Gegenüber Mergesort geht er in einem gewissen Sinne umgekehrt vor; die Listenelemente werden zuerst in zwei Teillisten und ein Zwischenelement grobsortiert, dann werden die Teillisten einzeln (rekursiv) sortiert und anschliessend mit dem Zwischenelement zu einer geordneten Liste verbunden:

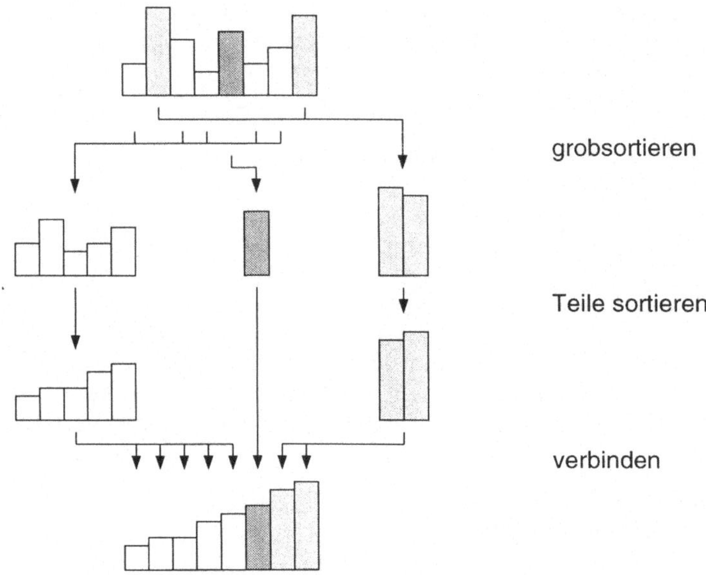

Die Teilaufgabe des Grobsortierens spielt eine ähnliche Rolle wie die Teilaufgabe des Mischens bei Mergesort; wir führen dazu eine separate Prozedur ein:

```
procedure StringList.SortUpperTo (l: StringList; Middle: string);
begin
if not Empty then
  begin
  if Middle < First then
    begin
    l.InsertFrom(Self);
    SortUpperTo(l.AfterFirst, Middle);
    end
  else
    AfterFirst.SortUpperTo(l, Middle);
  end;
end;
```

Die Prozedur entnimmt der Liste alle Elemente, die *nach* Middle einzuordnen sind, und fügt sie (in unveränderter Reihenfolge) in die Liste l ein. Man erhält die für Quicksort benötigte Grobsortierung, indem man aus der Liste ein Zwischenelement Middle auswählt und entfernt und die verbleibende Liste mit SortUpperTo teilt. Das Zwischenelement darf im Prinzip irgendein Element sein, beispielsweise das erste. Diese Wahl würde aber beim Grobsortieren einer geordneten oder fast geordneten Liste zu einer sehr unausgewogenen Aufteilung führen, wir wählen deshalb stattdessen das mittlere (d.h. das an der Position AtMiddle befindliche) Element, trotz des leicht höheren Aufwandes. Die Grobsortierung lautet demnach wie folgt:

```
...
AtMiddle.Remove(Middle);
SortUpperTo(UpperPart, Middle);
...
```

Beim dritten Schritt von Quicksort müssen wir die sortierten Teillisten wieder miteinander verbinden. Dazu verwenden wir wieder die Operation SwapWith, wir vertauschen nämlich den (leeren) Inhalt des einen Listenendes mit jenem der anderen Liste:

```
...
AtEnd.SwapWith(UpperPart);
...
```

Insgesamt erhalten wir folgende Implementation von Quicksort:

```
procedure StringList.Quicksort;
var Middle: string; UpperPart: StringList;
begin
if not Empty then
  if not AfterFirst.Empty then
    begin
    UpperPart := NewStringList;
    AtMiddle.Remove(Middle);
    SortUpperTo(UpperPart, Middle);
    Quicksort;
    UpperPart.Quicksort;
    UpperPart.Insert(Middle);
    AtEnd.SwapWith(UpperPart);
    Dispose(UpperPart);
    end;
end;
```

Leider ist diese Implementation nicht stabil. Der Grund liegt darin, dass SortUpperTo allfällige Duplikate von Middle immer in der ersten Teilliste belässt, auch wenn sie ursprünglich nach Middle lagen. Um diesen Mangel zu beheben, ändern wir die Grobsortierung ab. Die folgende Variante teilt die Liste beim Zwischenelement und bringt einerseits die *nach* Middle einzuordnenden Elemente der ersten Teilliste mit SortUpperTo an den Beginn der zweiten Teilliste, andrerseits die *vor* Middle einzuordnenden Elemente der zweiten Teilliste mit einer neuen Operation SortLowerTo (und unter Verwendung einer Hilfsliste) an das Ende der ersten Teilliste:

```
...
AtMiddle.SwapWith(UpperPart);
UpperPart.Remove(Middle);
UpperPart.SortLowerTo(l, Middle);
SortUpperTo(UpperPart, Middle);
AtEnd.SwapWith(l);
...
```

Die neue Prozedur SortLowerTo unterscheidet sich von SortUpperTo nur im Auswahlkriterium:

```
procedure StringList.SortLowerTo (l: StringList; Middle: string);
begin
if not Empty then
  begin
  if First < Middle then
    begin
    l.InsertFrom(Self);
    SortLowerTo(l.AfterFirst, Middle);
    end
  else
    AfterFirst.SortLowerTo(l, Middle);
  end;
end;
```

Auf diese Weise erhalten wir eine stabile Variante von Quicksort:

```
procedure StringList.Quicksort;
var Middle: string; UpperPart, l: StringList;
begin
if not Empty then
  if not AfterFirst.Empty then
    begin
    UpperPart := NewStringList;
    AtMiddle.SwapWith(UpperPart);
    UpperPart.Remove(Middle);
    l := NewStringList;
    UpperPart.SortLowerTo(l, Middle);
    SortUpperTo(UpperPart, Middle);
    AtEnd.SwapWith(l);
    Dispose(l);
    Quicksort;
    UpperPart.Quicksort;
    UpperPart.Insert(Middle);
    AtEnd.SwapWith(UpperPart);
    Dispose(UpperPart);
    end;
end;
```

2.4 Wiederverwendbare Listen

Kernpunkte dieses Kapitels:

- *Wenn man die in Kapitel 2.1 entwickelte Listendarstellung auf ein Gerüst ohne Inhalt beschränkt, können davon mittels Vererbung Listen für beliebige Anwendungen abgeleitet werden.*
- *Die in Kapitel 2.2 und 2.3 eingeführten Algorithmen lassen sich durch Parametrisierung verallgemeinern.*
- *Vererbung führt dazu, dass das Wissen um die innere Struktur eines Objekts auf mehrere Klassen verteilt ist. Es ist zweckmässig, auch Operationen zur Erzeugung und Vernichtung eines Objekts auf die verschiedenen Klassen zu verteilen.*

Erweiterbare Listenobjekte

Zur Darstellung der StringList hatten wir in Kapitel 2.1 die Zeichenketten in Elementobjekte eingebettet und diese miteinander verkettet:

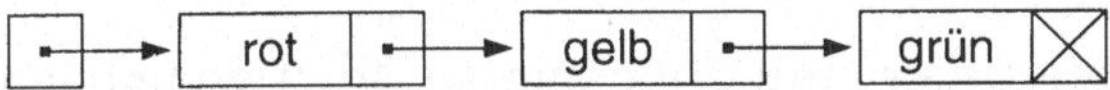

Um Listen für eine andere Art von Elementen nach derselben Philosophie darzustellen, müssten wir die Elementobjekte entsprechend anpassen:

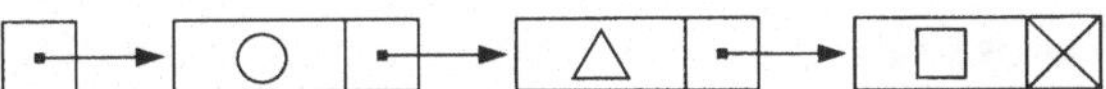

Dabei könnte es auch zweckmässig sein, zur Darstellung der Elemente zusätzliche Verkettungen zu verwenden:

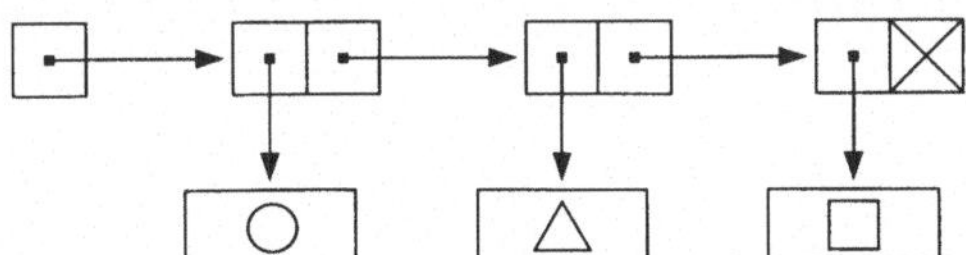

Der gemeinsame Nenner aller dieser Darstellungen ist, dass ein Listenobjekt und eine Anzahl Elementobjekte miteinander verkettet sind. Da die Grundoperationen auf Rekursion beruhen, ist zudem jedes Elementobjekt ein erweitertes Listenobjekt und stellt als solches eine Teilliste dar. Wir definieren nun eine Art von Listen, die sich auf diesen gemeinsamen Nenner beschränken. Die Elementobjekte einer solchen Liste enthalten nichts ausser der Verkettung zum Nachfolger:

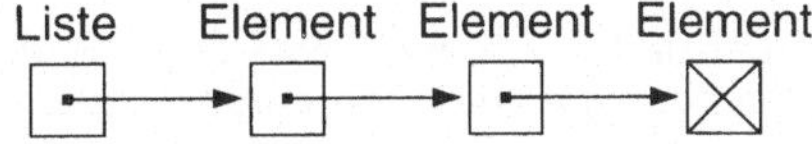

Damit unterscheiden sie sich offenbar nicht von Listenobjekten, es genügt also zur Beschreibung der beiden Arten von Objekten eine einzige Klasse. Der besseren Lesbarkeit wegen geben wir aber dieser Klasse die zwei Namen List und Element, um je nach Zusammenhang den jeweils passenden Namen verwenden zu können.

Die Grundoperationen übernehmen wir sinngemäss von der StringList. Die Zugriffs-, die Einfüge- und die Entfernoperation beziehen sich hier nicht mehr auf Zeichenketten, sondern auf die Elementobjekte selbst. Wir erhalten folgende Typvereinbarungen:

```
type List = object
  Link: Element;
  function Empty: Boolean;
  function First: Element;
  function AfterFirst: List;
  procedure Insert (x: Element);
  procedure Remove (var x: Element);
  end;

type Element = List; [4]
```

Die Implementation der Grundoperationen folgt weitgehend dem Muster der StringList, bis auf die Operationen Insert und Remove, die hier einfacher sind, weil keine Listenelemente erzeugt oder vernichtet werden müssen:

```
function List.Empty: Boolean;
begin
Empty := (Link = nil);
end;

function List.First: Element;
begin
if Empty then
  Error('no elements');
First := Link;
end;
```

[4] THINK Pascal 4.0 würde an dieser Stelle einen Fehler melden; dies liegt an einem Fehler im Compiler. Die Abhilfe besteht darin, in der Typvereinbarung von List nirgends den Namen Element zu verwenden, sondern sein Synonym List:

```
type List = object
  Link: List;   {eigentlich Link: Element}
  function Empty: Boolean;
  function First: List;   {eigentlich function First: Element}
  ...
```

In den Methoden von List darf der Name Element verwendet werden. Auch bei der Anwendung von List ergeben sich keine Einschränkungen.

```
function List.AfterFirst: List;
begin
AfterFirst := First;
end;

procedure List.Insert (x: Element);
begin
x.Link := Link;
Link := x;
end;

procedure List.Remove (var x: Element);
begin
x := First;
Link := x.Link;
x.Link := nil;
end;
```

Wie kann man nun diese Klasse verwenden, um eine konkrete Liste zu erzeugen, etwa eine Liste für Zeichenketten? Der Schlüssel dazu heisst *Vererbung*. Nicht nur Objekte der Klasse Element, sondern auch Objekte einer beliebigen davon abgeleiteten Klasse lassen sich als Elementobjekte in eine Liste einfügen. Als Beispiel definieren wir Elementobjekte für eine Liste von Zeichenketten, durch eine von Element abgeleitete Klasse StringElement mit einer zusätzlichen Instanzvariablen:

```
type StringElement = object(Element)
  Contents: string;
  end;

function NewStringElement (s: string): StringElement;
var x: StringElement;
begin
New(x);
x.Link := nil;
x.Contents := s;
NewStringElement := x;
end;
```

Damit können wir bereits eine Zeichenkettenliste aufbauen, wie früher beschrieben:

```
var l: List; s: string;
...
l := NewList;
repeat
  ReadWord(s);
  if s <> '' then
    l.Insert(NewStringElement(s));
  until s = '';
...
```

Der Zugriff auf diese Listenelemente ist allerdings etwas unbequem. Die Funktion First liefert als Resultat einen Wert vom Typ Element; um auf die im Element enthaltene Zeichenkette zugreifen zu können, muss man das Resultat mit Hilfe einer Typkonversion als StringElement interpretieren:

```
...
Write(StringElement(l.First).Contents);
...
```

Wenn wir höheren Komfort wünschen, können wir zusätzliche Listenoperationen definieren, welche die notwendigen Typkonversionen durchführen. Dazu müssen wir nicht nur eine neue Elementklasse, sondern auch eine neue Listenklasse einführen:

```
type StringList = object(List)
  function FirstString: string;
  function AfterFirstString: StringList;
  procedure InsertString (s: string);
  procedure RemoveString (var s: string);
  end;

type StringElement = object(StringList)
  Contents: string;
  end;

function StringList.FirstString: string;
begin
FirstString := StringElement(First).Contents;
end;

...
```

Auf ähnliche Weise lassen sich Listen für andere Arten von Elementen erzeugen. Als Beispiel führen wir eine Liste für "beliebige" Objekte vor, die sich an die bei Lisp oder Smalltalk übliche Behandlung von Listen anlehnt. Dazu definieren wir zunächst eine Klasse Thing, die ein leeres und funktionsloses Objekt beschreibt:

```
type Thing = object
  end;
```

Ausserdem definieren wir nach dem oben beschriebenen Verfahren eine Klasse ThingList, die Listen für Variablen vom Typ Thing darstellt:

```
type ThingList = object(List)
  function FirstThing: Thing;
  function AfterFirstThing: ThingList;
  procedure InsertThing (x: Thing);
  procedure RemoveThing (var x: Thing);
  end;

type ThingElement = object(ThingList)
  Contents: Thing;
  end;
```

```
function ThingList.FirstThing: Thing;
begin
FirstThing := ThingElement(First).Contents;
end;

...
```

Nun kann jedes Objekt einer Unterklasse von Thing in eine ThingList eingefügt werden; beim Zugriff auf Elemente sind allerdings wieder Typkonversionen nötig.

Als zusätzliche Erweiterung ändern wir die Klasse List so ab, dass sie von Thing erbt; nun kann eine ThingList als Elemente wiederum Listen enthalten. Insgesamt erhalten wir folgende Vererbungshierarchie:

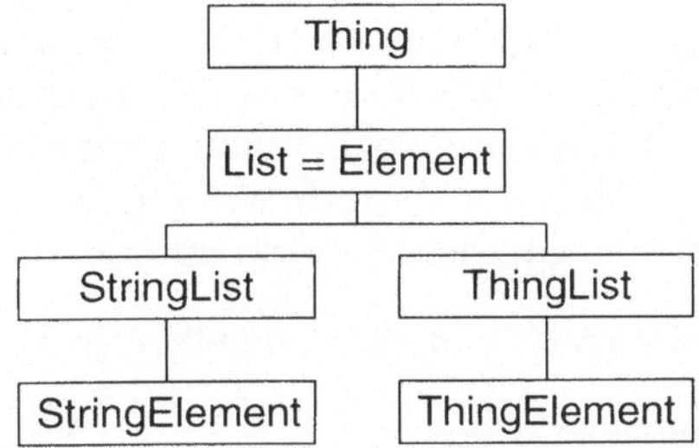

Die ThingList wird uns in späteren Teilen des Buches nützlich sein, desgleichen die davon abgeleitete ThingQueue:

```
type ThingQueue = object(ThingList)
  Tail: ThingList;
  procedure AppendThing (x: Thing);
  end;

procedure ThingQueue.AppendThing (x: Thing);
begin
if Empty then
  Tail := Self;
Tail.InsertThing(x);
Tail := Tail.AfterFirstThing;
end;
```

Verallgemeinerte Listenalgorithmen

In Kapitel 2.2 haben wir am Beispiel der Klasse StringList eine Reihe von Grundaufgaben gelöst. Die Aufgaben und ihre Lösungen wollen wir nun auf die Klasse List übertragen. Zum Teil können wir sie praktisch unverändert übernehmen, bei AtMiddle, AtLast, AtEnd und AtNumber müssen wir beispielsweise nur jeweils die Typnamen StringList und StringElement durch List und Element ersetzen. Zum Teil werden wir aber die Aufgaben verallgemeinern und so den Anwendungsbereich der Lösungen erweitern.

Verallgemeinertes Durchlaufen. Bei der StringList hatten wir den Vorgang des Durchlaufens einer Liste anhand einer Operation WriteAll veranschaulicht, die für jedes Element eine Write-Anweisung ausführt. Im allgemeinen Fall möchten wir anstelle der Write-Anweisung eine beliebige Aktion einsetzen können. Dies lässt sich in Pascal recht einfach ausdrücken, nämlich durch einen Prozedurparameter:

```
procedure List.ForAll (procedure Action (x: Element));
begin
if not Empty then
  begin
  Action(First);
  AfterFirst.ForAll(Action);
  end;
end;
```

Für den Parameter Action kann beim Aufruf von ForAll der Name einer beliebigen Prozedur eingesetzt werden; einzige Bedingung ist, dass diese Prozedur einen Parameter vom Typ Element verlangt. Als Beispiel bilden wir die Operation WriteAll nach, indem wir eine Prozedur einsetzen, die die in einem StringElement enthaltene Zeichenkette schreibt:

```
procedure WriteBlankAndString (x: Element);
begin
Write (' ', StringElement(x).Contents);
end;

...
l.ForAll(WriteBlankAndString );
...
```

Das Beispiel zeigt eine Unschönheit, die leider kaum zu vermeiden ist: Da der formale Parameter der Aktionsprozedur ein inhaltloses Element ist, muss sie eine Typkonversion vornehmen, um Zugang zum Inhalt des tatsächlichen Elements zu haben. So muss WriteBlankAndString den Parameter x als StringElement interpretieren, um auf Contents zugreifen zu können.

Wie wir schon früher gezeigt haben, lässt sich der Algorithmus leicht abändern, sodass er die Liste rückwärts durchläuft:

```
procedure List.ForAllBackward (procedure Action (x: Element));
begin
if not Empty then
  begin
  AfterFirst.ForAllBackward(Action);
  Action(First);
  end;
end;
```

Die Funktion Length, welche eine Liste durchläuft, um ihre Länge zu bestimmen, können wir wieder unverändert von der StringList übernehmen.

Verallgemeinertes Suchen. Beim Beispiel der StringList hatten wir Suchoperationen wie AtFirstEqual oder AtFirstContaining eingeführt, die jeweils auf ein bestimmtes Suchkriterium zugeschnitten waren. Nun möchten wir stattdessen ein beliebiges Suchkriterium einsetzen können. Dies lässt sich in Pascal mit einem Funktionsparameter ausdrücken, der angibt, wann ein Element "gut" ist. Die folgende Funktion sucht das erste "gute" Element:

```
function List.AtFirstGood (function Good (x: Element): Boolean): List;
begin
if Empty then
  AtFirstGood := Self
else if Good(First) then
  AtFirstGood := Self
else
  AtFirstGood := AfterFirst.AtFirstGood(Good);
end;
```

Für Good können wir beim Aufruf wieder eine beliebige Boolean-Funktion einsetzen, die als Parameter ein Element hat. Um beispielsweise die Suchoperation AtFirstEqual nachzubilden, setzen wir eine Funktion ein, die den Elementinhalt mit einer vorgegebenen Zeichenkette Key vergleicht:

```
var Key: string;

function StringEqualToKey (x: Element): Boolean;
begin
StringEqualToKey := (StringElement(x).Contents = Key);
end;

...
l.AtFirstGood(StringEqualToKey)...
...
```

Auch diese Funktion muss jeweils eine Typkonversion vornehmen, um auf den Inhalt des Elements zugreifen zu können. Hinzu kommt, dass sie oft auf globale Variablen zugreifen muss, um das Suchkriterium zu prüfen, im Beispiel auf die Variable Key. Oft erfordert das Suchkriterium, die Elemente mit einem vorgegebenen Element zu vergleichen; für solche Fälle ist die folgende Suchoperation zweckmässiger, sie sucht das erste Element x, das zu einem vorgegebenen Element y "passt", im Sinne einer beliebigen Vergleichsoperation:

```
function List.AtFirstMatching
    (function Match (x, y: Element): Boolean; y: Element): List;
begin
if Empty then
  AtFirstMatching := Self
else if Match(First, y) then
  AtFirstMatching := Self
else
  AtFirstMatching := AfterFirst.AtFirstMatching(Match, y);
end;
```

Wenn man zum Beispiel für Match die folgende Funktion einsetzt, erhält man eine Verallgemeinerung der Suchoperation AtFirstEqual:

```
function StringEqual (x, y: Element): Boolean;
begin
StringEqual := (StringElement(x).Contents = StringElement(y).Contents);
end;

...
l.AtFirstMatching(StringEqual, y)...
...
```

In späteren Teilen des Buches werden wir gelegentlich eine Operation benötigen, die ein Element nicht aufgrund seines Inhalts, sondern aufgrund seiner *Identität* sucht. Gegeben ist also ein Verweis auf ein Elementobjekt, gesucht ist ein Verweis auf die Teilliste, welche dieses als erstes Element enthält. Dazu können wir AtFirstMatching verwenden, mit folgender Vergleichsoperation:

```
function SameElement (x, y: Element): Boolean;
begin
SameElement := (x = y);
end;
```

Der Ausdruck AtFirstMatching(SameElement, y) sucht das Element, das mit jenem identisch ist, auf welches das Argument y verweist. Dass man das Suchkriterium auf diese Weise formulieren kann, liegt daran, dass Objektwerte in Object Pascal Verweise sind, wie in Kapitel 1.1 erläutert.

Die Operation AtFirstMatching setzt eine Vergleichsoperation voraus, in welcher das gesuchte Element als erster Operand auftritt. Gelegentlich ist eine Vergleichsoperation schon vorgegeben, in welcher aber das gesuchte Element als zweiter Operand auftreten müsste. Für solche Fälle stellen wir die folgende Variante zur Verfügung:

```
function List.AtFirstMatchedBy
    (x: Element; function Match (x, y: Element): Boolean): List;
begin
if Empty then
  AtFirstMatchedBy := Self
else if Match(x, First) then
  AtFirstMatchedBy := Self
else
  AtFirstMatchedBy := AfterFirst.AtFirstMatchedBy(x, Match);
end;
```

Um die Flexibilität weiter zu erhöhen, stellen wir ausser AtFirstGood, AtFirstMatching und AtFirstMatchedBy auch die Varianten AtFirstBad, AtFirstNotMatching und AtFirstNotMatchedBy zur Verfügung; diese suchen jeweils das erste Element, das das betreffende Suchkriterium *nicht* erfüllt, und unterscheiden sich von den ursprünglichen Varianten nur in einem zusätzlichen Operator **not** in der **else**-**if**-Anweisung.

Auf ähnliche Weise verallgemeinern wir die übrigen in Kapitel 2.2 eingeführten Suchoperationen:

```
function List.AtLastGood (function Good (x: Element): Boolean): List;
var l: List;
begin
if Empty then
  AtLastGood := Self
else
  begin
  l := AfterFirst.AtLastGood(Good);
  if not l.Empty then
    AtLastGood := l
  else if Good(First) then
    AtLastGood := Self
  else
    AtLastGood := l;
  end;
end;

function List.AtFirstOptimal (function Better (x, y: Element): Boolean): List;
var l: List;
begin
if AfterFirst.Empty then
  AtFirstOptimal := Self
else
  begin
  l := AfterFirst.AtFirstOptimal(Better);
  if Better(l.First, First) then
    AtFirstOptimal := l
  else
    AtFirstOptimal := Self;
  end;
end;

function List.AtLastOptimal (function Better (x, y: Element): Boolean): List;
var l: List;
begin
if AfterFirst.Empty then
  AtLastOptimal := Self
else
  begin
  l := AfterFirst.AtLastOptimal(Better);
  if Better(First, l.First) then
    AtLastOptimal := Self
  else
    AtLastOptimal := l;
  end;
end;
```

Auch hier könnten wir zur Erhöhung des Komforts zusätzliche Varianten wie AtLastBad, AtLastMatching usw. einführen. Wir verzichten aber darauf, weil sie eine geringere praktische Bedeutung haben als die Varianten von AtFirstGood.

Verallgemeinerte Ordnung

In Kapitel 2.3 haben wir uns im Interesse der Anschaulichkeit auf eine vorgegebene Ordnungsrelation beschränkt, nämlich auf die lexikographische Ordnung von Zeichenketten. Nun wollen wir beliebige Ordnungsrelationen zulassen.

Das *Suchen* in beliebig geordneten Listen lässt sich mit den oben eingeführten verallgemeinerten Suchoperationen bewerkstelligen, indem man unter Verwendung der Ordnungsrelation ein geeignetes Suchkriterium formuliert. Um etwa die StringList-Operation AtFirstNotBefore nachzubilden, kann man nach dem Muster von StringEqualToKey eine Funktion StringBeforeKey schreiben und als Suchkriterium in AtFirstBad einsetzen:

```
var Key: string;

function StringBeforeKey (x: Element): Boolean;
begin
StringBeforeKey := (StringElement(x).Contents < Key);
end;

...
l.AtFirstBad(StringBeforeKey)...
...
```

Dieselbe Wirkung hätte natürlich eine Funktion StringNotBeforeKey mit der Suchoperation AtFirstGood.

Oft ist es noch naheliegender, die Suchoperation AtFirstMatching (oder eine ihrer Varianten) zu verwenden. Als Suchkriterium kann man gerade die Ordnungsrelation verwenden. Wir nehmen an, sie sei durch eine Boolean-Funktion mit zwei Argumenten vom Typ Element beschrieben, die angibt, ob das erste vor dem zweiten einzuordnen ist, entsprechend der Relation "<". Das folgende Beispiel zeigt diese Funktion für die lexikographische Ordnung in einer Zeichenketten-Liste:

```
function StringBefore (x, y: Element): Boolean;
begin
StringBefore := (StringElement(x).Contents < StringElement(y).Contents);
end;
```

Wenn man diese Funktion in verschiedene Varianten von AtFirstMatching einsetzt, erhält man verschiedene nützliche Suchoperationen. Beispielsweise ergibt der Ausdruck AtFirstNotMatching(StringBefore, y) eine Verallgemeinerung von AtFirstNotBefore, der Ausdruck AtFirstMatchedBy(x, StringBefore) eine Verallgemeinerung von AtFirstAfter.

Zum *Ordnen* aufgrund beliebiger Ordnungsrelationen setzen wir wieder voraus, dass die Ordnungsrelation durch eine Boolean-Funktion beschrieben wird, die angibt, ob ihr erstes Argument vor dem zweiten einzuordnen ist. Wir formulieren zuerst die Mischoperation MergeFrom um, dass sie eine so beschriebene Ordnungsrelation verwendet:

```
procedure List.MergeFrom (l: List; function Before (x, y: Element): Boolean);
begin
if not l.Empty then
  begin
  if Empty then
    InsertFrom(l)
  else if Before(l.First, First) then
    InsertFrom(l);
  AfterFirst.MergeFrom(l, Before);
  end;
end;
```

Die hier verwendete Abkürzung InsertFrom haben wir schon früher eingeführt. Wir können sie zwar nicht unverändert übernehmen, die Anpassung ist aber offensichtlich:

```
procedure List.InsertFrom (l: List);
var x: Element;
begin
l.Remove(x);
Insert(x);
end;
```

Nun können wir auch die Prozedur Mergesort so abändern, dass sie eine Ordnungsrelation als Parameter entgegennimmt und an MergeFrom weiterleitet:

```
procedure List.Mergesort (function Before (x, y: Element): Boolean);
var OtherHalf: List;
begin
if not Empty then
  if not AfterFirst.Empty then
    begin
    New(OtherHalf);
    OtherHalf.Initialize;
    AtMiddle.SwapWith(OtherHalf);
    Mergesort(Before);
    OtherHalf.Mergesort(Before);
    MergeFrom(OtherHalf, Before);
    OtherHalf.Delete;
    end;
end;
```

Die Operation SwapWith können wir unverändert (ausser der Anpassung der Typnamen) von der Klasse StringList übernehmen.

Bei Quicksort gehen wir im Prinzip gleich vor, d.h. wir verallgemeinern zuerst SortLowerTo und SortUpperTo auf eine beliebige Ordnungsrelation. SortLowerTo soll also alle jene Elemente x auswählen, die mit einem vorgegebenen Element y eine Bedingung der Art Before(x, y) erfüllen. Dieses

Auswahlkriterium ist aber gerade gleich dem Suchkriterium von AtFirstMatching. Wir nennen die Operationen deshalb nicht mehr SortLowerTo und SortUpperTo, sondern SortMatchingTo und SortMatchedTo, und erlauben als Auswahlkriterium eine beliebige Vergleichsoperation Match:

```
procedure List.SortMatchingTo
    (l: List; function Match (x, y: Element): Boolean; y: Element);
begin
if not Empty then
  begin
  if Match(First, y) then
    begin
    l.InsertFrom(Self);
    SortMatchingTo(l.AfterFirst, Match, y)
    end
  else
    AfterFirst.SortMatchingTo(l, Match, y);
  end;
end;

procedure List.SortMatchedTo
    (l: List; x: Element; function Match (x, y: Element): Boolean);
begin
if not Empty then
  begin
  if Match(x, First) then
    begin
    l.InsertFrom(Self);
    SortMatchedTo(l.AfterFirst, x, Match)
    end
  else
    AfterFirst.SortMatchedTo(l, x, Match);
  end;
end;
```

In Anlehnung an AtFirstMatching ergänzen wir diese beiden Operationen um eine Operation SortGoodTo, in welche noch allgemeinere Auswahlkriterien eingesetzt werden können:

```
procedure List.SortGoodTo (l: List; function Good (x: Element): Boolean);
begin
if not Empty then
  begin
  if Good(First) then
    begin
    l.InsertFrom(Self);
    SortGoodTo(l.AfterFirst, Good)
    end
  else
    AfterFirst.SortGoodTo(l, Good);
  end;
end;
```

Nun können wir auch die Quicksort-Prozedur verallgemeinern, sodass sie eine Ordnungsrelation als Parameter entgegennimmt und weiterleitet:

```
procedure List.Quicksort (function Before (x, y: Element): Boolean);
var Middle: Element; UpperPart, l: List;
begin
if not Empty then
  if not AfterFirst.Empty then
    begin
    UpperPart := NewList;
    AtMiddle.SwapWith(UpperPart);
    UpperPart.Remove(Middle);
    l := NewList;
    UpperPart.SortMatchingTo(l, Before, Middle);
    SortMatchedTo(UpperPart, Middle, Before);
    AtEnd.SwapWith(l);
    l.Delete;
    Quicksort(Before);
    UpperPart.Quicksort(Before);
    UpperPart.Insert(Middle);
    AtEnd.SwapWith(UpperPart);
    UpperPart.Delete;
    end;
end;
```

Erzeugung und Vernichtung

Bei der Verwendung der erweiterbaren Listen stützen wir uns auf den Mechanismus der Vererbung. Dieser bringt es mit sich, dass das Wissen um die innere Struktur eines Objektes auf mehrere Klassen verteilt ist, bei einem StringElement etwa auf die vier Klassen Thing, List, StringList und StringElement. Dies führt zu Problemen bei der Erzeugung und Vernichtung von Objekten. Bei der Erzeugung eines StringElement muss beispielsweise dessen Link-Variable initialisiert werden, aber das Wissen über diese Variable steckt in der Klasse List.

Dieses Problem lässt sich systematisch lösen. Wir erweitern die früher eingeführte Basis-Klasse Thing um zwei Operationen Initialize und Delete:

```
type Thing = object
  procedure Initialize;
  procedure Delete;
  end;

procedure Thing.Initialize;
begin
end;

procedure Thing.Delete;
begin
Dispose(Self);
end;
```

Jede von Thing abgeleitete Klasse erbt diese zwei Operationen und ist verpflichtet, sie soweit nötig zu erweitern: Initialize soll jeweils das Objekt in einen definierten Anfangszustand bringen, Delete soll es vernichten und allen von ihm beanspruchten Speicher freigeben. Für List sieht die Initialisation beispielsweise so aus:

```
procedure List.Initialize;
begin
inherited Initialize;
Link := nil;
end;
```

Ein Objekt der Klasse List initialisiert sich demnach, indem es zuerst mittels **inherited** Initialize alles initialisiert, was in den Oberklassen definiert ist (in diesem Falle in Thing), anschliessend die in List definierte Variable Link. Als Faustregel gilt: Jede Unterklasse, die neue Instanzvariablen definiert, muss Initialize gemäss diesem Muster erweitern. Zwei einfache Beispiele dafür sind die Klassen StringElement und ThingElement:

```
procedure StringElement.Initialize;
begin
inherited Initialize;
Contents := '';
end;

procedure ThingElement.Initialize;
begin
inherited Initialize;
Contents := nil;
end;
```

Verwendet wird Initialize in der Regel unmittelbar nach New; es ist deshalb zweckmässig, diese zwei Operationen jeweils in einer Funktion zu vereinigen, die ein neues, initialisiertes Objekt erzeugt:

```
function NewList: List;
var l: List;
begin
New(l);
l.Initialize;
NewList := l;
end;
```

Die Erweiterung von Delete verläuft umgekehrt zu jener von Initialize:

```
procedure List.Delete;
begin
if Link <> nil then
  Link.Delete;
inherited Delete;
end;
```

Ein Objekt der Klasse List vernichtet sich, indem es zuerst jene Objekte vernichtet, welche über die in List definierte Variable Link verkettet sind; anschliessend führt es alle in Oberklassen definierten Vernichtungen vor. Als vorläufige Faustregel soll gelten, dass jede Unterklasse, welche neue Instanzvariablen eines von Thing abgeleiteten Typs definiert, Delete gemäss diesem Muster erweitern muss. Nach dieser Faustregel ist dies für String-Element nicht der Fall, da es nur eine Instanzvariable vom Typ **string** einführt. ThingElement hingegen muss Delete erweitern:

```
procedure ThingElement.Delete;
begin
if Contents <> nil then
  Contents.Delete;
inherited Delete;
end;
```

Wenn man ein Objekt vernichtet, können also mehrere Objekte mitvernichtet werden. Bei einer Liste läuft dies rekursiv ab: Mit Link.Delete vernichtet ein Listenobjekt das nachfolgende Elementobjekt, dieses wiederum seinen Nachfolger, und so fort. Bei einer ThingList vernichtet ein Elementobjekt zusätzlich seinen Inhalt, bevor es seinen Nachfolger vernichtet.

Nachdem wir nun die Operation Delete zur Verfügung haben, können wir die früher eingeführte Listenoperation RemoveAndDelete verallgemeinern:

```
procedure List.RemoveAndDelete;
var x: Element;
begin
Remove(x);
x.Delete;
end;
```

Leider deckt die oben erwähnte Faustregel für Delete nicht alle Fälle ab, da mehrere Objekte mit demselben Objekt verkettet sein können:

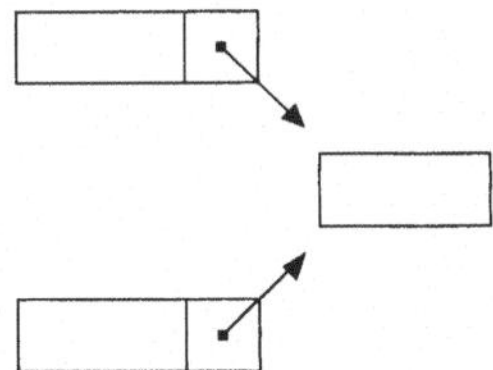

Das mittlere Objekt darf natürlich nur einmal vernichtet werden; wann soll dies geschehen, beim Vernichten des oberen oder des unteren Objekts? Eine mögliche Lösung dieses sogenannten Alias-Problems besteht darin, dass man jedes Objekt einem "Besitzer" zuteilt; dieser darf und muss es vernichten, alle anderen dürfen es nur "vergessen". Wir schränken deshalb die Faustregel ein: Wenn ein Objekt vernichtet wird, muss es nur jene über Instanzvariablen verketteten Objekte mitvernichten, die es besitzt.

Bei Systemen, die auf sogenannter *garbage collection* beruhen, existiert das Alias-Problem nicht, weil Objekte nie ausdrücklich vernichtet werden müssen. Diese Systeme erkennen selbst, wenn ein Objekt von allen anderen "vergessen" worden ist, und vernichten es dann automatisch.

Wir werden beispielsweise später die Klasse ThingList für Listen von Verweisen auf Objekte verwenden, die schon in anderen Strukturen enthalten sind. In solchen Fällen sind jene Strukturen Besitzer dieser Objekte; man darf also auf eine so verwendete ThingList die oben definierte Operation Delete nicht anwenden, sondern muss zuerst die Verweise der Liste entnehmen. Die Operation RemoveAndDelete ist deshalb nicht zulässig, stattdessen führen wir eine Operation ein, die ein Element entnimmt und vergisst:

```
procedure ThingList.RemoveAndForget;
var x: Thing;
begin
Remove(x);
end;
```

Die Operationen Initialize und Delete werden üblicherweise *Konstruktor* und *Destruktor* genannt. Gewisse objektorientierte Programmiersprachen unterstützen sie direkt, in Object Pascal müssen wir sie ausdrücklich einführen. Wir werden dies in diesem Buch konsequent tun; wenn aber bei einer Klasse aufgrund der Faustregeln klar ist, ob und wie sie Initialize und Delete erweitern muss, werden wir nicht immer auf die Einzelheiten eingehen.

3 Bäume

Baumförmig angeordnete Information begegnet uns fast so häufig wie Information in linearer Anordnung. Wenn wir etwa die als Listenbeispiel erwähnte Einkaufsliste nach verschiedenen Läden gliedern, erhält sie eine hierarchische Struktur. Bäume sind allgemein wichtig zur Bewältigung grosser Datenmengen, so sind z.B. längere Texte in der Regel hierarchisch organisiert, ebenso Dateisysteme.

Kapitel 3.1 definiert Bäume und stellt sie durch Objekte dar. Kapitel 3.2 zeigt die Implementation der grundlegenden Baumalgorithmen. Kapitel 3.3 behandelt Bäume, deren Struktur mit einer Ordnungsrelation zwischen den Knoten verträglich ist, und Kapitel 3.4 geht auf die Optimierung des Zugriffs auf derartige Bäume ein.

3.1 Baumobjekte

Kernpunkte dieses Kapitels:

- *Ein Baum ist eine Datenstruktur aus hierarchisch angeordneten Knoten, ein Wald eine Liste von Bäumen. Die Grundaufgaben lauten, auf Knoten zuzugreifen sowie Teilbäume einzufügen und zu entfernen.*
- *Eine erste Abstraktion identifiziert die Knoten durch Zahlfolgen und macht sie direkt zugänglich. Zu dieser Abstraktion gibt es keine Darstellung, die so naheliegend wäre wie die Array-Darstellung direkt zugänglicher Listen.*
- *Eine andere Abstraktion macht die Knoten durch Navigation zugänglich. Bei der rekursiven Variante besteht ein Baum aus verschachtelten Teilbäumen. Die naheliegende Darstellung dazu speichert die Knoten unabhängig voneinander und verkettet sie durch Verweise.*
- *Statt mehrerer einzelner Kinderbäume kann man jedem Knoten einen Kinderwald zuordnen. Wenn man die Bäume jedes Waldes rekursiv zugänglich macht, erhalten Wälder die Struktur von Binärbäumen.*

Bäume

Ein *Baum* (engl. tree) unterscheidet sich von einer Liste darin, dass Verzweigungen möglich sind. Ein Baumelement, ein *Knoten* (engl. node), hat wie ein Listenelement höchstens einen "Vorgänger", kann aber mehrere "Nachfolger" haben. Das klassische Beispiel dafür ein Stammbaum, der die Nachkommen einer Person (Vater im folgenden Beispiel) darstellt:

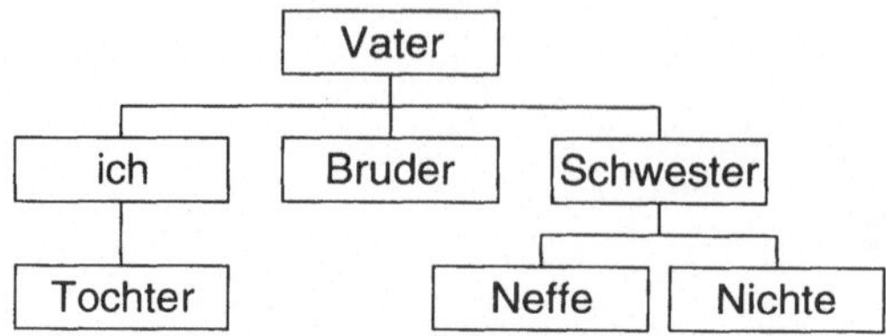

Aus dem Bereich der Stammbäume stammen auch viele Bezeichnungen. Was wir eben als "Vorgänger" und "Nachfolger" eines Knotens bezeichnet haben, nennt man den *Vater* (engl. parent[5]) respektive die *Kinder* (engl. children) des Knotens. Kinder desselben Knotens heissen *Geschwister*. Die *Nachkommen* eines Knotens umfassen seine Kinder und deren Nachkommen, die *Vorfahren* umfassen den Vater und dessen Vorfahren. Knoten mit derselben Anzahl Vorfahren bilden eine *Generation* oder *Ebene*. Aus der Botanik stammen die Namen *Wurzel* (engl. root) für einen Knoten ohne Vater sowie *Blatt* (engl. leaf) für einen Knoten ohne Kinder.

Ähnlich wie bei jeder Position innerhalb einer Liste eine Teilliste beginnt, ist jeder Knoten eines Baumes Wurzel eines Teilbaumes:

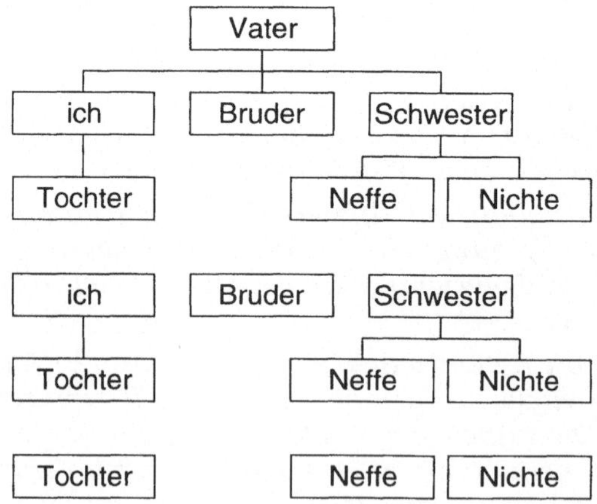

Die bei den Kindern der Wurzel eines Baumes beginnenden Teilbäume heissen dessen *Kinderbäume*.

---

5 Der im Englischen verwendete Ausdruck *parent* ist geschlechtsneutral, was sich leider schlecht ins Deutsche übersetzen lässt.

Ein weiterer Begriff aus der Botanik ist der *Wald* (engl. forest), er bezeichnet eine Menge von Bäumen:

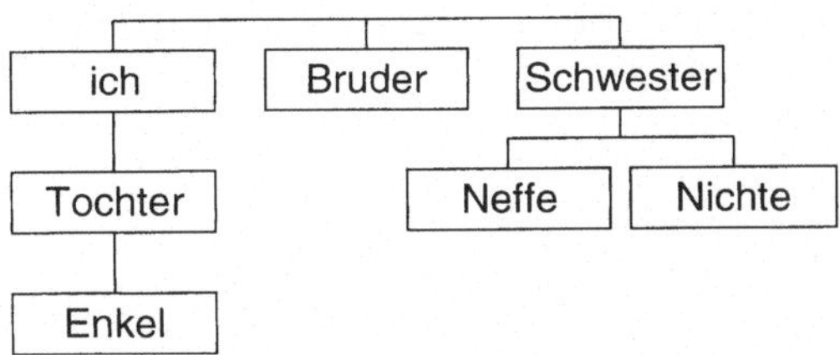

Die Kinderbäume jedes Baumes bilden einen Wald, dessen *Kinderwald.* Wälder kommen auch als selbständige Gebilde vor, etwa bei der eingangs erwähnten gegliederten Einkaufsliste, oder bei einem in Kapitel und Abschnitte gegliederten Text. Es ist zweckmässig, die Wurzelknoten eines selbständigen Waldes ebenfalls als Geschwister zu bezeichnen, obwohl sie keinen gemeinsamen Vater haben.

Für die meisten Anwendungen ist die Reihenfolge zwischen Geschwistern wesentlich, sie bilden also eine Liste, wodurch die Bezeichnungen "Vorgänger" und "Nachfolger" wieder einen Sinn erhalten. Um dies hervorzuheben, kann man Bäume und Wälder – in Anlehnung an die in Teil 2 verwendete Listendarstellung – auch so graphisch darstellen:

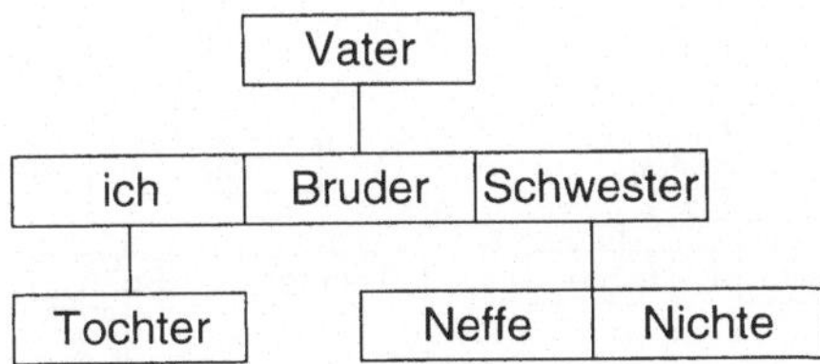

Wenn man sich auch in der Vertikalen an die Listendarstellung anlehnt, gelangt man weiter zu folgender Darstellung:

<table>
<tr><td colspan="4">Vater</td></tr>
<tr><td>ich</td><td>Bruder</td><td colspan="2">Schwester</td></tr>
<tr><td>Tochter</td><td></td><td>Neffe</td><td>Nichte</td></tr>
</table>

Oder, um 90° gedreht:

<table>
<tr><td rowspan="4">Vater</td><td>ich</td><td>Tochter</td></tr>
<tr><td>Bruder</td><td></td></tr>
<tr><td rowspan="2">Schwester</td><td>Neffe</td></tr>
<tr><td>Nichte</td></tr>
</table>

Wir werden uns in der Regel an die gebräuchliche graphische Darstellung mit durch Linien verbundenen Knoten halten.

Wenn die Knoten Text beinhalten, ist auch eine Darstellung mit eingerückten Textzeilen üblich:

```
Vater
   ich
      Tochter
   Bruder
   Schwester
      Neffe
      Nichte
```

Diese Darstellung findet man zum Beispiel beim Inhaltsverzeichnis des vorliegenden Textes.

Grundaufgaben mit Bäumen

Wir unterscheiden wie früher zwei Arten von Grundaufgaben, nämlich einerseits den *Zugriff* auf Knoten, andrerseits *Strukturveränderungen.* Gegenüber den Listen erweitern wir die Grundaufgaben zur Strukturveränderung geringfügig, es sollen nicht nur einzelne Knoten, sondern ganze Teilbäume an beliebiger Stelle eingefügt werden können:

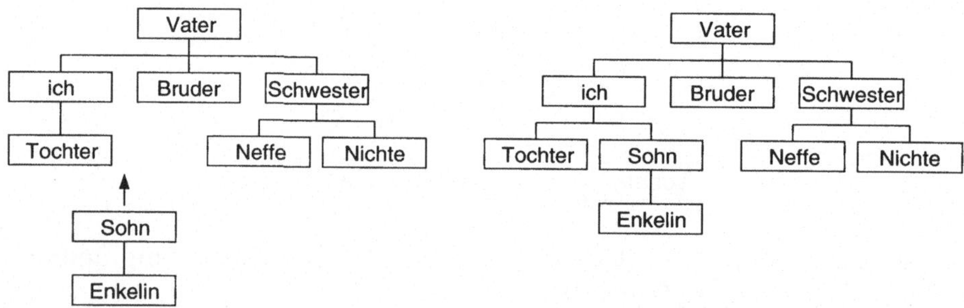

Umgekehrt soll beim Entfernen eines Knotens der ganze zugehörige Teilbaum entfernt werden:

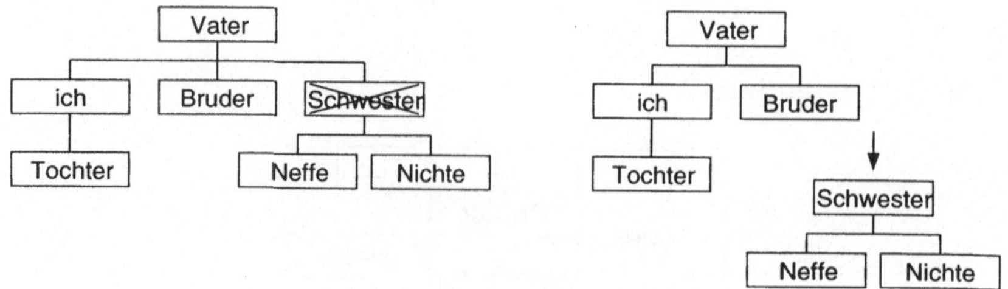

Durch diese Erweiterung umgehen wir eine Schwierigkeit. Wenn nämlich die Grundaufgabe lautete, nur einen Knoten zu entfernen, müsste man festlegen, wie dessen Kinder (Neffe und Nichte im obigen Beispiel) wieder mit dem Baum zu verbinden wären. Dafür eine für alle Anwendungen zweckmässige Festlegung zu treffen ist nicht ganz einfach.

Direkter Zugang

Wie im Falle der Listen gibt es mehrere Möglichkeiten, den Baumbegriff durch ein abstraktes Objekt wiederzugeben. Sie unterscheiden sich darin, wie sie die Knoten zugänglich machen. Bei den Listen beruhte die erste Variante darauf, dass sich die Elemente durch fortlaufende Nummern identifizieren lassen. Ein Baumknoten lässt sich ähnlich identifizieren, nämlich durch eine *Folge* von Nummern. Innerhalb eines Waldes identifiziert eine einzelne Nummer einen Knoten aus der Wurzelliste, eine Folge aus zwei Nummern ein Kind des durch die erste Nummer identifizierten Knotens, und so fort:

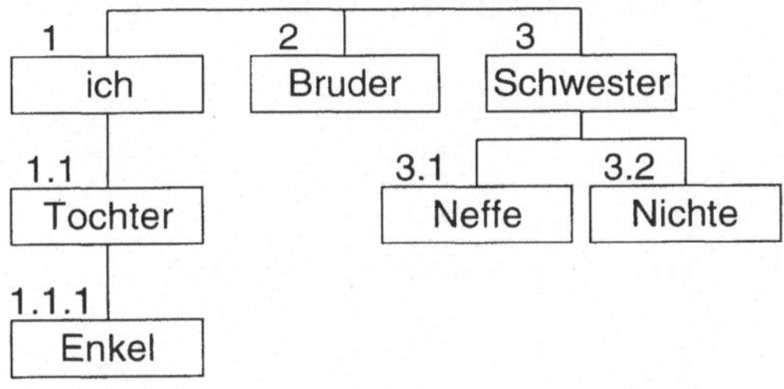

Die Kapitel dieses Buches sind beispielsweise so numeriert. Innerhalb eines einzelnen Baumes kann man die Identifikation auf dessen Kinderwald anwenden und zusätzlich die Wurzel durch die leere Folge identifizieren. Wir formulieren ein abstraktes Objekt Forest, das auf solchen Identifikationen beruht. Im Mittelpunkt steht eine Zugriffsfunktion, die einen Knoten unter Angabe einer Nummernfolge zugänglich macht:

```
function NodeAtNumbers (n: IntegerList): Node;
```

Der Typ IntegerList steht dabei für eine Liste ganzer Zahlen, der Typ Node für ein beliebiges Knotenobjekt. Die weiteren Operationen des abstrakten Objekts definieren wir in Anlehnung an die direkt zugänglichen Listen von Kapitel 2.1:

```
type Forest = object
  function LengthAtNumbers (n: IntegerList): Integer;
  function NodeAtNumbers (n: IntegerList): Node;
  procedure InsertAtNumbers (n: IntegerList; x: Node);
  procedure RemoveAtNumbers (n: IntegerList; var x: Node);
  end;
```

Die Funktion LengthAtNumbers ist eine Verallgemeinerung von Length, sie soll die Länge der Kinderliste des durch die Nummernfolge identifizierten Knotens liefern.

Leider gibt es keine Darstellung von Bäumen und Wäldern, für welche der direkte Zugang der natürliche wäre, so wie bei der Array-Darstellung von Listen der direkte Zugang der natürliche ist. Die Elemente eines mehrdimensionalen Arrays sind zwar über mehrere Indizes direkt zugänglich, aber die Anzahl der Indizes ist fest; dies entspricht einem Baum, in welchem nur die Blätter zugänglich sind, die zudem alle in derselben Ebene liegen. Wir verfolgen deshalb den direkten Zugang nicht weiter.

Navigation und rekursiver Zugang

Bei der zweiten Art von Abstraktion beschreiben wir einen Baum, indem wir zu jedem Knoten dessen Vater und dessen Kinder angeben. Durch Schreiten von Knoten zu Knoten wird dann der ganze Baum zugänglich. Für viele Anwendungen genügt es, von der Wurzel ausgehend in Blattrichtung zu schreiten, also jeweils die Kinder anzugeben:

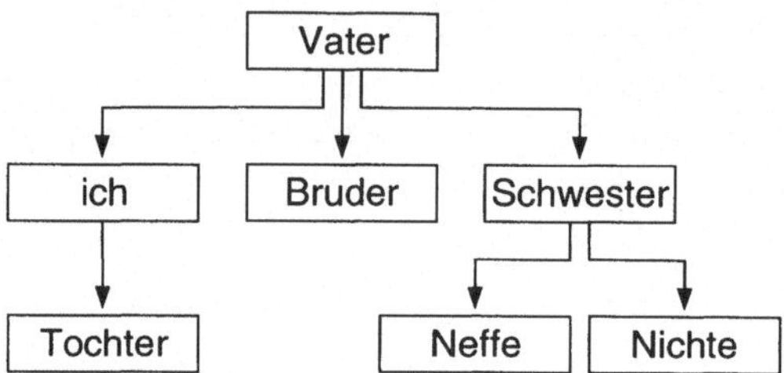

Gelegentlich ist es aber auch zweckmässig, in Wurzelrichtung schreiten zu können, also von jedem Knoten zu seinem Vater:

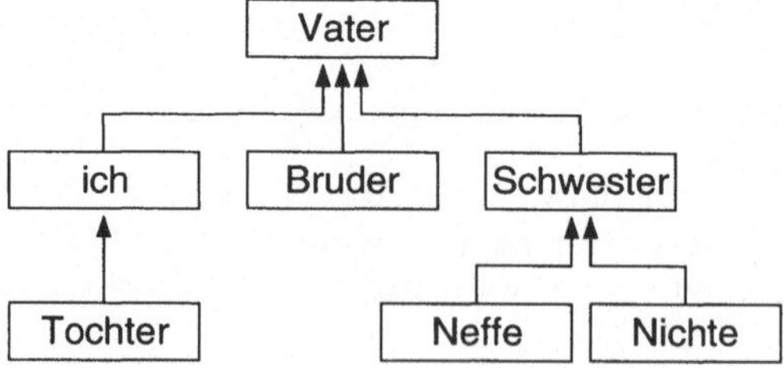

Diese Schreitbewegungen lassen sich durch Funktionen ausdrücken, die aus einer Position innerhalb des Baumes eine neue bestimmen. Um diese Funktionen konkret zu formulieren, machen wir uns – wie schon im Falle der Listen – die rekursiven Eigenschaften der Bäume zunutze. Man kann einen nichtleeren Baum rekursiv beschreiben, indem man seine Wurzel sowie seine Kinderbäume angibt:

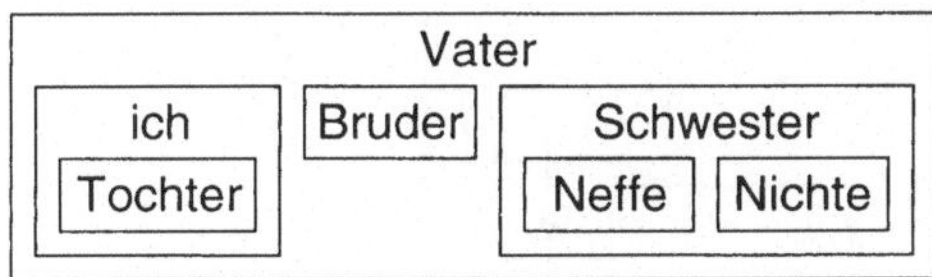

Um zu einem bestimmten Knoten zu gelangen, muss man ihn – wie ein Element einer rekursiv zugänglichen Liste – schrittweise "auspacken". Dies ist eine Form der Navigation von der Wurzel in Blattrichtung. Ein Schritt entspricht einer Funktion, die von einem Baum zu einem seiner Kinderbäume führt. Wir definieren ein abstraktes Baumobjekt Tree, das eine Funktion anbietet, welche zum *n*-ten seiner Kinderbäume führt:

```
function Tree.Child (n: Integer): Tree;
```

Damit sind alle Teilbäume erreichbar. Zugriffe auf Baumknoten beziehen sich nun immer auf die Wurzel eines Teilbaumes. Im Prinzip könnte ein Teilbaum leer sein, also keine Wurzel enthalten; analog zum abstrakten Elementobjekt bei den Listen müssten wir also ein abstraktes Knotenobjekt einführen, sowie eine Funktion, die von einem Baum zu dessen Wurzelknoten führt. Zur Vereinfachung verzichten wir aber auf die Erfassung leerer Teilbäume, d.h. wenn ein Teilbaum existiert, so hat er auch eine Wurzel. Das abstrakte Baumobjekt kann deshalb auch die Rolle des Wurzelknotens spielen. Als Nachteil nehmen wir in Kauf, dass die Abstraktion keine leeren Bäume erfassen kann.

Die Funktion Child wählt eines der Kinder aus, und zwar direkt, aufgrund seiner Position; ein Baum ist gewissermassen eine direkt zugängliche Liste von Kinderbäumen. Auch die übrigen Operationen definieren wir in Anlehnung an die direkt zugänglichen Listen von Kapitel 2.1:

```
type Tree = object
  function Length: Integer;
  function Child (n: Integer): Tree;
  procedure InsertChild (n: Integer; x: Tree);
  procedure RemoveChild (n: Integer; var x: Tree);
  end;
```

Für Anwendungen, die auch eine Navigationsmöglichkeit in Wurzelrichtung erfordern, könnte man die Typvereinbarung mit einer **function** Parent: Tree ergänzen.

Verkettete Darstellung

Unabhängig von der Abstraktion umfasst jeder nichtleere Baum einen Wurzelknoten und eine Anzahl nichtleerer Kinderbäume. Es ist naheliegend, dies durch eine Anzahl miteinander direkt verketteter Baumobjekte darzustellen:

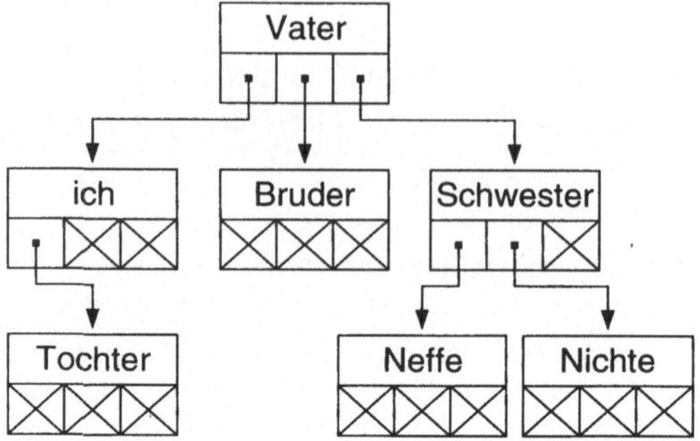

Für diesen Ansatz muss man eine maximale Anzahl Kinder pro Knoten festlegen und entsprechend viele Verkettungen in jedem Baumobjekt vorsehen (im obigen Beispiel sind es drei):

```
type Tree = object
  TreeLink: array [1..n] of Tree;
  end;
```

Es ist offensichtlich, dass sich mit dieser Darstellung das oben eingeführte abstrakte Baumobjekt implementieren lässt. Sie entspricht für jeden Baumknoten der Array-Darstellung einer direkt zugänglichen Liste. Zwar bringt die Array-Darstellung gewisse Einschränkungen mit sich, aber diese fallen nicht bei jeder Anwendung ins Gewicht. Eine weitere Einschränkung ist allerdings, dass diese Darstellung – wie schon die Abstraktion – nur nichtleere Bäume erfasst.

Kinderlisten und Wälder

Um die erwähnten Einschränkungen zu vermeiden, wandeln wir nun die Abstraktion ab: Wir geben nicht mehr jedem Knoten die Funktionen einer direkt zugänglichen Kinderliste, sondern fassen die Kinder jedes Knotens zu einer separaten Liste zusammen. Ein Navigationsschritt in Blattrichtung führt nun von einem Knoten zunächst zu dessen Kinderliste:

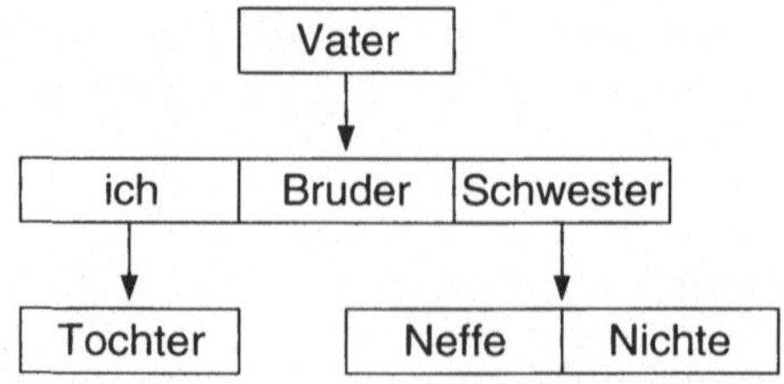

In der rekursiven Sprechweise bedeutet die Änderung, die Kinderbäume jedes (Teil-)Baumes zu einem Kinderwald zusammenzufassen:

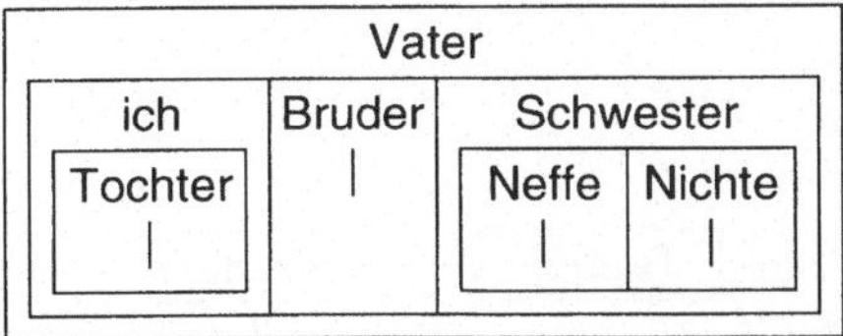

Bei Teilbäumen, die nur aus einem Blatt bestehen, ist der Kinderwald leer und wird in der Zeichnung durch einen vertikalen Strich dargestellt. Ein Navigationsschritt führt nun von einem Baum zum Kinderwald:

```
type Tree = object
  function Children: Forest;
  end;

type Forest = object
  {Liste mit Elementen vom Typ Tree}
  end;
```

Das abstrakte Objekt Forest beschreibt den Kinderwald; es lässt sich auch für selbständige Wälder verwenden, die Abstraktion erfasst also Bäume und Wälder gleichzeitig. Dies erlaubt uns auch, auf die Berücksichtigung leerer Bäume zu verzichten, eine leere Baumstruktur wird durch einen leeren Wald wiedergegeben.

Für Forest kann man im Prinzip eine beliebige Listenabstraktion wählen. Es ist aber naheliegend, auf die in Teil 2 entwickelten rekursiv zugänglichen Listen zurückzugreifen. Der Baum erhält dadurch eine doppelt rekursive Struktur:

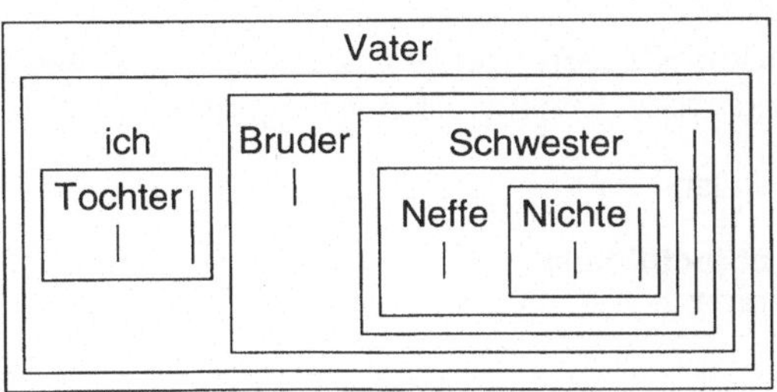

Dieses Bild ist natürlich recht unübersichtlich. Wenn man statt der Verschachtelung wieder Navigationsschritte zeichnet und auch die leeren Teilwälder weglässt, erhält man ein übersichtlicheres Bild:

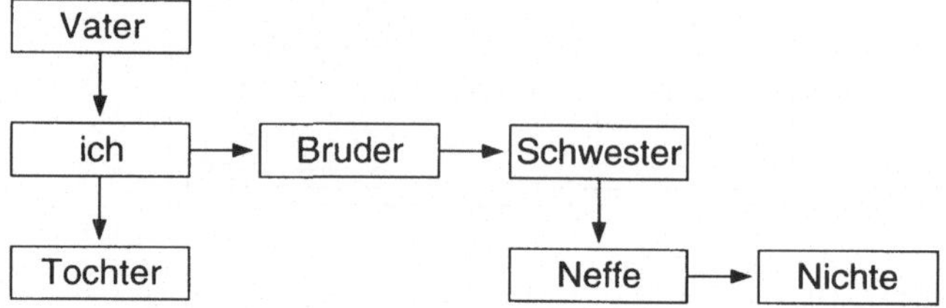

Man bemerkt in diesem Bild eine neue Baumstruktur: Jeder Knoten eines Waldes hat zwei "Kinder", nämlich sein erstes Kind und seinen Nachfolger. Beide können unabhängig voneinander fehlen. Ein solcher Baum heisst *Binärbaum*. Wir werden uns später gelegentlich daran erinnern, dass die hier entwickelte Abstraktion jedem Wald die Struktur eines Binärbaums aufprägt.

Nun passen wir die verkettete Darstellung dieser Abstraktion an. Sie umfasst jetzt Baum- und Waldobjekte. Ein Waldobjekt bildet mit einer Anzahl Baumobjekten eine verkettete Liste; jedes Baumobjekt wiederum ist mit einem Waldobjekt verkettet, das seinen Kinderwald darstellt:

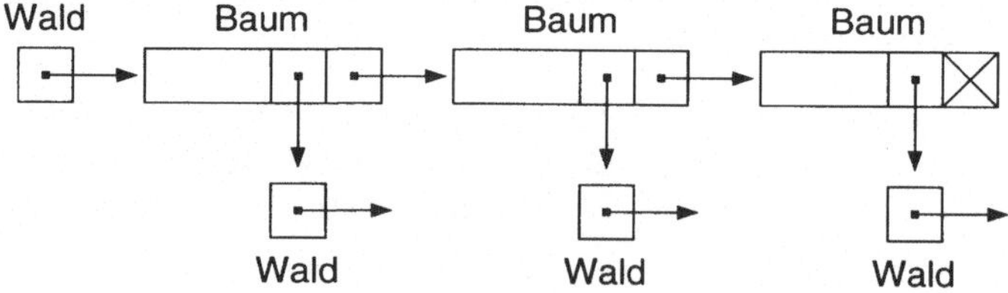

Wir leiten die beiden Klassen von der Klasse List ab, wie in Kapitel 2.4 beschrieben; die einfachste Version ist die folgende:

```
type Forest = List;

type Tree = object(Forest)
  Children: Forest;
  end;
```

Hier haben wir stillschweigend für die Verkettung zum Kinderwald den Namen Children verwendet. Im abstrakten Baumobjekt ist dies der Name der Funktion, die als Wert diese Verkettung hat. Zur Vereinfachung lassen wir die Funktion weg und erlauben stattdessen direkten Zugriff zur Instanzvariablen. Dass wir damit geringfügig das Prinzip der Kapselung verletzen, nehmen wir in Kauf; da die Verkettung während der Lebensdauer des Baumobjekts nie verändert werden muss, hat die Instanzvariable ohnehin die Bedeutung einer Konstanten.

In dieser einfachen Version sind beim Zugriff auf Forest-Objekte jeweils Typkonversionen von Element zu Tree notwendig. Für eine komfortablere Version erweitern wir Forest um zusätzliche Operationen, welche die Typkonversionen beinhalten:

```
type Forest = object(List)
  function FirstTree: Tree;
  function AfterFirstTree: Forest;
  procedure InsertTree (x: Tree);
  procedure RemoveTree (var x: Tree);
  end;
```

Die Implementation dieser Operationen ist offensichtlich:

```
function Forest.FirstTree: Tree;
begin
FirstTree := Tree(First);
end;

function Forest.AfterFirstTree: Forest;
begin
AfterFirstTree := Forest(AfterFirst);
end;

procedure Forest.InsertTree (x: Tree);
begin
Insert(x);
end;

procedure Forest.RemoveTree (var x: Tree);
var y: Element;
begin
Remove(y);
x := Tree(y);
end;
```

In der gleichen Weise ergänzen wir Forest mit angepassten Versionen der wichtigsten in Kapitel 2.4 erwähnten Listenoperationen. Es handelt sich dabei weitgehend um Fleissarbeit; die Beschreibung dazu findet sich im Anhang.

Als nützliche Abkürzung führen wir ausserdem die Funktion Forest.FirstChildren ein:

```
function Forest.FirstChildren: Forest;
begin
FirstChildren := FirstTree.Children;
end;
```

Zu Forest benötigen wir auch eine Funktion NewForest, die einen leeren Wald erzeugt:

```
function NewForest: Forest;
var f: Forest;
begin
New(f);
f.Initialize;
NewForest := f;
end;
```

Da die Klasse Tree eine neue Instanzvariable einführt, muss sie Initialize und Delete gemäss den in Kapitel 2.4 erwähnten Faustregeln erweitern:

```
procedure Tree.Initialize;
begin
inherited Initialize;
Children := NewForest;
end;

procedure Tree.Delete;
begin
Children.Delete;
inherited Delete;
end;
```

Wiederverwendung

Die Klassen Forest und Tree bilden eine Bibliothek zur Darstellung von Bäumen und Wäldern. Die durch Tree definierten Baumknoten haben keinen Inhalt; dieser muss durch Vererbung hinzugefügt werden, wie in Kapitel 2.4 beschrieben. Um mit der Bibliothek experimentieren zu können, definieren wir auf diese Weise eine Klasse StringTree:

```
type StringTree = object(Tree)
  Contents: string;
  procedure Initialize; override;
  end;

procedure StringTree.Initialize;
begin
inherited Initialize;
Contents := '';
end;

function NewStringTree (s: string): StringTree;
var x: StringTree;
begin
New(x);
x.Initialize;
x.Contents := s;
NewStringTree := x;
end;
```

Für einzelne Beispiele benötigen wir ausserdem eine Klasse StringPairTree:

```
type StringPairTree = object(Tree)
  Key, Data: string;
  procedure Initialize; override;
  end;

procedure StringPairTree.Initialize;
begin
inherited Initialize;
Key := '';
Data := '';
end;

function NewStringPairTree (k, s: string): StringPairTree;
var x: StringPairTree;
begin
New(x);
x.Initialize;
x.Key := k;
x.Data := s;
NewStringPairTree := x;
end;
```

3.2 Baumalgorithmen

Kernpunkte dieses Kapitels:

- *Ein Baum oder Wald kann durch wiederholtes Einfügen von Knoten in Geschwisterlisten aufgebaut werden. Ausser den Listenoperationen benötigt man dazu die Funktion, die von einem Baum zu dessen Kinderwald führt.*
- *Da zwischen den Knoten eines Waldes keine eindeutige Reihenfolge definiert ist, gibt es mehrere Arten, einen Wald zu durchlaufen. Wichtig sind die preorder- und die postorder-Reihenfolge. Man kann diese auch im entsprechenden Binärbaum interpretieren; der postorder-Reihenfolge im Wald entspricht die inorder-Reihenfolge im Binärbaum.*
- *Zusätzlich zu den Schreitoperationen für Listen ist eine Operation zweckmässig, die in einem Wald direkt zu einer durch eine Liste von Zahlen angegebenen Position führt. Diese lässt sich beispielsweise anwenden, um eine beliebige Funktion durch einen Wald darzustellen.*
- *Suchoperationen kann man in (ungeordneten) Wäldern ähnlich definieren wie in Listen, sie haben aber keine praktische Bedeutung.*

Aufbau von Bäumen und Wäldern

Um Bäume und Wälder aufzubauen, haben wir einerseits die Operation Forest.InsertTree zur Verfügung, mit der sich Knoten oder ganze Bäume zu Wäldern aneinanderfügen lassen; andrerseits gibt uns Tree.Children Zugang zum Kinderwald jedes Baums. Das folgende Programmstück verwendet diese Operationen, um einen Wald aus Konstanten aufzubauen:

```
var f: Forest;
...
f := NewForest;
f.InsertTree(NewStringTree('ich'));
f.FirstChildren.InsertTree(NewStringTree('Tochter'));
f.FirstChildren.FirstChildren.InsertTree(NewStringTree('Enkel'));
f.AtEnd.InsertTree(NewStringTree('Bruder'));
f.AtEnd.InsertTree(NewStringTree('Schwester'));
with f.AtLastTree.FirstChildren do
  begin
  InsertTree(NewStringTree('Neffe'));
  AtEnd.InsertTree(NewStringTree('Nichte'));
  end;
end;
...
```

So entsteht folgender Wald:

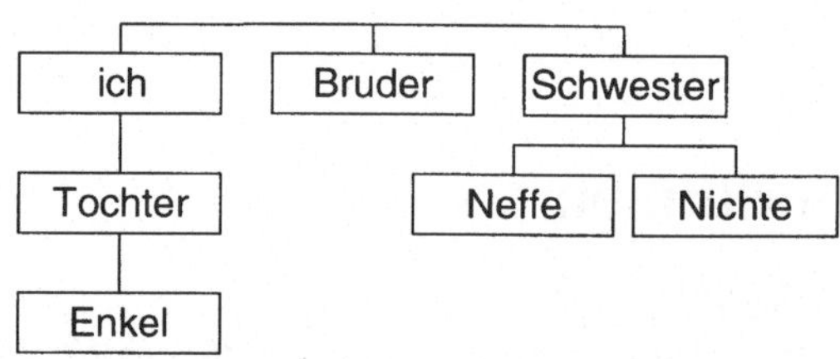

Das nächste, etwas anspruchsvollere Beispiel baut einen Wald aufgrund einer *Texteingabe* auf. Zunächst stellt sich die Frage, wie man einen Wald durch einen Text (also durch eine Liste von Schriftzeichen) beschreiben kann. Wir schlagen dazu folgende Syntax vor:

```
Forest = {Tree}

Tree = Word [ '(' Forest ')' ]
```

Die erste Zeile bedeutet, dass ein Wald eine (möglicherweise leere) Folge von Bäumen ist; die zweite, dass jeder Baum aus einem Wort besteht, möglicherweise gefolgt von einem Wald in runden Klammern. Der folgende Text beschreibt den oben gezeichneten Wald in dieser Syntax:

```
ich (Tochter (Enkel)) Bruder Schwester (Neffe Nichte)
```

Die folgenden Beispiele erfüllen die Syntax nicht, weil ein Baum nicht mit einer Klammer beginnen darf:

```
(ich Bruder Schwester)

ich (Bruder) (Schwester)
```

Zur Einteilung des Textes in Wörter und Trennzeichen verwenden wir die von früher bekannte und im Anhang beschriebene Prozedur ReadWord. Um die Aufgabe zu erleichtern, lassen wir auch Trennzeichen als Baumknoten zu, natürlich ausser den runden Klammern, die eine besondere Bedeutung haben. Deshalb erfüllt sogar das folgende Beispiel die Syntax:

```
!"#$%&'()*+,-./
```

Der Algorithmus soll den Text soweit lesen, wie er die Syntax erfüllt, aber höchstens bis zum Zeilenende, das von ReadWord mit einem leeren "Wort" gemeldet wird. Wir formulieren ihn als rekursive Prozedur, die einen Wald oder Teilwald aufbaut. Die Prozedur prüft das jeweils nächste Wort des Textes; wenn es nichtleer und keine Klammer ist, erzeugt sie daraus einen neuen Baum und liest anschliessend dessen allenfalls in Klammern vorhandenen Kinderwald (rekursiv) sowie den Nachfolgerwald (ebenfalls rekursiv). Um dabei jedes Wort des Textes im voraus prüfen zu können, wenden wir ein Verfahren an, das bei Textanalyse-Algorithmen oft nützlich ist: Wir bewahren immer das zuletzt gelesene, aber noch nicht syntaktisch erfasste Wort in einer globalen Variablen auf. Es ergibt sich folgende Pascal-Prozedur (Next ist die erwähnte globale Variable):

```
var Next: string;

procedure ReadForest (f: Forest);
begin
if (Next <> '') and (Next <> '(') and (Next <> ')') then
  begin
  f.InsertTree(NewStringTree(Next));
  ReadWord(Next);
  if Next = '(' then
    begin
    ReadWord(Next);
    ReadForest(f.FirstChildren);
    if Next = ')' then
      ReadWord(Next);
    end;
  ReadForest(f.AfterFirstTree);
  end;
end;
```

Die Prozedur erwartet immer ein Wort in Next, vor dem ersten Aufruf muss man deshalb das erste Wort lesen:

```
var f: Forest;
...
f := NewForest;
ReadWord(Next);
ReadForest(f);
...
```

Nach jedem Aufruf enthält Next das Wort, das die Syntax verletzte, also entweder das leere Wort oder eine Klammer.

Durchlaufen von Wäldern

Einen Wald zu durchlaufen bedeutet, für jeden Knoten eine Aktion durchzuführen. Während bei Listenelementen eine natürliche Reihenfolge vorgegeben war, ist dies bei Baumknoten nicht der Fall, entsprechend gibt es nicht "eine" Art, einen Wald zu durchlaufen. Zuerst behandeln wir einen Sonderfall: Wenn man sich auf die Blätter eines Waldes beschränkt, gibt es eine natürliche Reihenfolge, sie ordnet die Blätter jedes Teilbaumes vor jenen seiner nachfolgenden Geschwister ein. Wir nennen diese Reihenfolge die *Blatt-Reihenfolge*. Im folgenden Bild erscheinen die Blätter von links nach rechts in der Blatt-Reihenfolge:

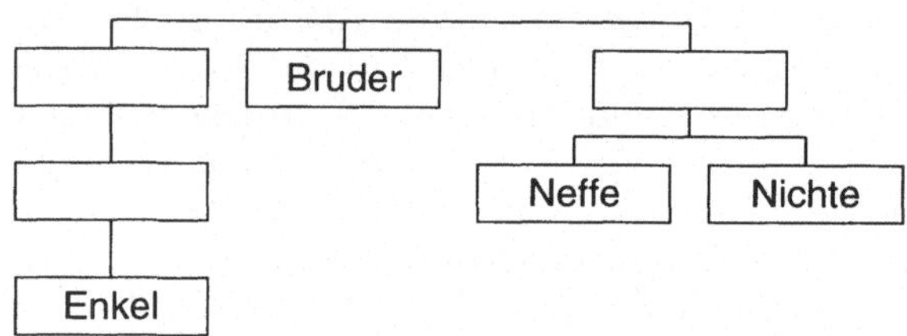

Ein Algorithmus, der einen Wald in dieser Reihenfolge durchläuft, lässt sich vom Listenalgorithmus ForAll ableiten. Statt jeweils die Aktion für das erste Element in jedem Fall durchzuführen, führt er sie nur dann durch, wenn es ein Blatt ist, andernfalls durchläuft er dessen Kinderwald:

```
procedure Forest.ForAllLeaves (procedure Action (x: Tree));
begin
if not Empty then
  begin
  if FirstChildren.Empty then
    Action(FirstTree)
  else
    FirstChildren.ForAllLeaves(Action);
  AfterFirstTree.ForAllLeaves(Action);
  end;
end;
```

Für Action können wir irgendeine Prozedur mit passenden Parameter einsetzen. Das folgende Beispiel ist für Bäume vom Typ StringTree bestimmt:

```
procedure WriteBlankAndString (x: Tree);
begin
Write(' ', StringTree(x).Contents);
end;
```

Wenn nun f den im obigen Bild dargestellten Wald enthält, so schreibt die Anweisung f.ForAllLeaves(WriteBlankAndString) die in den Blättern enthaltenen Zeichenketten auf einer Zeile:

```
Enkel Bruder Neffe Nichte
```

Nun betrachten wir Reihenfolgen, die alle Knoten erfassen. Die *preorder-Reihenfolge* ordnet jeden Knoten *vor* seinen Kindern ein, diese (und alle ihre Nachkommen) wiederum *vor* seinen nachfolgenden Geschwistern. Zur Veranschaulichung ist das Stammbaum-Beispiel im folgenden Bild so verzerrt dargestellt, dass die Knoten von links nach rechts in der preorder-Reihenfolge erscheinen:

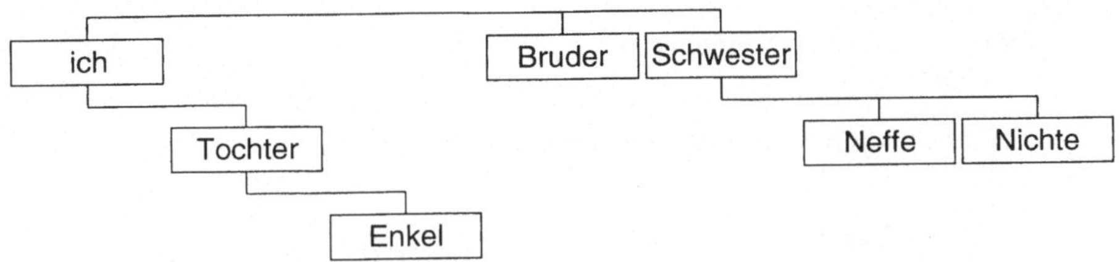

Einem Beispiel für diese Reihenfolge sind wir schon begegnet. Wenn man nämlich einen Wald gemäss der weiter oben vorgeschlagenen Syntax durch einen Text beschreibt, gibt man die Knoten in preorder-Reihenfolge an:

```
ich (Tochter (Enkel)) Bruder Schwester (Neffe Nichte)
```

Ein Algorithmus, der einen Wald in der preorder-Reihenfolge durchläuft, lässt sich wieder vom Listenalgorithmus ForAll ableiten. Er unterscheidet sich von diesem nur in einer zusätzlichen Anweisung, die jeweils den Kinderwald des ersten Baumes durchläuft:

```
procedure Forest.ForAllPreorder (procedure Action (x: Tree));
begin
if not Empty then
  begin
  Action(FirstTree);
  FirstChildren.ForAllPreorder(Action);
  AfterFirstTree.ForAllPreorder(Action);
  end;
end;
```

Wenn also f den oben dargestellten Wald enthält, so ergibt die Anweisung f.ForAllPreorder(WriteBlankAndString) folgende Ausgabe:

```
ich Tochter Enkel Bruder Schwester Neffe Nichte
```

Bei dieser Art des Durchlaufens ist die hierarchische Struktur nicht mehr erkennbar. Dies ist nicht immer erwünscht: Vielleicht möchte man im obigen Beispiel bei der Ausgabe die Klammerschreibweise erzeugen, also vor jeder nichtleeren Kinderliste eine linke Klammer und danach eine rechte Klammer schreiben; der Algorithmus erlaubt dies aber nicht. Wir erweitern ihn deshalb so, dass er vor und nach jeder nichtleeren Kinderliste je eine zusätzliche Aktion ausführt, die wir in zwei zusätzlichen Prozedurparametern angeben:

```
procedure Forest.ForAllPreorder
    (procedure Action (x: Tree); procedure Down; procedure Up);
begin
if not Empty then
  begin
  Action(FirstTree);
  if not FirstChildren.Empty then
    begin
    Down;
    FirstChildren.ForAllPreorder(Action, Down, Up);
    Up;
    end;
  AfterFirstTree.ForAllPreorder(Action, Down, Up);
  end;
end;
```

Mit diesem Algorithmus können wir die Klammerschreibweise erzeugen. Dazu benötigen wir zwei weitere Aktionsprozeduren, die eine linke sowie eine rechte Klammer schreiben und die wir für die Parameter Down und Up einsetzen können:

```
procedure WriteLeft;
begin
Write(' (');
end;

procedure WriteRight;
begin
Write(')');
end;
```

Nun führt f.ForAllPreorder(WriteBlankAndString, WriteLeft, WriteRight) zu folgender Ausgabe:

```
ich ( Tochter ( Enkel)) Bruder Schwester ( Neffe Nichte)
```

Dieses Resultat erfüllt die Regeln der Klammerschreibweise, es befriedigt aber ästhetisch nicht ganz, weil nach jeder Klammer ein unnötiges Leerzeichen geschrieben wird. Durch geringfügige Änderung der Aktionsprozeduren lässt sich dieser Mangel beheben. Wir steuern sie mit einer globalen Variablen, die jeweils angibt, ob ein Leerzeichen geschrieben werden muss:

```
var BlankNeeded: Boolean;

procedure StartWithoutBlank;
begin
BlankNeeded := False;
end;
```

```
procedure WriteBlankAndString(x: Tree);
begin
if BlankNeeded then
  Write(' ');
Write(StringTree(x).Contents);
BlankNeeded := True;
end;

procedure WriteLeft;
begin
Write(' (');
BlankNeeded := False;
end;

procedure WriteRight;
begin
Write(')');
BlankNeeded := True;
end;
```

So ergibt sich die gewünschte Klammerschreibweise:

```
...
StartWithoutBlank;
f.ForAllPreorder(WriteBlankAndString, WriteLeft, WriteRight);
...

ich (Tochter (Enkel)) Bruder Schwester (Neffe Nichte)
```

Um mit demselben Algorithmus die eingerückte Darstellung zu erzeugen, definieren wir andere Aktionsprozeduren:

```
var Level: Integer;

procedure IndentFromLevel (n: Integer);
begin
Level := n;
end;

procedure WriteLnIndented (x: Tree);
begin
if Level > 0 then
  Write(' ' : 2 * Level);
WriteLn(StringTree(x).Contents);
end;

procedure Indent;
begin
Level := Level + 1;
end;

procedure Outdent;
begin
Level := Level - 1;
end;
```

Damit können wir die eingerückte Darstellung erzeugen:

```
...
IndentFromLevel(0);
f.ForAllPreorder(WriteLnIndented, Indent, Outdent);
...
```

```
ich
  Tochter
    Enkel
Bruder
Schwester
  Neffe
  Nichte
```

Eine andere, zur preorder-Reihenfolge in einem gewissen Sinn symmetrische Reihenfolge ist die *postorder-Reihenfolge*. In dieser wird jeder Knoten *nach* seinen Kindern eingeordnet, diese (und alle ihre Nachkommen) wiederum *nach* seinen vorangehenden Geschwistern:

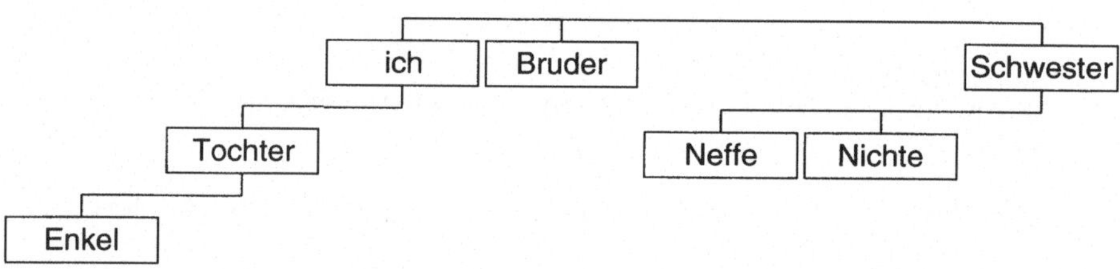

Die Prozedur ForAllPostorder durchläuft deshalb zuerst den ersten Kinderwald, bevor sie die Aktion für die erste Wurzel ausführt. Wir machen dies in ihrer Schnittstelle durch eine andere Reihenfolge der drei Prozedurparameter deutlich. Die Implementation unterscheidet sich von jener von ForAllPreorder nur in der Reihenfolge der Anweisungen:

```
procedure Forest.ForAllPostorder
    (procedure Down; procedure Up; procedure Action (x: Tree));
begin
if not Empty then
  begin
  if not FirstChildren.Empty then
    begin
    Down;
    FirstChildren.ForAllPostorder(Down, Up, Action);
    Up;
    end;
  Action(FirstTree);
  AfterFirstTree.ForAllPostorder(Down, Up, Action);
  end;
end;
```

Mit diesem Algorithmus können wir beispielsweise wieder die eingerückte Darstellung erzeugen, diesmal für die postorder-Reihenfolge:

```
...
IndentFromLevel(0);
f.ForAllPostorder(Indent, Outdent, WriteLnIndented);
...
```

```
    Enkel
  Tochter
ich
Bruder
  Neffe
  Nichte
Schwester
```

Nun erinnern wir uns daran, dass ein Wald als Binärbaum interpretiert werden kann. Der erste Kinderwald stellt dann sein linkes Kind dar, der Nachfolgerwald sein rechtes Kind. In dieser Interpretation muss man natürlich auch die Reihenfolge neu interpretieren:

- Die preorder-Reihenfolge im Wald (Wurzel, Kinder, Nachfolger) entspricht gerade der preorder-Reihenfolge im Binärbaum (Wurzel, links, rechts).
- Die postorder-Reihenfolge im Wald (Kinder, Wurzel, Nachfolger) entspricht im Binärbaum der *inorder-Reihenfolge* (links, Wurzel, rechts).
- Eine "umgekehrte preorder-Reihenfolge" im Wald (Kinder, Nachfolger, Wurzel) würde der postorder-Reihenfolge im Binärbaum (links, rechts, Wurzel) entsprechen.

Die folgende Variante von ForAllPostorder führt die Aktionen Down und Up so aus, wie es die inorder-Reihenfolge im Binärbaum erfordert:

```
procedure Forest.ForAllBinaryInorder
    (procedure Down; procedure Up; procedure Action (x: Tree));
begin
if not Empty then
  begin
  if not FirstChildren.Empty then
    begin
    Down;
    FirstChildren.ForAllBinaryInorder(Down, Up, Action);
    Up;
    end;
  Action(FirstTree);
  if not AfterFirstTree.Empty then
    begin
    Down;
    AfterFirstTree.ForAllBinaryInorder(Down, Up, Action);
    Up;
    end;
  end;
end;
```

In der eingerückten Darstellung bleibt dadurch die Reihenfolge dieselbe, aber die Einrückung stellt die Binärbaum-Struktur des Waldes dar:

```
...
IndentFromLevel(0);
f.ForAllBinaryInorder(Indent, Outdent, WriteLnIndented);
...
```

```
    Enkel
  Tochter
ich
  Bruder
      Neffe
        Nichte
    Schwester
```

Einen nochmals anderen Charakter als die preorder- und die postorder-Reihenfolge hat die *Ebenen-Reihenfolge*. Diese ordnet alle Knoten einer Wald-Ebene vor jenen der nächsten Ebene ein; innerhalb jeder Ebene gilt die übliche Listen-Reihenfolge, d.h. die Nachkommen jedes Knoten sind vor den Nachkommen seiner Nachfolger eingeordnet:

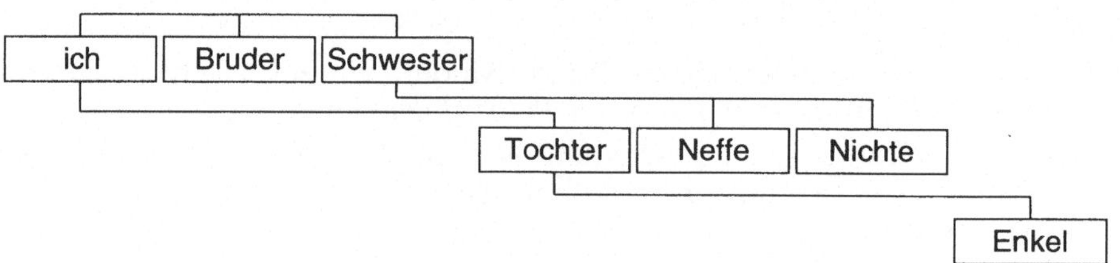

Um das Bild nicht zu sehr verzerren zu müssen, kann man die Reihenfolge auch durch Numerierung der Ebenen andeuten:

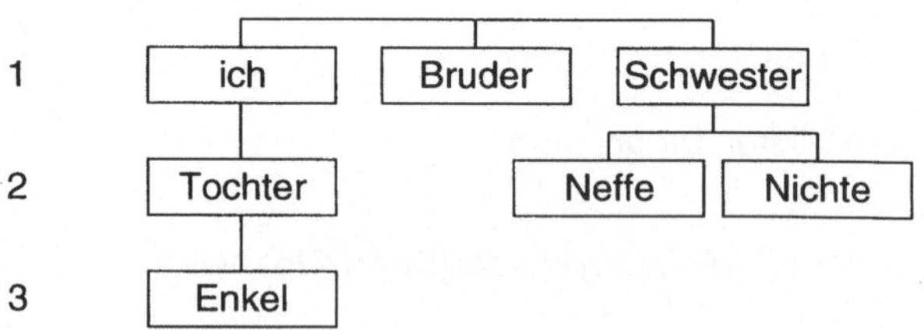

Nun suchen wir einen Algorithmus, der einen Wald in dieser Reihenfolge durchläuft. Offenbar muss er wie bei der preorder-Reihenfolge jeweils nach dem Besuch eines Knotens dessen Kinder besuchen, aber nicht unmittelbar danach, sondern erst, nachdem er die ganze Ebene durchlaufen hat. Der folgende Algorithmus löst dies, indem er die Knoten nicht direkt besucht, sondern sich vorerst in einer Warteschlange merkt. Dieser entnimmt er fortlaufend Hinweise auf Knoten, besucht sie und merkt sich anschliessend deren Kinder. Zur Darstellung der Warteschlange verwendet der Algorithmus die Klasse ThingQueue; die einzelnen Geschwisterlisten durchläuft er mit Hilfe der Listenoperation ForAllTrees und einer lokalen Aktionsprozedur RememberTree:

```
procedure Forest.ForAllLevelOrder (procedure Action (x: Tree));

  var q: ThingQueue; x: Thing;

  procedure RememberTree (x: Tree);
  begin
  q.AppendThing(x);
  end;

begin
q := NewThingQueue;
ForAllTrees(RememberTree);
while not q.Empty do
  begin
  q.RemoveThing(x);
  Action(Tree(x));
  Tree(x).Children.ForAllTrees(RememberTree);
  end;
q.Delete;
end;
```

Auf unser Beispiel angewendet würde f.ForAllLevelOrder(WriteBlankAndString) folgende Ausgabe ergeben:

```
ich Bruder Schwester Tochter Neffe Nichte Enkel
```

Der Algorithmus ist übrigens nichtrekursiv; dies muss so sein, weil man den Ebenen-Durchlauf eines Waldes nicht aus dem Ebenen-Durchlauf von Teilwäldern zusammensetzen kann.

In der obigen Form führt der Algorithmus zwar die Aktionsprozeduren für die Knoten in der gewünschten Reihenfolge aus, aber die hierarchischen Beziehungen zwischen den Knoten sind daraus nicht mehr erkennbar. Bei ForAllPreorder und ForAllPostorder haben wir die hierarchische Struktur mit zusätzlichen Aktionsprozeduren Down und Up erkennbar gemacht, die jeweils beim Übergang von einer Ebene zur nächsttieferen oder nächsthöheren ausgeführt werden. Bei ForAllLevelOrder führen wir nun ebenfalls eine zusätzliche Aktionsprozedur Down ein, die jeweils beim Übergang von einer Ebene zur nächsttieferen ausgeführt wird; allerdings wird man damit nicht die ganze hierarchische Struktur rekonstruieren können.

Die Prozedur Down soll also immer dann ausgeführt werden, wenn eine Ebene durchlaufen ist und noch weitere Ebenen vorhanden sind, d.h. die Warteschlange nicht leer ist. Damit der Algorithmus das Ende jeder Ebene feststellen kann, markiert er dieses mit einem besonderen Eintrag in der Warteschlange, und zwar erstmals beim Ende der ersten Ebene; immer wenn er beim Abarbeiten der Warteschlange diesen Eintrag antrifft, führt er Down aus und fügt der Warteschlange einen neuen derartigen Eintrag an. Der besondere Eintrag besteht aus einem Wert **nil** anstelle eines Verweises auf einen Baum. Wir erhalten die folgende neue Version von ForAllLevelOrder:

```
procedure Forest.ForAllLevelOrder
      (procedure Action (x: Tree); procedure Down);

  var q: ThingQueue; x: Thing;

  procedure RememberTree (x: Tree);
  begin
  q.AppendThing(x);
  end;

begin
q := NewThingQueue;
ForAllTrees(RememberTree);
q.AppendThing(nil);
while not q.Empty do
  begin
  q.RemoveThing(x);
  if x <> nil then
    begin
    Action(Tree(x));
    Tree(x).Children.ForAllTrees(RememberTree);
    end
  else if not q.Empty then
    begin
    Down;
    q.AppendThing(nil);
    end;
  end;
q.Delete;
end;
```

Mit dieser Operation erzeugen wir nun für unser Beispiel die eingerückte Darstellung in der Ebenen-Reihenfolge:

```
..
IndentFromLevel(0)
f.ForAllLevelOrder(WriteLnIndented, Indent)
...

ich
Bruder
Schwester
  Tochter
  Neffe
  Nichte
    Enkel
```

Man sieht, dass zwar die Einrückungen stimmen, aber die Beziehungen der Knoten zu ihren Kindern nicht mehr sichtbar sind.

Schreiten in Wäldern

Um uns innerhalb eines Waldes horizontal, also von Geschwister zu Geschwister zu bewegen, haben wir alle entsprechenden Listenoperationen zur Verfügung, da ein Wald eine Liste ist. Hinzu kommt nun die Grundoperation Tree.Children für vertikale Bewegungen.

Oft möchte man direkt auf einen Knoten zugreifen können, dessen Position durch eine Folge ganzer Zahlen gegeben ist. Eine in Kapitel 3.1 vorgeschlagene Abstraktion beruhte auf solchen direkten Zugriffen. Die entsprechende Schreitoperation soll einen Zeiger auf jenen Teilwald liefern, der bei der durch die Zahlfolge identifizierten Position beginnt. Der Teilwald kann auch leer sein, nämlich wenn die Position das leere Ende eines Waldes oder Teilwaldes bezeichnet. Die Funktion soll, wie früher List.AtNumber, bei nicht existierenden Positionen den Wert **nil** liefern. Die Implementation wendet die Listenoperation AtTreeNumber rekursiv an:

```
function Forest.AtNumbers (l: IntegerList): Forest;
var f: Forest;
begin
if l.Empty then
  AtNumbers := nil
else
  begin
  f := AtTreeNumber(l.FirstInteger);
  if f = nil then
    AtNumbers := nil
  else if l.AfterFirstInteger.Empty then
    AtNumbers := f
  else if f.Empty then
    AtNumbers := nil
  else
    AtNumbers := f.FirstChildren.AtNumbers(l.AfterFirstInteger);
  end;
end;
```

Natürlich setzen wir hier voraus, dass eine Klasse IntegerList zur Verfügung steht:

```
type IntegerList = object(List)
  function FirstInteger: Integer;
  function AfterFirstInteger: IntegerList;
  procedure InsertInteger (n: Integer);
  procedure RemoveInteger (var n: Integer);
  ...
  end;

function NewIntegerList: IntegerList;
```

Die Implementation dieser IntegerList verfolgen wir nicht weiter, sie ist im Anhang beschrieben.

Wenn nun der Forest f unser übliches Beispiel enthält und die IntegerList l die Zahlfolge (3 2), führt f.AtNumbers(l) zum Knoten Nichte:

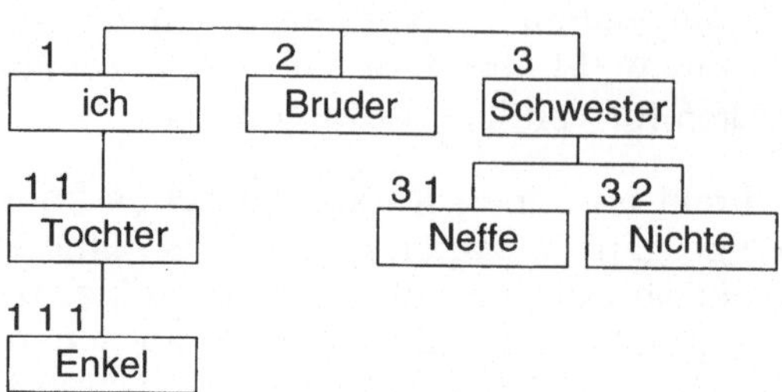

Wir beschreiben nun eine Variante von AtNumbers, die für eine Reihe von Anwendungen zweckmässiger ist. Bei dieser wird die Zahlfolge, die die Position beschreibt, nicht als IntegerList angegeben, sondern als Zeichenfolge codiert. Das Alphabet, das die Codierung beschreibt, geben wir der Operation als zusätzliche Zeichenkette mit:

```
function Forest.AtCode (s, Alphabet: string): Forest;
```

Die Operation interpretiert jedes Zeichen von s als ganze Zahl, entsprechend seiner Position innerhalb des Alphabets; das *n*-te Zeichen von Alphabet stellt also die Zahl *n* dar. Beispielsweise wird die Zeichenkette 'cb' im Alphabet 'abcdefgh' als Zahlfolge (3 2) interpretiert, der Ausdruck f.AtCode('cb', 'abcdefgh') führt damit wieder zum Knoten Nichte. Man kann aber auch ein anderes Alphabet wählen, beispielsweise würde der Ausdruck f.AtCode('32', '123456789') zum selben Knoten führen. Die Implementation lehnt sich an die Implementation von AtNumbers an:

```
function Forest.AtCode (s, Alphabet: string): Forest;
var f: Forest;
begin
if s = '' then
  AtCode := nil
else
  begin
  f := AtTreeNumber(Pos(s[1], Alphabet));
  if f = nil then
    AtCode := nil
  else if StringLength(s) = 1 then
    AtCode := f
  else if f.Empty then
    AtCode := nil
  else
    AtCode := f.FirstChildren.AtCode(Omit(s, 1, 1), Alphabet);
  end;
end;
```

Die hier verwendeten Funktionen Pos und Omit stammen aus der Bibliothek von THINK Pascal; Pos sucht eine Zeichenkette innerhalb einer anderen und gibt deren Position (oder 0) zurück, Omit liefert eine um die angegebenen Positionen reduzierte Zeichenkette.

Anwendung: Funktion

Eine in der Informatik häufig wiederkehrende Aufgabe ist die Darstellung willkürlicher und möglicherweise veränderbarer Funktionen. Es ist leicht einzusehen, dass man jede Funktion mit nicht zu grosser Argumentmenge mit Hilfe eines Arrays darstellen kann: Als Indexmenge des Arrays wählt man die Argumentmenge der Funktion, die Array-Elemente sind Werte aus ihrer Resultatmenge. Zur Anwendung der Funktion verwendet man das Argument als Index und entnimmt dem entsprechenden Element das Resultat. So kann man etwa eine Funktion, die einen Zeichencode in einen anderen umwandelt, mit einem **array** [Char] of Char darstellen.

Wenn die Argumentmenge der Funktion eine Menge von Listen ist, etwa eine Menge von Zeichenketten, ist die Darstellung durch einen Array nicht zweckmässig. Man kann aber eine solche Funktion mit Hilfe eines Waldes darstellen. Wir zeigen dies am Beispiel der Funktion, die den *Morsecode* entziffert. Ein Wort des Morsecodes ist eine Folge von Punkten und Strichen und entspricht jeweils einem Schriftzeichen:

```
.    e
-    t
..   i
.-   a
   ...
```

Wir möchten also die Funktion PlaintextOf (Code: **string**): **string** implementieren, die ein Wort des Morsecodes in den entsprechenden Klartext übersetzt. Zu diesem Zweck stellen wir den Code als Wald dar; jeder Knoten dieses Waldes ist ein Schriftzeichen, seine Position entspricht dem zugehörigen Morsecode. Das folgende Bild zeigt diesen Wald für alle Buchstaben (wenn man auch Ziffern und Satzzeichen erfassen möchte, müsste man ihn entsprechend erweitern):

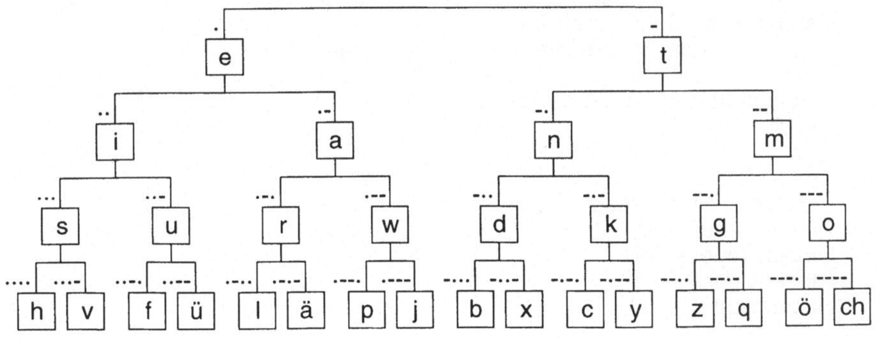

Wenn also die Forest-Variable Morse diesen Wald enthält und die Zeichenkette s ein Wort des Morsecodes, so gelangt man mit Morse.AtCode(s,'.-') zum entsprechenden Knoten. Die Hauptaufgabe besteht sich nun darin, diesen Wald aufzubauen; das grundsätzliche Verfahren kennen wir von früher:

```
var Morse: Forest;
...
Morse := NewForest;
Morse.InsertTree(NewStringTree('e'));
Morse.AtEnd.InsertTree(NewStringTree('t'));
Morse.FirstChildren.InsertTree(NewStringTree('i'));
Morse.FirstChildren.AtEnd.InsertTree(NewStringTree('a'));
...
```

Etwas systematischer geht es, wenn man schon beim Aufbau die Funktion AtCode benützt:

```
...
Morse.AtCode('.','.-').InsertTree(NewStringTree('e'));
Morse.AtCode('-','.-').InsertTree(NewStringTree('t'));
Morse.AtCode('..','.-').InsertTree(NewStringTree('i'));
Morse.AtCode('.-','.-').InsertTree(NewStringTree('a'));
...
```

Dieses Aufbauverfahren ist allerdings höchst fehleranfällig. Es ist wichtig, die Knoten in der richtigen Reihenfolge einzufügen: Ein Knoten kann erst dann eingefügt werden, wenn alle seine Vorfahren und Vorgänger schon existieren; andrerseits darf man nur an leeren Stellen (d.h. am Ende eines Teilwaldes) Knoten anfügen, weil sonst bestehende Knoten verschoben werden. Die folgende Variante überprüft diese beiden Bedingungen:

```
var Morse: Forest;

procedure InsertCode (Code, Plaintext: string);
var f: Forest;
begin
f := Morse.AtCode(Code, '.-');
if f = nil then
  Error(Concat('InsertCode: ', Code, ' not reachable'))
else if not f.Empty then
  Error(Concat('InsertCode: ', Code, ' not empty'))
else
  f.Insert(NewStringTree(Plaintext));
end;

...
Morse := NewForest;
InsertCode('.', 'e');
InsertCode('-', 't');
InsertCode('..', 'i');
InsertCode('.-', 'a');
...
```

Nach dieser Vorarbeit können wir die Funktion **PlaintextOf** implementieren:

```
function PlaintextOf (Code: string): string;
var f: Forest;
begin
f := Morse.AtCode(Code, '.-');
if f = nil then
  PlaintextOf := ''
else if f.Empty then
  PlaintextOf := ''
else
  PlaintextOf := StringTree(f.FirstTree).Contents;
end;
```

Suchen in Wäldern

Grundsätzlich wäre es durchaus denkbar, einen Knoten innerhalb eines Waldes mit der gleichen Technik zu suchen wie innerhalb einer Liste: Der Algorithmus würde alle Knoten in einer vorgegebenen Reihenfolge überprüfen, etwa in der preorder-Reihenfolge, und als Resultat den entsprechenden Teilwald liefern. Dies erfordert wie bei Listen einen Aufwand, der proportional zur Anzahl Knoten des Waldes ist. Eine wesentlich grössere Bedeutung hat jedoch das Suchen in *geordneten* Wäldern, die wir im nächsten Kapitel beschreiben.

3.3 Geordnete Bäume

Kernpunkte dieses Kapitels:

- *Ein Baum oder Wald, dessen Struktur mit einer Ordnungsrelation zwischen den Knoten verträglich ist, heisst geordnet. Dies kann auf verschiedene Weise der Fall sein. Wenn die preorder- oder postorder-Reihenfolge mit der Ordnungsrelation verträglich ist, heisst der Baum oder Wald preorder- resp. postorder-geordnet.*
- *Aus derselben Knotenmenge kann man verschieden geformte preorder- oder postorder-geordnete Wälder bilden. Die verschiedenen Formen kann man durch ordnungstreue Operationen ineinander überführen.*
- *In einem postorder-geordneten Wald lassen sich Knoten leicht finden.*
- *Um einen Knoten in einen geordneten Wald einzufügen, ohne die Ordnung zu verletzen, muss man zuerst eine passende Einfügestelle suchen. Es gibt in der Regel mehr als eine.*
- *Um einen Knoten aus einem geordneten Wald zu entfernen, ohne die Ordnung zu verletzen, muss man zuerst seinen Kinderwald durch eine ordnungstreue Umformung an eine andere Stelle bringen.*
- *Mengen und Verzeichnisse lassen sich durch postorder-geordnete Wälder wesentlich effizienter darstellen als durch Listen. Dasselbe gilt für geordnete Warteschlangen.*

Ordnung und Reihenfolge

Eine Liste nannten wir geordnet, wenn die Reihenfolge ihrer Elemente mit einer Ordnungsrelation zwischen den Elementen verträglich ist. Wenn wir diese Definition auf Baumstrukturen übertragen wollen, müssen wir beachten, dass es hier keine eindeutige Reihenfolge gibt. Für jede Reihenfolge, die wir festlegen, können wir eine entsprechende Art von Ordnung definieren. Wir haben früher zwei Reihenfolgen eingeführt, nämlich die preorder- und die postorder-Reihenfolge; davon leiten wir folgende Definitionen ab:

- Ein Wald heisst *preorder-geordnet* bezüglich einer Ordnungsrelation "≤", wenn diese mit der preorder-Reihenfolge verträglich ist, d.h. wenn für jeden Knoten x, für jeden Nachkommen x' von x und für jeden Nachfolger y von x gilt $x \leq x' \leq y$.

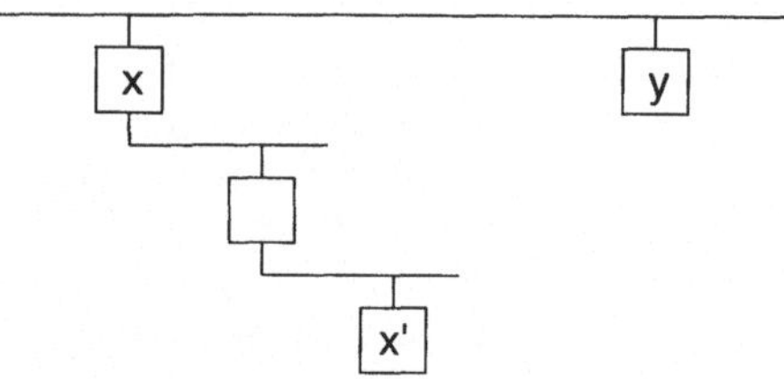

- Entsprechend heisst ein Wald *postorder-geordnet* bezüglich "≤", wenn für jeden Knoten y, für jeden Nachkommen y' von y und für jeden Vorgänger x von y gilt $x \leq y' \leq y$.

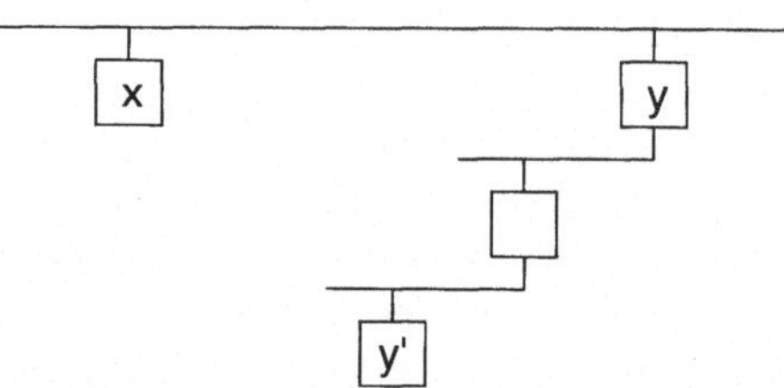

Für die Beispiele verwenden wir wieder die lexikographische Ordnung von Zeichenketten. Der folgende Wald ist preorder-geordnet (zur Verdeutlichung der Reihenfolge ist der Wald verzerrt dargestellt):

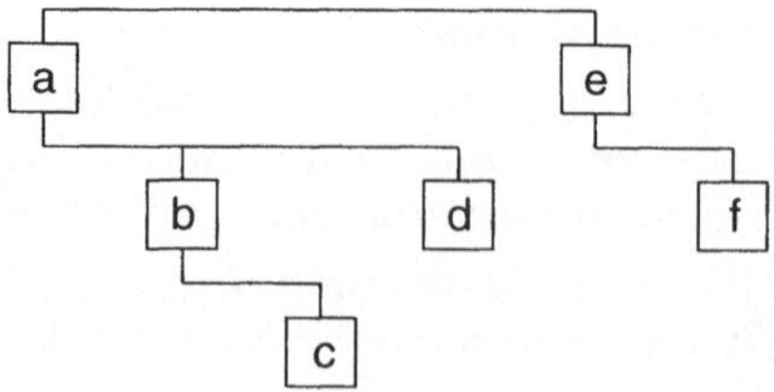

Der folgende Wald hat dieselbe Struktur und umfasst dieselben Knoten, aber in postorder-Ordnung:

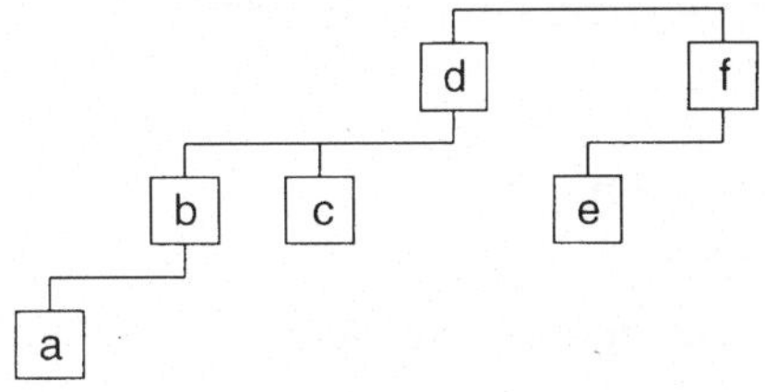

Der folgende Wald schliesslich umfasst ebenfalls dieselben Knoten und ist sowohl preorder- als auch postorder-geordnet:

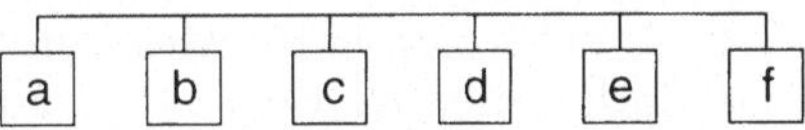

Das letzte Beispiel zeigt, dass es nicht nur verschiedene Ordnungsregeln gibt, auch bei derselben Ordnungsregel kann man eine Knotenmenge auf verschiedene Arten zu einem geordneten Wald verbinden. Die verschiedenen Arten lassen sich ineinander überführen. Wenn man nämlich den Nachfolger eines beliebigen Knotens so verschiebt, dass er zu dessen letztem Kind wird, bleibt die preorder-Ordnung erhalten:

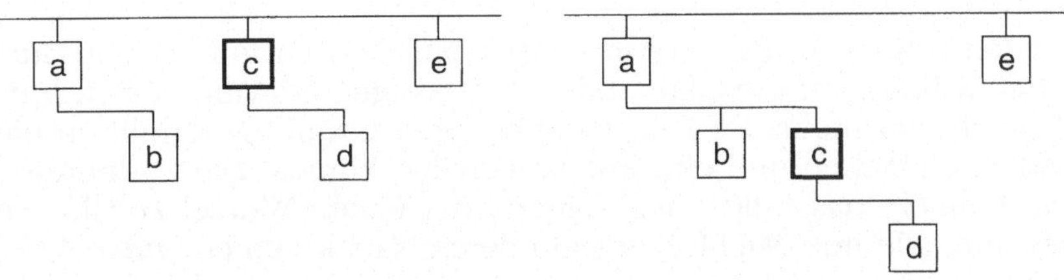

Dies gilt natürlich auch, wenn man die Operation in umgekehrter Richtung anwendet, d.h. wenn man das letzte Kind eines Knotens so verschiebt, dass es sein Nachfolger wird. Die postorder-Ordnung bleibt erhalten, wenn man den Vorgänger eines beliebigen Knotens zu seinem ersten Kind macht, oder umgekehrt:

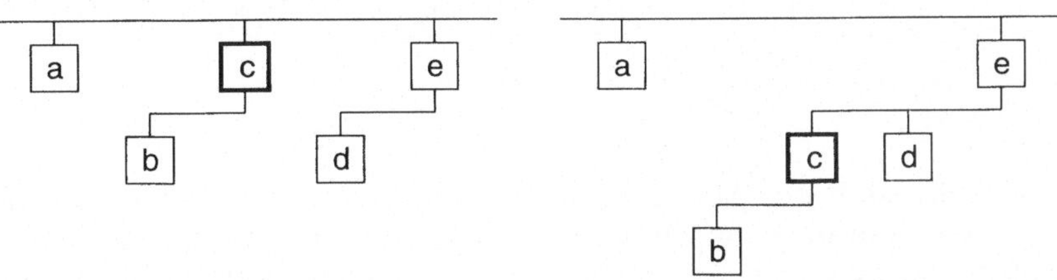

Die beiden postorder-erhaltenden Operationen lassen sich ohne weiteres für die Klasse Forest implementieren:

```
procedure Forest.RemoveToSecondChildren;
var t: Tree;
begin
RemoveTree(t);
FirstChildren.InsertTree(t);
end;

procedure Forest.InsertFromFirstChildren;
var t: Tree;
begin
FirstChildren.RemoveTree(t);
InsertTree(t);
end;
```

Die preorder-erhaltenden Operationen sind etwas umständlicher zu implementieren, weil dazu das Ende eines Kinderwaldes zugänglich sein muss.

Wenn man einen Wald als Binärbaum interpretiert, entspricht die postorder-Reihenfolge im Wald der inorder-Reihenfolge im Binärbaum. Ein postorder-geordneter Wald entspricht deshalb einem *inorder-geordneten* Binärbaum, d.h. einem Binärbaum, bei welchem die Wurzel jeweils zwischen den beiden Kindern (und deren Nachkommen) eingeordnet ist.

Suchen in geordneten Wäldern

Wir hatten schon bei den Listen festgestellt, dass Ordnung beim Suchen hilft. Bei Wäldern ist dies, zumindest bei geeigneter Wahl der Ordnungsregel, noch viel mehr der Fall. Die postorder-Ordnung verhilft zu einem besonders einfachen und effizienten Suchalgorithmus. Die Ordnungsregel besagt nämlich, dass alle Nachkommen der ersten Wurzel *vor* ihr eingeordnet sind, alle ihre Nachfolger (und deren Nachkommen) *nach* ihr:

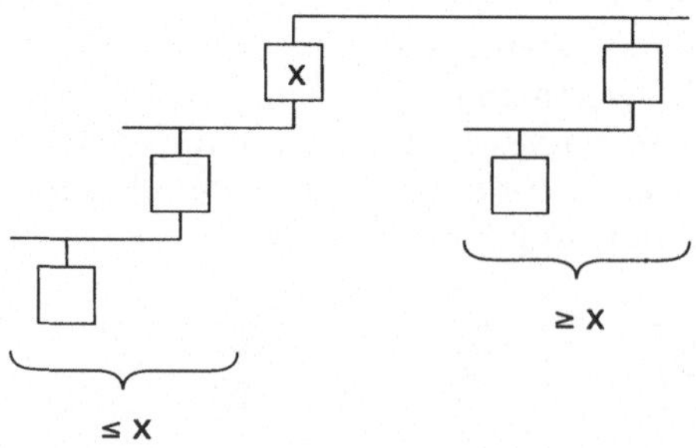

Daraus ergibt sich ein Algorithmus, der schrittweise den abzusuchenden Teilwald verkleinert. Man vergleicht den gesuchten Knoten mit der ersten Wurzel; wenn er gleich ist, ist die Suche erfolgreich; wenn nicht, liegt er in der Ordnung entweder vor oder nach der Wurzel, im ersten Fall führt man die Suche im Kinderwald weiter, im zweiten Fall im Nachfolgerwald. Hier erinnern wir uns wieder daran, dass ein Wald als Binärbaum interpretiert werden kann: Der erste Kinderwald und der Nachfolgerwald eines Waldes entsprechen nämlich gerade den beiden Kindern des entsprechenden Binärbaumes. Im folgenden Bild sind die Knoten eines Waldes gemäss der Binärbaum-Struktur miteinander verbunden; es zeigt, wie der Algorithmus von Knoten zu Knoten schreitet, um den Knoten c zu finden:

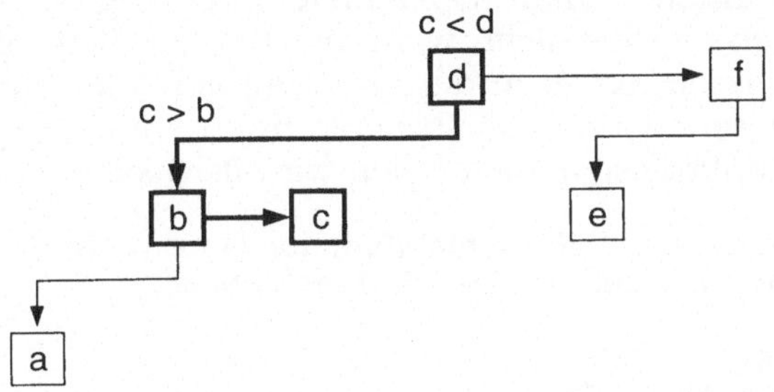

Wenn der gesuchte Knoten im Wald nicht enthalten ist, führt der Algorithmus zu einem leeren Teilwald. Im folgenden Beispiel ist dies der leere Kinderwald des Knotens d, weil der gesuchte Knoten c in der Ordnung vor d steht:

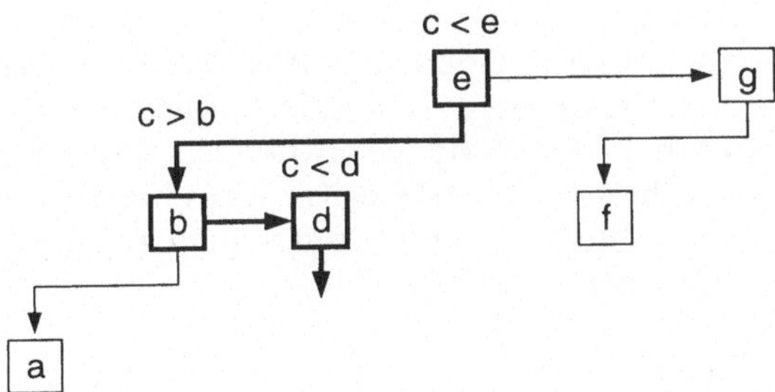

Beim folgenden Beispiel führt die Suche nach d zum leeren Nachfolgerwald von c, weil d nach c einzuordnen ist:

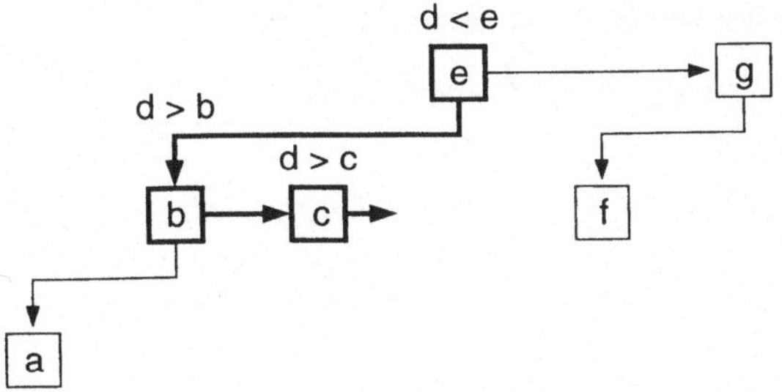

Die grosse Bedeutung dieses Suchalgorithmus liegt darin, dass er in der Regel schnell zum Ziel führt. Die maximale Zahl der Suchschritte wächst nicht linear mit der Grösse des Waldes, sondern ungefähr logarithmisch: Bei Verdoppelung der Anzahl Knoten ist nur ungefähr ein zusätzlicher Suchschritt nötig, zumindest sofern der Wald keine stark asymmetrische Form aufweist. Wir werden darauf in Kapitel 3.4 näher eingehen.

Bevor wir den Algorithmus in Pascal übersetzen, überlegen wir uns, wie wir das Suchkriterium abstrakt formulieren wollen. Bei den Listen taten wir dies durch einen Funktionsparameter, der angibt, ob ein Element "gut" ist. Hier genügt dies nicht; wenn ein Knoten nicht "gut" ist, müssen wir zusätzlich wissen, ob er in der Ordnung vor oder hinter der "guten" Stelle liegt. Wir benötigen deshalb neben dem Funktionsparameter Good einen zweiten Funktionsparameter, den wir AfterGood nennen:

```
function Forest.AtGoodPostorder (function Good (x: Tree): Boolean;
    function AfterGood (x: Tree): Boolean): Forest;
begin
if Empty then
  AtGoodPostorder := Self
else if AfterGood(FirstTree) then
  AtGoodPostorder := FirstChildren.AtGoodPostorder(Good, AfterGood)
else if Good(FirstTree) then
  AtGoodPostorder := Self
else
  AtGoodPostorder := AfterFirstTree.AtGoodPostorder(Good, AfterGood);
end;
```

Welche Funktionen man für Good und AfterGood einsetzen muss, hängt nicht nur vom gesuchten Knoten ab, sondern auch von der Ordnungsrelation, bezüglich welcher der Wald geordnet ist. Um in einem Wald mit lexikographisch geordneten StringTree-Knoten eine in der Variablen Key vorgegebene Zeichenkette zu suchen, muss man beispielsweise folgende zwei Funktionen einsetzen:

```
var Key: string;

function EqualToKey (x: Tree): Boolean;
begin
EqualToKey := (StringTree(x).Contents = Key);
end;

function AfterKey (x: Tree): Boolean;
begin
AfterKey := (StringTree(x).Contents > Key);
end;
```

Der Ausdruck f.AtGoodPostorder(EqualToKey, AfterKey) führt dann entweder zu einem nichtleeren Teilwald, dessen erste Wurzel Key enthält, oder zu einem leeren Teilwald, wenn Key im Wald nicht existiert.

Einfügen in geordnete Wälder

Oft stellt sich die Aufgabe, in einen geordneten Wald weitere Knoten einzufügen, ohne die Ordnung zu verletzen. Wie bei einer geordneten Liste gilt auch hier, dass die Suchoperation gerade die passende Einfügestelle liefert:

```
...
f.AtGoodPostorder(EqualToKey, AfterKey).InsertTree(NewStringTree(Key));
...
```

Wenn der Wald schon Duplikate des einzufügenden Knoten enthält, wird der neue Knoten irgendwo vor oder zwischen diesen eingefügt. Wenn man ihn stattdessen dahinter einfügen will, kann man eine leicht abgeänderte Suchoperation verwenden:

```
function Forest.AfterGoodPostorder
   (function AfterGood (x: Tree): Boolean): Forest;
begin
if Empty then
  AfterGoodPostorder:= Self
else if AfterGood(FirstTree) then
  AfterGoodPostorder:= FirstChildren.AfterGoodPostorder(Good, AfterGood);
else
  AfterGoodPostorder:= AfterFirstTree.AfterGoodPostorder(Good, AfterGood);
end;
```

Diese Suchoperation ist gar nicht darauf ausgerichtet, einen bestimmten Knoten zu finden, sie führt immer zu einem leeren Teilwald.

Entfernen aus geordneten Wäldern

In den typischen Anwendungen geordneter Wälder ist die hierarchische Struktur nur ein Hilfsmittel, das nach aussen gar nicht sichtbar sein soll. In solchen Fällen ist die Entfernoperation RemoveTree, die einen ganzen Teilbaum entfernt, gar nicht zweckmässig. Stattdessen möchte man einen Knoten entfernen und dessen Kinder im Wald belassen, ohne dabei die Ordnung zu verletzen.

Zur Implementation dieser Operation gibt es verschiedene Möglichkeiten, die alle auf ordnungstreuen Umformungen beruhen. Wenn der Knoten zwar Kinder, aber keine Nachfolger hat, kann man ihn beispielsweise durch seinen eigenen Kinderwald ersetzen:

Wenn der Knoten sowohl Kinder als auch Nachfolger hat, kann man ihn durch seinen postorder-Nachfolger ersetzen, d.h. durch den Knoten, der ihm in postorder-Reihenfolge unmittelbar folgt:

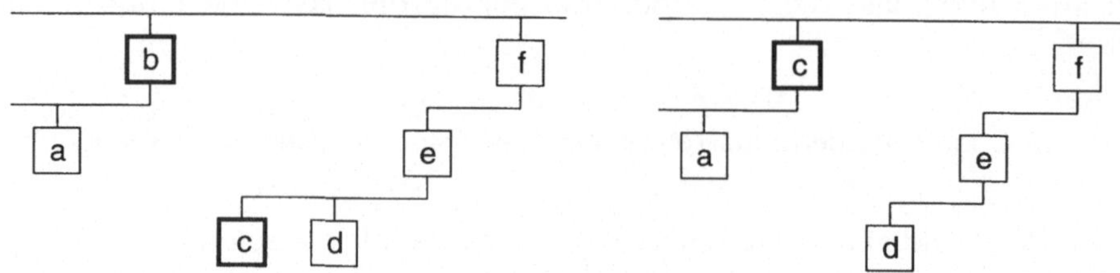

Der postorder-Nachfolger ist mit Sicherheit ein Blatt (sonst wären seine Kinder vor ihm eingeordnet), und zwar das erste Blatt im Nachfolgerwald. Deshalb kann er die Kinder des ersetzten Knotens "adoptieren".

Eine andere Variante wäre, den Knoten durch seinen postorder-Vorgänger zu ersetzen, d.h. durch sein letztes Kind:

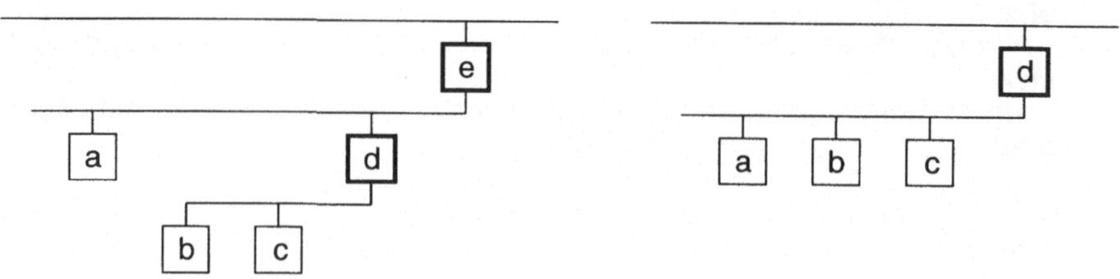

Die beiden Varianten sind in der binären Sichtweise zueinander symmetrisch. Für die folgende Implementation wählen wir die erste Variante, weil sie sich etwas knapper schreiben lässt:

```
procedure Forest.RemoveRootPostorder (var x: Tree);
begin
RemoveTree(x);
if not x.Children.Empty then
  begin
  if Empty then
    SwapTreesWith(x.Children)
  else
    begin
    InsertTreeFrom(AtFirstLeaf);
    FirstChildren.SwapTreesWith(x.Children);
    end;
  end;
end;
```

Die Implementation verwendet eine neue Schreitoperation AtFirstLeaf, die in einem beliebigen Wald zum ersten Blatt führt:

```
function Forest.AtFirstLeaf: Forest;
begin
if Empty then
  AtFirstLeaf := Self
else if FirstChildren.Empty then
  AtFirstLeaf := Self
else
  AtFirstLeaf := FirstChildren.AtFirstLeaf;
end;
```

Anwendung: Menge und Verzeichnis

In Kapitel 2.2 hatten wir als Anwendungsbeispiel eine Menge oder Multimenge von Zeichenketten eingeführt, mit folgendem abstrakten Objekt:

```
type StringSet = object
  function Empty: Boolean;
  function Contains (s: string): Boolean;
  procedure Insert (s: string);
  procedure InsertUnique (s: string);
  procedure Remove (s: string);
  end;
```

Die Implementation mittels einer Liste hatte den Nachteil, dass diese jeweils linear durchsucht werden musste. Nun verwenden wir zur Implementation einen postorder-geordneten Wald, um die wesentlich effizientere Suchoperation ausnützen zu können:

```
type StringSet = object
  Elements: Forest;
  ...
  end;
```

Alle Operationen ausser Empty müssen den Wald nach einer Zeichenkette durchsuchen. Wir definieren dafür eine gemeinsame Suchfunktion unter Verwendung von AtGoodPostorder:

```
function AtEqual(f: Forest; s: string): Forest;
  function EqualToS (x: Tree): Boolean;
  begin
  EqualToS := (StringTree(x).Contents = s);
  end;
  function AfterS (x: Tree): Boolean;
  begin
  AfterS := (StringTree(x).Contents > s);
  end;
begin
AtEqual := f.AtGoodPostorder(EqualToS, AfterS);
end;
```

Damit ist die Implementation der Operationen einfach:

```
function StringSet.Empty: Boolean;
begin
Empty := Elements.Empty;
end;

function StringSet.Contains (s: string): Boolean;
begin
Contains := not AtEqual(Elements, s).Empty;
end;

procedure StringSet.Insert (s: string);
begin
AtEqual(Elements, s).InsertTree(NewStringTree(s));
end;

procedure StringSet.InsertUnique (s: string);
var f: Forest;
begin
f := AtEqual(Elements, s);
if f.Empty then f.InsertTree(NewStringTree(s));
end;

procedure StringSet.Remove (s: string);
var f: Forest; x: Tree;
begin
f := AtEqual(Elements, s);
if not f.Empty then
  begin
  f.RemoveRootPostorder(x);
  x.Delete;
  end;
end;
```

Ein Zeichenketten-Verzeichnis lässt sich auf dieselbe Weise durch einen Wald mit Knoten vom Typ StringPairTree darstellen, der bezüglich der in den Knoten enthaltenen Key-Zeichenketten postorder-geordnet ist.

Anwendung: Geordnete Warteschlange

Als weiteres Beispiel diente in Kapitel 2.3 eine geordnete Warteschlange von Zeichenketten, mit folgendem abstrakten Objekt:

```
type OrderedStringQueue = object
  function Empty: Boolean;
  procedure InsertByKey (k, s: string);
  procedure Remove (var k, s: string);
  end;
```

Die geordnete Warteschlange können wir, wie das Verzeichnis, durch einen Wald mit Knoten vom Typ StringPairTree darstellen, die nach Key-Werten postorder-geordnet sind:

```
type OrderedStringQueue = object
  Elements: Forest;
  ...
  end;
```

Die Operation InsertByKey wird analog implementiert wie die Einfügeoperation bei Menge und Verzeichnis, aber unter Verwendung von AfterGoodPostorder statt AtGoodPostorder:

```
procedure OrderedStringQueue.InsertByKey (k, s: string);
  function KeyAfterK (x: Tree): Boolean;
  begin
  KeyAfterK := (StringPairTree(x).Key > k);
  end;
begin
Elements.AfterGoodPostorder(KeyAfterK).InsertTree(NewStringPairTree(k, s));
end;
```

Der Grund für die Wahl von AfterGoodPostorder ist, dass Duplikate, also Einträge gleicher Dringlichkeit, bei einer Warteschlange ausdrücklich erlaubt sind. Eine Nebenwirkung ist zudem, dass dadurch die Warteschlange fair wird, d.h. Duplikate werden in der Reihenfolge entnommen, in welcher sie eingefügt wurden.

Zur Implementation von Remove dient uns die kürzlich eingeführte Operation AtFirstPostorder, die zum ersten Knoten in postorder-Reihenfolge führt:

```
procedure OrderedStringQueue.Remove (var k, s: string);
begin
if Elements.Empty then
  Error('queue empty')
else
  with Elements.AtFirstPostorder do
    begin
    k := StringPairTree(FirstTree).Key;
    s := StringPairTree(FirstTree).Data;
    RemoveAndDelete;
    end;
end;
```

3.4 Optimierung geordneter Bäume

Kernpunkte dieses Kapitels:

- *Bäume und Wälder lassen sich durch verschiedene Masszahlen charakterisieren, etwa durch die Grösse, den Verzweigungsgrad oder die Höhe. Grad und Höhe beschränken die Grösse eines Baumes oder Waldes.*

- *Der maximale Suchaufwand in einem postorder-geordneten Wald hängt von seiner binären Höhe ab, d.h. von der Höhe des entsprechenden Binärbaumes. Zur Optimierung des Aufwandes muss man diese Höhe unter Kontrolle halten.*
- *Die von Binärbäumen bekannte inorder-Ordnung kann man auf Bäume höheren Grades verallgemeinern. B-Bäume sind inorder-geordnete Bäume mit zusätzlichen Randbedingungen, die effiziente Zugriffe und Strukturveränderungen erlauben. Sie lassen sich durch eine besondere Art postorder-geordneter Wälder darstellen.*

Abmessungen von Bäumen und Wäldern

Eine Liste hat nur eine Abmessung, nämlich ihre Länge. Da Wälder Listen von Bäumen sind, haben sie ebenfalls eine Länge, nämlich die Zahl ihrer Bäume. Zur Bestimmung dieser Länge haben wir die Funktion List.Length zur Verfügung, die dank der Vererbung auch auf Wälder anwendbar ist. Nun versuchen wir Bäume und Wälder mit weiteren Massen zu charakterisieren.

Ein naheliegendes Mass ist die *Grösse* eines Baumes oder Waldes, also die gesamte Anzahl der Knoten. Sie lässt sich ähnlich wie die Länge einer Liste rekursiv bestimmen:

```
function Forest.Size: Integer;
begin
if Empty then
   Size := 0
else
   Size := FirstChildren.Size + AfterFirstTree.Size + 1;
end;
```

Ein Mass, das die innere Struktur eines Baumes oder Waldes beschreibt, ist sein *Grad*. Damit bezeichnen wir die Länge der längsten Geschwisterliste. Der Grad eines Baumes gibt also an, wieviele Kinder jeder seiner Knoten höchstens hat; im Falle eines Waldes wird auch die Anzahl der Wurzeln mitberücksichtigt. Das folgende, altbekannte Beispiel hat den Grad drei:

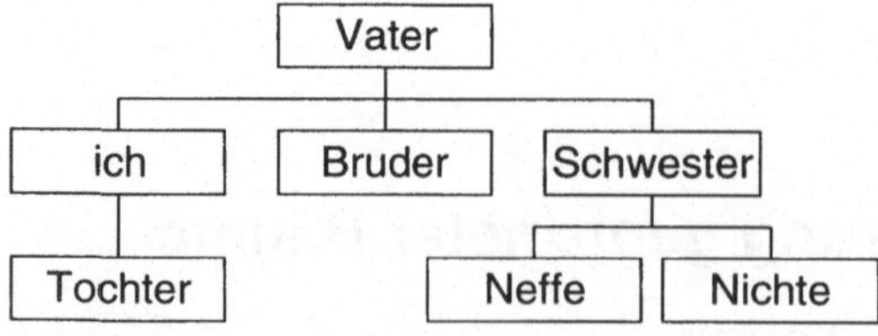

Ein 1-Baum, also ein Baum vom Grad eins, ist nichts anderes als eine Liste in ungewohnter Darstellung; 2-Bäume heissen Binärbäume.

Der Grad lässt sich im Prinzip auf einfache Weise rekursiv berechnen:

```
function Forest.Degree: Integer;
begin
if Empty then
  Degree := 0
else
  Degree := Max(Length, Max(FirstChildren.Degree, AfterFirstTree.Degree));
end;
```

Die Funktion Max soll dabei das Maximum zweier Zahlen bestimmen:

```
function Max (x, y: Integer): Integer;
begin
if x > y then
  Max := x
else
  Max := y;
end;
```

Bei näherer Betrachtung erweist sich dieser Algorithmus als ineffizient. Er wendet Length auf jeden Knoten an; Length ist aber selbst rekursiv, was dazu führt, dass jede Liste mehrmals durchlaufen wird. Die folgende Version ist nur teilweise rekursiv und vermeidet diesen Nachteil:

```
function Forest.Degree: Integer;
var d, l: Integer; f: Forest;
begin
d := 0;
l := 0;
f := Self;
while not f.Empty do
  begin
  d := Max(d, f.FirstChildren.Degree);
  l := l + 1;
  f := f.AfterFirstTree;
  end;
Degree := Max(d, l);
end;
```

Ein drittes nützliches Mass ist die Anzahl der Generationen eines Baumes oder Waldes, die wir als dessen *Höhe* bezeichnen. Im obigen Beispiel hat die Höhe den Wert drei. Sie zu berechnen ist wieder einfach:

```
function Forest.Height: Integer;
begin
if Empty then
  Height := 0
else
  Height := Max(FirstChildren.Height + 1, AfterFirstTree.Height);
end;
```

Zwischen Grösse, Grad und Höhe besteht ein einfacher Zusammenhang. Die i-te Generation eines d-Baumes kann höchstens d^i Knoten enthalten;

die Grösse eines d-Baumes der Höhe h ist also begrenzt durch die Summe $1 + d + \ldots + d^{h-1} = \frac{d^h - 1}{d - 1}$. Das folgende Bild zeigt dies für $d = 3$:

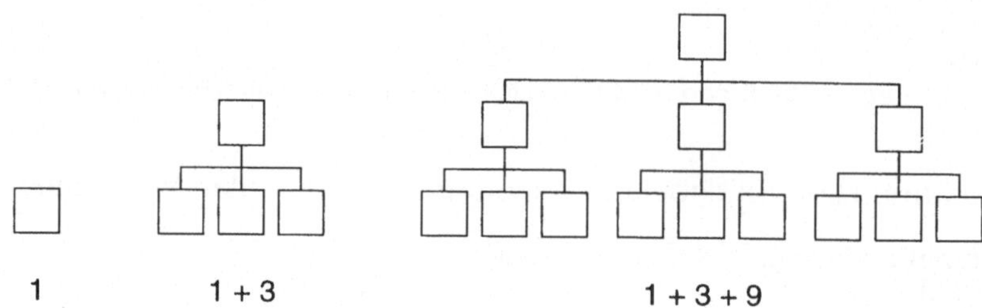

Ein d-Wald kann bis zu d d-Bäume enthalten, seine Grösse ist also durch das d-fache dieses Wertes begrenzt. Ein d-Baum oder d-Wald heisst *maximal*, wenn seine Grösse gerade die Grenze erreicht. Maximale Bäume und Wälder sind immer *ausgewogen*, d.h. alle ihre Blätter liegen in derselben Generation; ausgewogene Bäume und Wälder müssen nicht maximal sein.

Suchaufwand in postorder-geordneten Wäldern

Der Algorithmus AtGoodPostorder durchschreitet den Wald auf dem Pfad, der im entsprechenden Binärbaum von der Wurzel zum gesuchten Knoten führt:

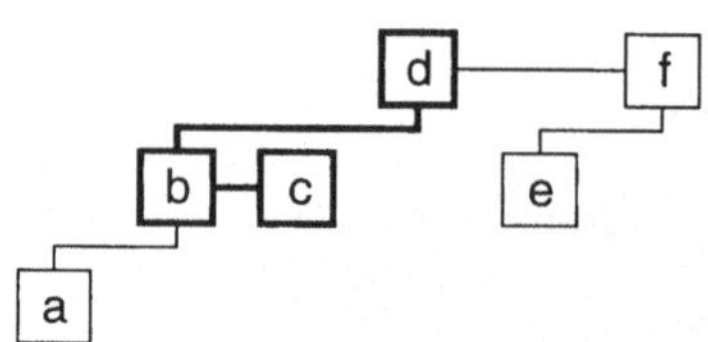

Dabei muss er alle auf dem Pfad liegenden Knoten prüfen, der Suchaufwand ist also proportional zur der Anzahl dieser Knoten. Wir zeichnen nun den Wald so, dass statt der postorder-Reihenfolge die binäre Struktur deutlich wird:

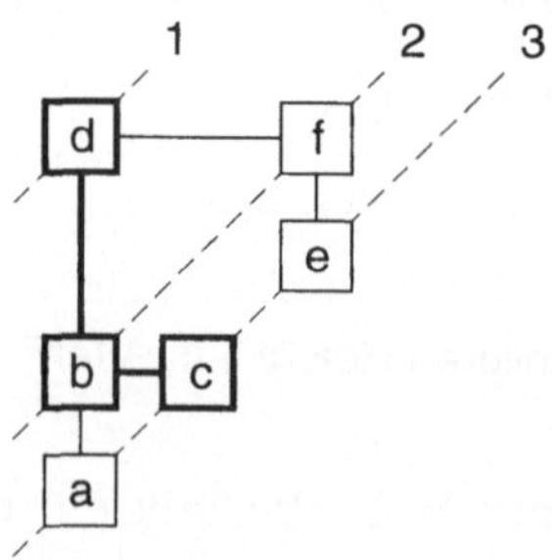

Die Nummer der Binär-Generation, in welcher der gesuchte Knoten liegt, gibt gerade die Anzahl zu prüfender Knoten an. Der maximale Aufwand von AtGoodPostorder ist proportional zur maximalen Anzahl zu prüfender Knoten, also zur Höhe des Binärbaumes. Diese Höhe nennen wir auch *binäre Höhe* des Waldes. Man berechnet sie fast gleich wie die Höhe:

```
function Forest.BinaryHeight: Integer;
begin
if Empty then
  BinaryHeight := 0
else
  BinaryHeight :=
    Max(FirstChildren.BinaryHeight, AfterFirstTree.BinaryHeight) + 1;
end;
```

Der oben als Beispiel verwendete Wald hat die binäre Höhe drei; er entsteht, wenn man in einen leeren Wald nacheinander die Knoten d b a c f e einfügt und die Einfügestelle jeweils mit AtGoodPostorder bestimmt. Wenn man dieselben Knoten aber in der Reihenfolge a b c d e f oder f e d c b a einfügt, entstehen Wälder mit binärer Höhe 6:

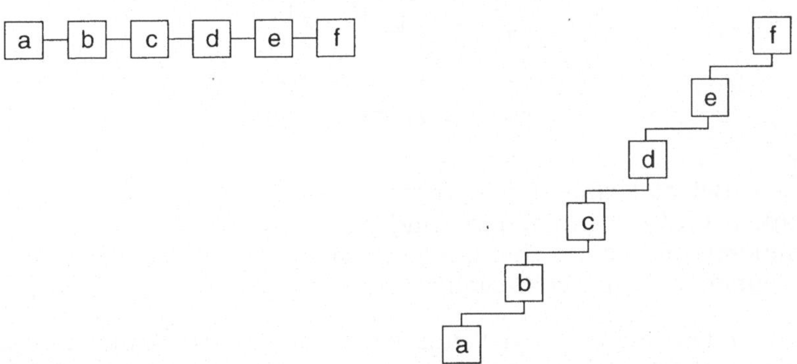

Wälder mit derselben Knotenmenge können also sehr unterschiedliche Form haben, was zu sehr unterschiedlichem Suchaufwand führt. Die verschiedenen Formen lassen sich durch ordnungstreue Umformungen ineinander überführen. Optimale Formen sind jene mit der geringsten binären Höhe. Diese ergibt sich aus der Bedingung, dass die Grösse eines Binärbaumes der Höhe b höchstens $2^b - 1$ betragen kann. Das erste der drei obigen Beispiele hat bei 6 Knoten die binäre Höhe drei; diese lässt sich nicht unterschreiten, da ein Baum mit nur zwei Generationen höchstens drei Knoten hätte. Umgekehrt ausgedrückt bedeutet die Bedingung, dass die optimale Höhe logarithmisch mit der Grösse des Baumes wächst.

Eine naheliegende Optimierung besteht nun darin, bei jeder Veränderung eines Waldes durch zusätzliche Umformungen die binäre Höhe beim Optimum zu halten, oder zumindest nahe beim Optimum.

Inorder-geordnete Bäume

Wir kennen den Begriff der inorder-Ordnung für Binärbäume: Die post-order-Ordnung in einem Wald entspricht der inorder-Ordnung im zugehörigen Binärbaum. Nun verallgemeinern wir den Begriff auf beliebige Bäume. Voraussetzung ist, dass jeder Knoten eine Liste von Schlüsseln enthält; die Ordnung bezieht sich nicht auf die Knoten, sondern auf diese Schlüssel. Ein Knoten vom Grad d enthält d - 1 Schlüssel und kann d Kinder haben. Die verschiedenen Knoten können verschiedenen Grad haben, und wie bei einem Binärbaum können Kinder unabhängig voneinander fehlen. Jeder Schlüssel ist *zwischen zwei Kindern* (samt deren Nachkommen) eingeordnet, d.h. genauer ausgedrückt zwischen den darin enthaltenen Schlüsseln:

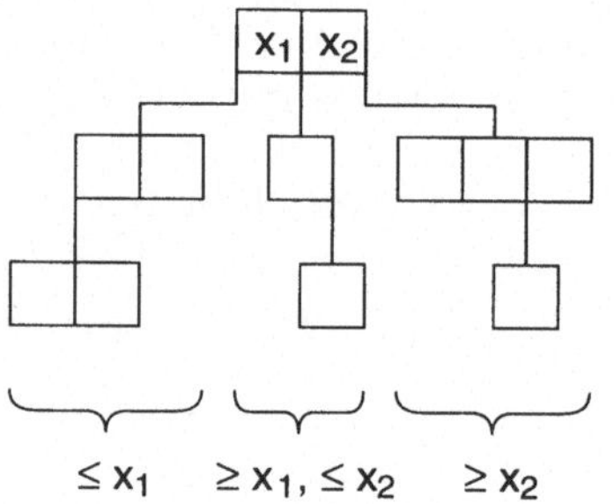

In diesem Beispiel eines Dreierknotens ist der linke Schlüssel zwischen dem linken und dem mittleren Kind eingeordnet, der zweite zwischen dem mittleren und dem rechten. Allgemein gilt für Schlüssel $x_1 \ldots x_{d\text{-}1}$ und Nachkommen $y_1 \ldots y_d$ die Beziehung $y_1 \leq x_1 \leq y_2 \leq \ldots \leq y_{d\text{-}1} \leq x_{d\text{-}1} \leq y_d$.

Durch "umherschieben" von Schlüsseln lässt sich der Baum umformen, ohne die Ordnung zu verletzen. Ein einfaches Beispiel ist das folgende:

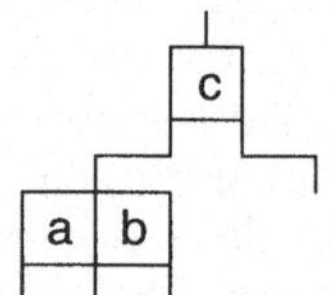

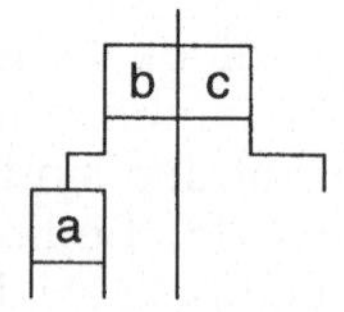

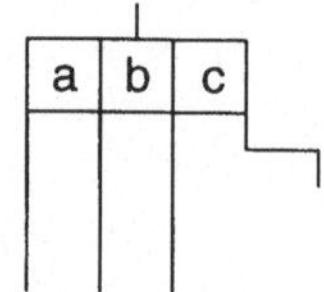

Der Suchalgorithmus von AtGoodPostorder lässt sich auf diese allgemeine inorder-Ordnung übertragen. Man vergleicht den gesuchten Schlüssel mit allen Schlüsseln der Wurzel; wenn man ihn unter diesen nicht findet, liegt er entweder vor dem ersten, oder zwischen zwei aufeinanderfolgenden, oder nach dem letzten Schlüssel, man kann also die Suche im entsprechenden Kinderbaum weiterführen.

Der Suchaufwand ist proportional zur Höhe des Baumes, sofern man das Durchsuchen aller Schlüssel eines Knotens als eine einzige Operation betrachtet. Auch hier gilt, dass aus derselben Schlüsselmenge Bäume verschiedener Form gebildet werden können, mit entsprechend unterschiedlicher Höhe.

B-Bäume

Ein Ansatz zur Optimierung besteht darin, den Baum *ständig ausgewogen* zu halten: Nur in der untersten Generation dürfen Kinder fehlen (in dieser fehlen natürlich alle). Als zweite Randbedingung soll zudem jeder Knoten höchstens $2n$ und (ausser der Wurzel) mindestens n Schlüssel enthalten. Ein solcher Baum heisst *B-Baum der Ordnung n*. Bei $n = 1$ spricht man auch von einem *2-3-Baum*, weil die Knoten zwei oder drei Kinder haben.

Wie man diese Randbedingungen aufrechterhalten kann, zeigen wir am Beispiel der Einfügeoperation. Ein neuer Schlüssel wird immer in ein Blatt eingefügt. Wenn dieser Knoten nicht voll ist, d.h. wenn er weniger als $2n$ Schlüssel enthält, lässt sich der Schlüssel unmittelbar einfügen, die Operation ist damit abgeschlossen. Andernfalls wird der Knoten in zwei Knoten zerlegt, die je n Schlüssel aufnehmen; der überzählige mittlere Schlüssel wird in den Vater eingefügt, der nun ein Kind mehr hat. Das folgende Bild zeigt dies für $n = 2$:

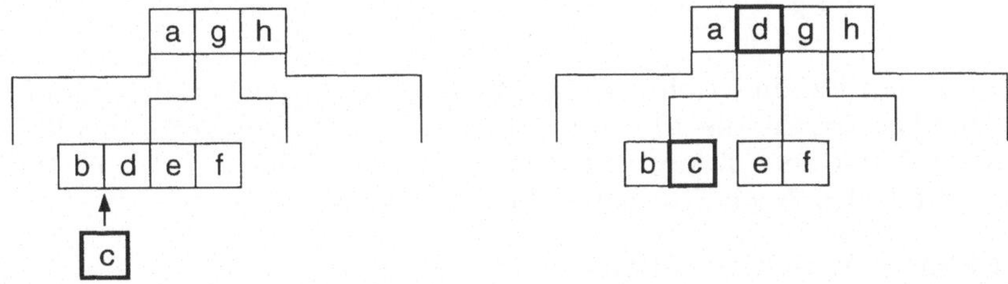

Wenn auch der Vater voll ist, muss dieser nach demselben Verfahren zerlegt werden; dies wiederholt sich allenfalls bis hinauf zur Wurzel. Wenn auch diese zerlegt werden muss, bildet man aus dem überzähligen Schlüssel eine neue Wurzel. Eine etwas vereinfachte Variante zerlegt volle Knoten nicht unmittelbar beim Einfügen, sondern vorsorglich, während des Suchvorgangs, der von der Wurzel zur Einfügestelle führt. Damit dies möglich ist, dürfen die Knoten erst bei $2n + 1$ Schlüsseln voll sein; bei $n = 1$ nennt man solche Bäume *2-3-4-Bäume*.

Weiterentwickelte Formen von B-Bäumen haben eine grosse Bedeutung als Verzeichnisse auf Plattenspeichern. Ein Knoten kann zum Beispiel die Grösse eines Plattenspeicherblocks haben und vielleicht einige Dutzend Schlüssel aufnehmen. So lässt sich mit drei oder vier Generationen eine sehr grosse Zahl von Schlüsseln auffindbar machen.

B-Wälder

Wir können inorder-geordnete Bäume mit Hilfe der Typen Forest und Tree darstellen, indem wir jedem Knoten eine Liste von Schlüsseln zuordnen und den entsprechenden inorder-Suchalgorithmus implementieren. Es gibt aber einen anderen Weg. Ein Knoten eines inorder-geordneten Baumes sieht sehr ähnlich aus wie eine Geschwisterliste:

Die Geschwisterliste gibt aber noch nicht wieder, dass ein inorder-Knoten ein Kind mehr hat, als der Zahl seiner Schlüssel entspricht. Wir können dies korrigieren, indem wir die Geschwisterliste um einen "leeren" Knoten erweitern. Wenn wir diesen Knoten von der Ordnung ausschliessen, entspricht die inorder-Ordnung im Baum der postorder-Ordnung im Wald:

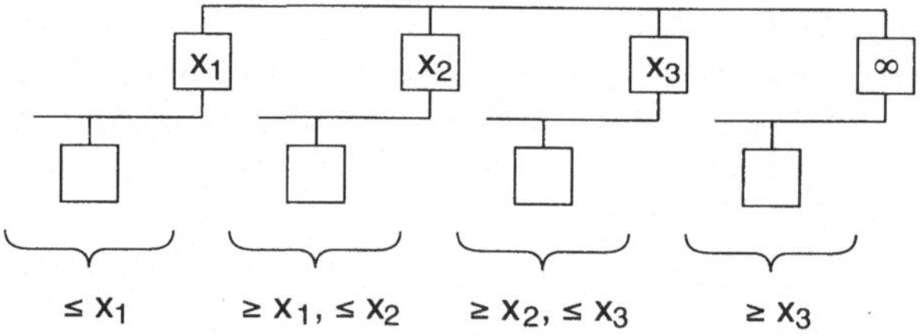

Man kann den leeren Knoten sogar in der Ordnung belassen, indem man verlangt, dass er für die Ordnungsrelation als Maximalknoten gilt, d.h. dass nach ihm keine anderen Knoten eingeordnet sind. In der Zeichnung ist dies durch das Zeichen ∞ (unendlich) symbolisiert.

Damit können wir einen B-Baum durch einen postorder-geordneten Wald darstellen, den wir *B-Wald* nennen. Wir müssen einzig dafür sorgen, dass jede Geschwisterliste mit einem Maximalknoten endet. Dies bedeutet, dass beim Teilen einer Geschwisterliste die linke Hälfte mit einem Maximalknoten ergänzt werden muss. Dieser nimmt die Position des mittleren Knotens ein, der beim Teilen als überzählig ausscheidet und in die Vaterliste eingefügt wird (b im folgenden Bild):

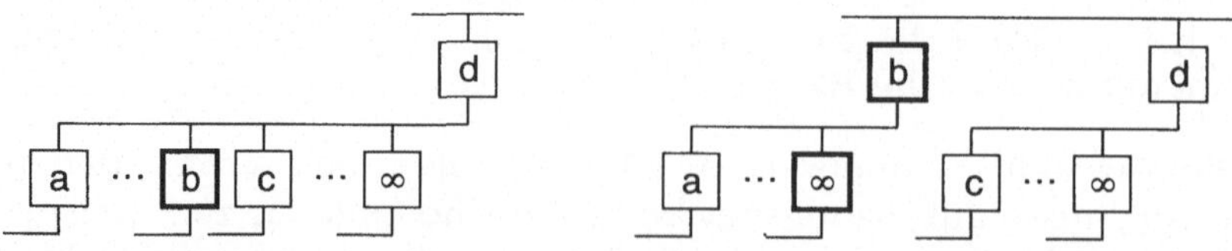

Umgekehrt muss man beim Verbinden zweier Geschwisterlisten den Maximalknoten der linken Liste vernichten und durch ihren Vater ersetzen.

Als Beispiel wollen wir nun zu dieser Datenstruktur den Einfügevorgang implementieren, und zwar jene Variante, die die Strukturveränderungen schon während der Suche nach der Einfügestelle vorsorglich vornimmt. Bei dieser Variante können wir wie bisher die Suche von der eigentlichen Einfügeoperation trennen. Dies ist zweckmässig, weil man in Verzeichnis-Anwendungen oft zuerst wissen möchte, ob vom einzufügenden Knoten schon ein Duplikat existiert, bevor man einen neuen Knoten erzeugt und einfügt. Für die andere, ursprüngliche Variante müssten wir die Strukturveränderungen an die Einfügeoperation koppeln; da unsere Datenstruktur die dazu nötige Navigation in Wurzelrichtung nicht erlaubt, müsste dies eine Operation sein, die auch die Suche umfasst.

Wir implementieren also eine Suchoperation ähnlich AtGoodPostorder, die gleichzeitig den Wald so umformt, dass ihr Resultat bei erfolgloser Suche als Einfügestelle verwendet werden kann, ohne die Randbedingungen eines B-Waldes n-ter Ordnung zu verletzen. Sie hat folgende Schnittstelle:

```
function Forest.AtGoodPostorderB (n: Integer;
   function Good (x: Tree): Boolean;
   function NotBeforeGood (x: Tree): Boolean;
   function NewMaxTree: Tree):
   Forest;
```

Die Funktion NewMaxTree soll die bei den Strukturveränderungen benötigten Maximalknoten liefern. Die Funktion NotBeforeGood spielt eine ähnliche Rolle wie AfterGood bei AtGoodPostorder, erlaubt aber hier eine etwas einfachere Implementation, wie wir sehen werden.

Die Implementation ist rekursiv, aber anders als bei AtGoodPostorder, und zwar aus zwei Gründen. Erstens spielt hier die Länge der Geschwisterlisten eine wichtige Rolle, die Rekursion behandelt deshalb eine Geschwisterliste als Ganzes und nicht jede Teilliste einzeln. Zweitens benötigt die Wurzelgeneration besondere Behandlung, da beim Teilen jeweils eine neue Generation erzeugt werden muss; dies lässt sich berücksichtigen, indem man die Rekursion in eine lokale Funktion verlegt:

```
function Forest.AtGoodPostorderB (n: Integer;
   function Good (x: Tree): Boolean;
   function NotBeforeGood (x: Tree): Boolean,
   function NewMaxTree: Tree):
   Forest;

  function AtGoodFrom (f: Forest): Forest;
  begin
  ...
  AtGoodFrom := AtGoodFrom(...);
  end;

begin
...
AtGoodPostorderB := AtGoodFrom(Self);
end;
```

Die Funktion AtGoodFrom sucht einen Knoten innerhalb eines Waldes und geht dabei davon aus, dass dessen Wurzelgeneration nicht voll ist, also nicht geteilt werden muss. Sie sucht zuerst die passende Wurzel; wenn diese entweder ein Blatt ist oder gleich dem gesuchten Knoten, ist die Suche beendet. Andernfalls geht die Suche in deren Kinderwald weiter. Wenn dieser nicht voll ist, geschieht dies unmittelbar durch rekursive Anwendung von AtGoodFrom, sonst muss dessen Wurzelgeneration nach dem n-ten Knoten geteilt werden. Diese Teilungsoperation kennen wir bereits, der n+1-te Knoten wird durch einen Maximalknoten ersetzt und wandert als Vater des linken Teils vor die ursprüngliche Wurzel, während der rechte Teil bei dieser verbleibt. Um die Implementation besser lesbar zu machen, führen wir eine Abkürzung ReplaceFirstRoot ein, die auch anderswo nützlich sein kann:

```
procedure Forest.ReplaceFirstRoot (x: Tree; var y: Tree);
begin
RemoveTree(y);
x.Children.SwapTreesWith(y.Children);
InsertTree(x);
end;
```

Ausserdem führen wir einige Bezeichnungen ein:

```
var root, left, center: Forest; Middle: Tree;
...
root := f.AtFirstGoodTree(NotBeforeGood);
left := root.FirstChildren;
center := left.AtTreeNumber(n + 1);
...
```

Zur Bestimmung von root haben wir übrigens die Listenoperation AtFirstGoodTree verwendet; dies ist der Grund, warum das Suchkriterium hier NotBeforeGood heisst statt wie früher AfterGood. Die Teilung lässt sich nun durch vier Anweisungen beschreiben:

```
...
center.ReplaceFirstRoot(NewMaxTree, Middle);
left.SwapTreesWith(Middle.Children);
center.AfterFirstTree.SwapTreesWith(left);
root.InsertTree(Middle);
...
```

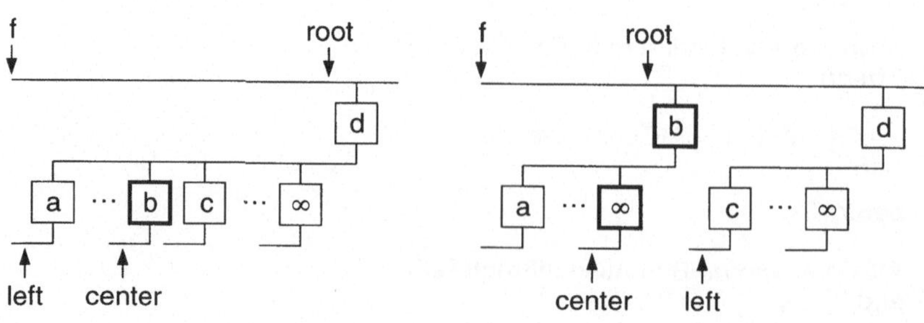

Nach dieser Teilung wird die Suche bei root weitergeführt, da der gesuchte Knoten entweder gleich der neu eingefügten Wurzel ist oder in einem der beiden Teile liegt. Die vollständige Implementation von AtGoodFrom lautet damit:

```
function AtGoodFrom (f: Forest): Forest;
var root, left, center: Forest; Middle: Tree;
begin
root := f.AtFirstGoodTree(NotBeforeGood);
left := root.FirstChildren;
if left.Empty then
  AtGoodFrom := root
else if Good(root.FirstTree) then
  AtGoodFrom := root
else if left.Length <= 2 * n + 1 then
  AtGoodFrom := AtGoodFrom(left)
else
  begin
  center := left.AtTreeNumber(n + 1);
  center.ReplaceFirstRoot(NewMaxTree, Middle);
  left.SwapTreesWith(Middle.Children);
  center.AfterFirstTree.SwapTreesWith(left);
  root.InsertTree(Middle);
  AtGoodFrom := AtGoodFrom(root);
  end;
end;
```

Die übergeordnete Funktion AtGoodPostorderB übernimmt nun die besondere Behandlung der Wurzelgeneration eines B-Waldes. Wenn diese Generation voll ist, muss sie so geteilt werden, dass der überzählige mittlere Knoten eine neue Wurzelgeneration bildet. Dies lässt sich elegant erreichen, indem man *zuerst* eine neue Wurzelgeneration erzeugt, die nur aus einem Maximalknoten besteht:

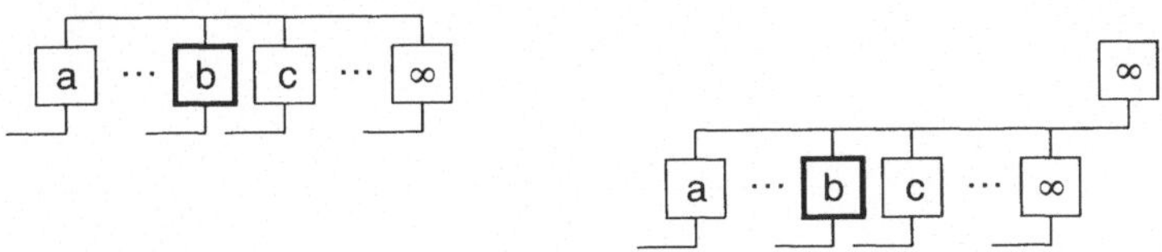

Auf diese leere Wurzelgeneration kann man nun die Funktion AtGoodFrom anwenden, die für die notwendige Teilung sorgen wird.

Eine weitere Sonderbehandlung betrifft leere Wälder: Wenn die Suche auf einen leeren Wald angewendet wird, soll sie diesen zu einem leeren B-Wald machen, indem sie ihn mit einem Maximalknoten ergänzt. Auch diese Situation kann nur in der Wurzelgeneration auftreten.

Insgesamt erhalten wir folgende Implementation von AtGoodPostorderB:

```
function Forest.AtGoodPostorderB (n: Integer;
    function Good (x: Tree): Boolean;
    function NotBeforeGood (x: Tree): Boolean;
    function NewMaxTree: Tree): Forest;

  function AtGoodFrom (f: Forest): Forest;
  ...

begin
if Empty then
  InsertTree(NewMaxTree)
else if Length > 2 * n + 1 then
  begin
  InsertTree(NewMaxTree);
  AfterFirstTree.SwapTreesWith(FirstChildren);
  end;
AtGoodPostorderB := AtGoodFrom(Self);
end;
```

4 Graphen

Listen und Bäume sind spezielle Beispiele von Graphen, also von Strukturen, zwischen deren Gliedern beliebige Beziehungen bestehen können. Das früher verwendete Einkaufslisten-Beispiel lässt sich mit etwas Phantasie sogar hier weiterspinnen: Wer mit der Einkaufsliste in der Hand von Laden zu Laden geht, bewegt sich auf den Kanten eines Graphen.

Kapitel 4.1 definiert die notwendigen Begriffe und entwickelt eine Darstellung von Graphen durch Objekte. Kapitel 4.2 behandelt die grundlegenden Algorithmen auf Graphen. Kapitel 4.3 diskutiert Graphen, deren Kanten ein messbares "Gewicht" haben.

4.1 Graphenobjekte

Kernpunkte dieses Kapitels:

- *Ein Graph ist eine Datenstruktur aus beliebig miteinander verknüpften Knoten. Eine Verknüpfung zweier Knoten heisst Kante und kann ungerichtet oder gerichtet sein. Ein Pfad ist eine Aneinanderreihung von Kanten. Die Grundaufgaben lauten, auf Knoten und Kanten zuzugreifen sowie Knoten und Kanten einzufügen und zu entfernen.*
- *Eine erste Abstraktion geht von einer direkt zugänglichen Knotenliste aus und macht auch die Kanten direkt zugänglich, über Paare von Knotennummern. Die naheliegende Darstellung dazu speichert die Kanten in einer Matrix.*
- *Eine andere Abstraktion macht die Knoten durch Navigation über Kanten zugänglich und fasst sie gleichzeitig in einer Knotenliste zusammen. Die naheliegende Darstellung dazu speichert die Knoten unabhängig voneinander und verkettet sie durch Verweise.*
- *Statt mehrerer einzelner Kanten kann man jedem Knoten eine Kantenliste zuordnen. Es ist zweckmässig, auch einlaufende Kanten in diese Liste einzubeziehen; jede Kante ist so in zwei Kantenlisten enthalten.*

Graphen

Die Elemente einer Liste sind durch eine Nachfolgerbeziehung verknüpft, die Knoten eines Baumes durch eine Kindbeziehung. In beiden Fällen bestehen für die Beziehung gewisse Einschränkungen. Im Gegensatz dazu darf zwischen den Knoten eines *Graphen* eine beliebige Beziehung bestehen. Ein typisches Beispiel dafür ist ein Strassennetz:

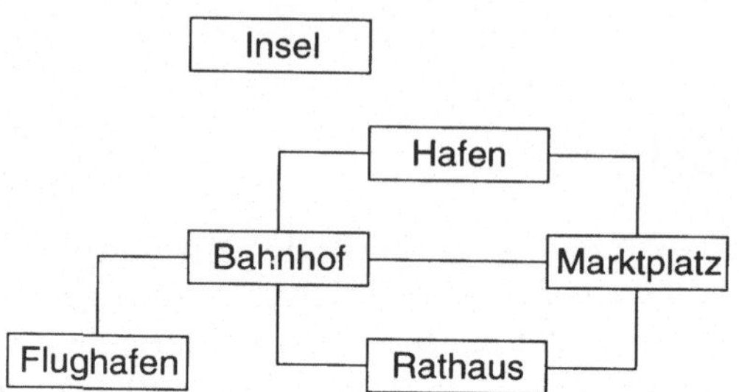

Die Verbindungen zwischen den Knoten stellen die Beziehung dar, eine solche Verbindung heisst *Kante* (engl. edge). Die *Nachbarn* eines Knotens sind jene Knoten, die mit ihm über eine Kante verbunden sind. In gewissen Anwendungen kann ein Knoten auch Nachbar seiner selbst sein, man spricht in diesem Fall von einer *zyklischen* Kante.

Im obigen Beispiel ist die Nachbarbeziehung symmetrisch, die Kanten haben also keine Richtung. Es gibt auch Graphen mit *gerichteten* Kanten, etwa ein Strassennetz mit Einbahnstrassen:

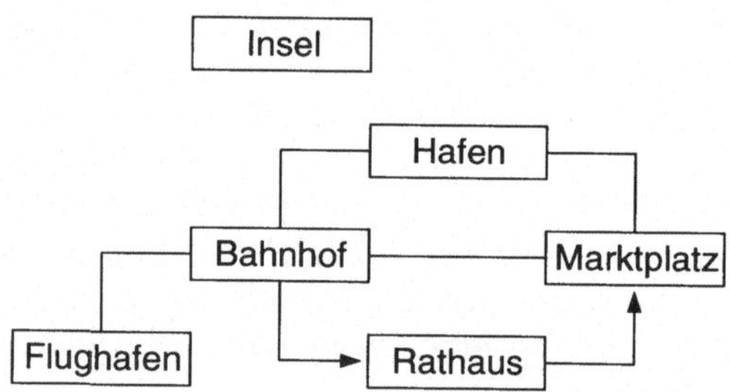

Oft sind alle Kanten eines Graphen entweder ungerichtet oder gerichtet, man spricht dann von ungerichteten resp. gerichteten Graphen. Im Sinne einer Verallgemeinerung lassen wir aber auch gemischte Graphen zu.

Der Knoten, von dem eine gerichtete Kante ausgeht, heisst ihre *Quelle* (engl. source), jener, zu dem sie führt, ihr *Ziel* (engl. destination). Für ihre Quelle ist sie eine *auslaufende* Kante, für ihr Ziel eine *einlaufende* Kante. Ihre Quelle ist *Quellnachbar* ihres Ziels, ihr Ziel *Zielnachbar* ihrer Quelle. Diese Begriffe lassen sich auch auf ungerichtete Kanten anwenden: Eine ungerichtete Kante hat beide Richtungen, ist also für beide Knoten sowohl auslaufend als auch einlaufend; je nach der gerade benützten Richtung können beide Knoten die Rolle der Quelle oder des Ziels spielen, und sie sind gegenseitig sowohl Quell- als auch Zielnachbarn.

In einer etwas allgemeineren Betrachtungsweise sind die Kanten mehr als nur anonyme Träger einer Nachbarbeziehung zwischen Knoten. In einem Strassennetz kann beispielsweise jede Strasse einen Namen haben:

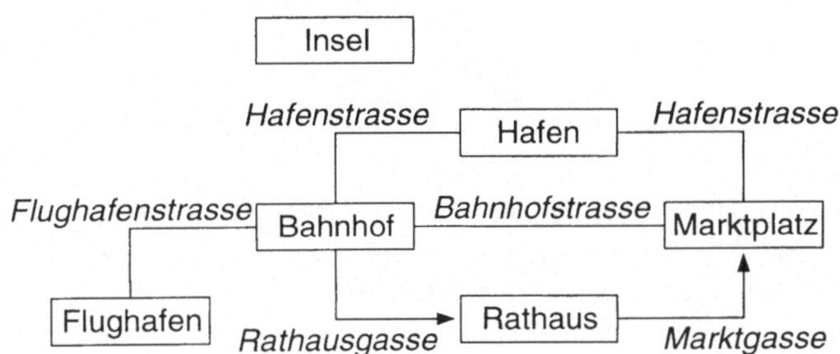

Damit werden die Kanten zu eigenständigen Teilen der Struktur. Diese Betrachtungsweise erlaubt auch, dass zwischen zwei Knoten mehrere Kanten verlaufen, also gewissermassen mehrere Nachbarbeziehungen bestehen. Man kann dies auch so verstehen, dass die Nachbarbeziehung nicht mehr eine zweistellige Beziehung zwischen Knoten, sondern eine dreistellige Beziehung zwischen jeweils zwei Knoten und einer Kante ist. Ein typisches Beispiel für solche Graphen sind die im Datenbankentwurf verwendeten *Entity-Relationship*-Diagramme, bei welchen die Kanten Beziehungen zwischen Entitäten darstellen.

Die Kanten eines Graphen stellen direkte Verbindungen zwischen Knoten dar. In vielen Anwendungen interessiert man sich für eine allgemeinere Art von Verbindung, die durch *Pfade* dargestellt wird. Ein Pfad ist eine nichtleere Folge von gerichteten (oder in einer Richtung interpretierten ungerichteten) Kanten mit der Eigenschaft, dass das Ziel jeder Kante gleichzeitig Quelle der Nachfolgerkante ist. Wenn jeder Knoten dabei höchstens einmal besucht wird, d.h. Quelle und Ziel von je höchstens einer Kante ist, spricht man von einem *einfachen* Pfad. Die Kantenfolge kann linear oder zyklisch sein; ein *linearer* Pfad hat eine erste und eine letzte Kante und führt von seiner *Quelle* (der Quelle der ersten Kante) zu seinem *Ziel* (dem Ziel der letzten Kante). In unserem Beispiel bilden die Kanten Rathausgasse und Marktgasse einen linearen Pfad, der vom Knoten Bahnhof zum Knoten Marktplatz führt:

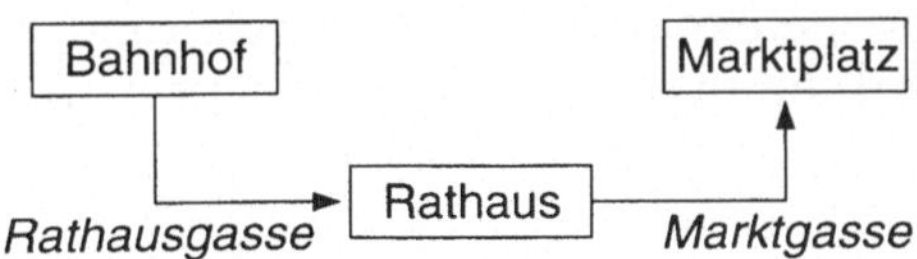

In einem *zyklischen* Pfad oder *Zyklus* hat jede Kante einen Vorgänger und einen Nachfolger, es gibt also keine erste und letzte Kante und auch weder Quelle noch Ziel. Wenn man im obigen Beispiel zu den Kanten

Rathausgasse und Marktgasse die Kante Bahnhofstrasse hinzunimmt, entsteht ein zyklischer Pfad:

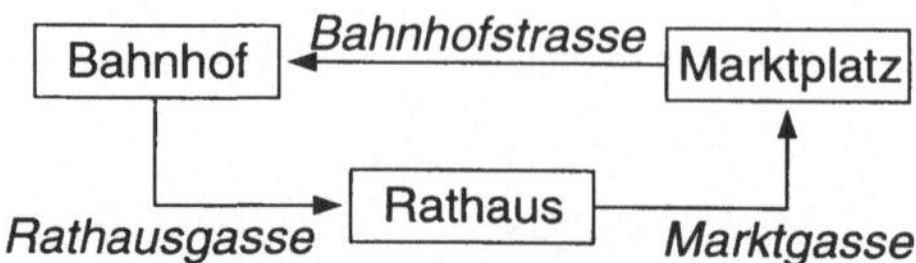

Ein Knoten y heisst *erreichbar* von einem Knoten x, wenn ein Pfad von x nach y existiert. Wir nennen dann y *Ziel* von x, und x *Quelle* von y. Ausserdem legen wir fest, dass jeder Knoten von sich selbst erreichbar sein und demnach zu seinen eigenen Zielen und Quellen gehören soll. Im obigen Beispiel sind ausser Insel alle Knoten voneinander erreichbar; wenn man den Knoten Bahnhof entfernt, ist dies nicht mehr der Fall:

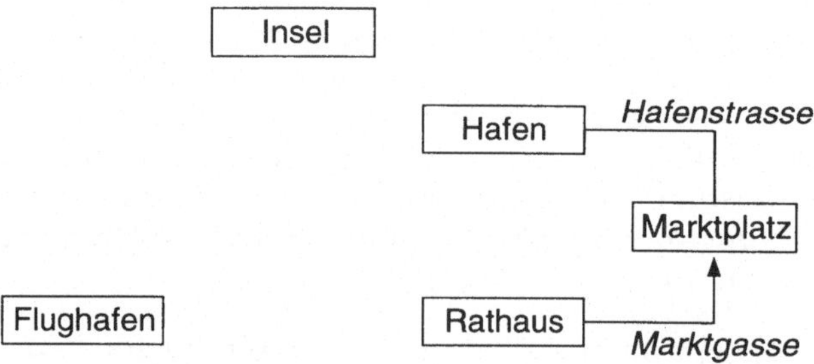

Der Knoten Flughafen ist jetzt isoliert wie der Knoten Insel. Die Knoten Hafen und Marktplatz sind von Rathaus erreichbar, also Ziele von Rathaus. Sie sind aber nicht gleichzeitig Quellen von Rathaus, da Marktgasse eine gerichtete Kante ist: Wenn ein Graph gerichtete Kanten enthält, braucht die Menge der Ziele eines Knotens nicht gleich der Menge seiner Quellen zu sein.

In einem ungerichteten Graphen dagegen sind alle Verbindungen symmetrisch, die beiden Mengen sind also jeweils gleich. Mehr noch, diese Menge ist dieselbe, wenn man sie ausgehend von einem anderen ihrer Knoten bestimmt. Jeder durch eine solche Knotenmenge gebildete Teilgraph heisst *Komponente* des ungerichteten Gaphen[6]. Alle Knoten einer Komponente sind voneinander erreichbar, während zwischen den Komponenten keine Verbindungen bestehen. Wenn man im obigen Beispiel

---

6 Mathematisch ausgedrückt ist die Erreichbarkeitsbeziehung die reflexiv-transitive Hülle der Nachbarbeziehung. In einem ungerichteten Graphen ist sie zudem symmetrisch, also eine Äquivalenzrelation; die Komponenten sind die Äquivalenzklassen dieser Relation.

die Kante Marktgasse zu einer ungerichteten Kante macht, erhält man einen ungerichteten Graphen mit drei Komponenten:

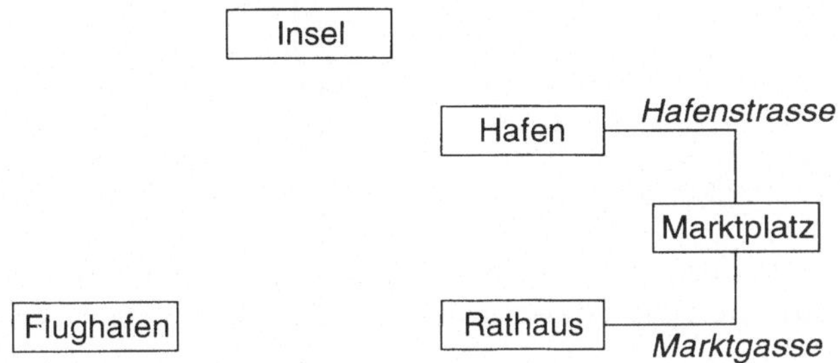

Ein ungerichteter Graph, der nur aus einer Komponente besteht, heisst *zusammenhängend.*

Wir haben schon früher festgestellt, dass Listen spezielle Bäume sind. Im gleichen Sinne sind Bäume und Wälder spezielle Graphen, die Beziehung eines Baumknotens zu seinen Kindern lässt sich durch gerichtete Kanten in einem Graphen darstellen. Aus den Eigenschaften der Kindbeziehung ergibt sich folgende Definition: Ein *(gerichteter) Wald* ist ein gerichteter Graph, in welchem jeder Knoten höchstens eine einlaufende Kante hat. Knoten ohne einlaufende Kante sind Wurzeln; ein *(gerichteter) Baum* ist ein Wald mit nur einer Wurzel. Für gewisse Anwendungen ist eine zweite Definition zweckmässig: Ein *ungerichteter* oder *freier Wald* ist ein ungerichteter Graph, der keine Zyklen enthält, ein *ungerichteter* oder *freier Baum* ist ausserdem zusammenhängend. Ein freier Baum hat keine Wurzel; wenn man aber einen beliebigen Knoten als Wurzel auswählt und alle ungerichteten Kanten zu gerichteten, von der Wurzel wegführenden Kanten macht, erhält man daraus einen gerichteten Baum.

Grundaufgaben mit Graphen

Wie bei Listen und Bäumen wollen wir einerseits auf Knoten und Kanten zugreifen, andrerseits die Struktur des Graphen verändern, also Knoten und Kanten einfügen und entfernen können. Für die Strukturveränderungen sind gewisse Einschränkungen zweckmässig; wenn man einen Knoten einfügt, trägt er zunächst keine Kanten:

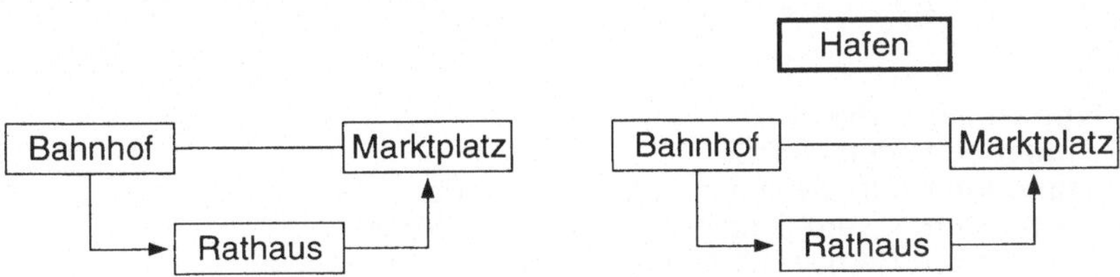

Eine Kante kann nur zwischen bestehenden Knoten eingefügt werden:

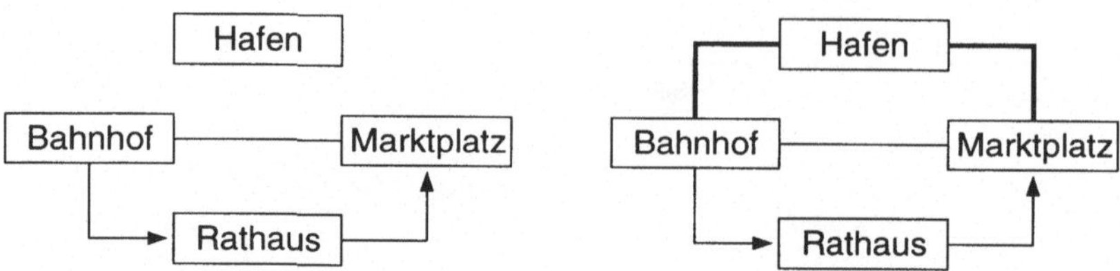

Kanten können jederzeit entfernt werden. Wenn man einen Knoten entfernt, muss man auch die zugehörigen Kanten entfernen:

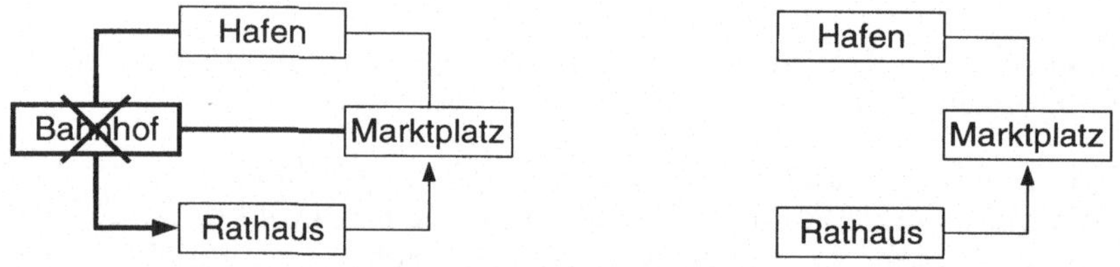

Direkter Zugang

Bei Graphen gibt es – wie bei Listen und Bäumen – mehrere Möglichkeiten zur Beschreibung durch abstrakte Objekte, die sich in der Art des Zugangs zu den Knoten und Kanten unterscheiden. Die erste Variante lehnt sich an die direkt zugänglichen Listen und Wälder an, die Knoten werden durch fortlaufende Nummern identifiziert:

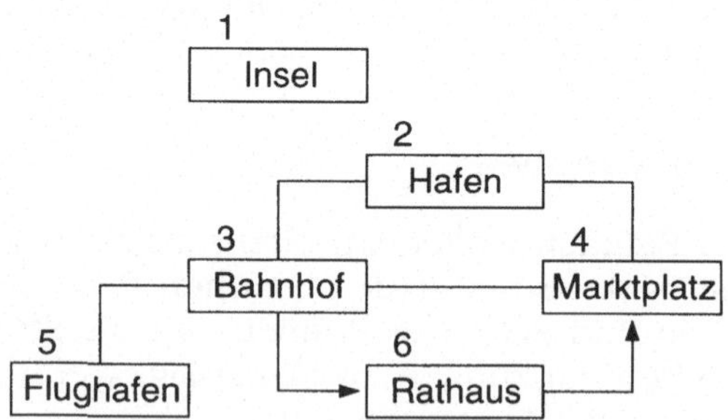

Damit hat ein Graph zunächst die Operationen einer direkt zugänglichen Liste von Knoten:

```
type Graph = object
  function Length: Integer;
  function NodeAtNumber (n: Integer): Node;
  procedure InsertAtNumber (n: Integer; x: Node);
  procedure RemoveAtNumber (n: Integer; var x: Node);
  end;
```

Nun kann man die Kanten durch *Paare* von Nummern identifizieren: Das Paar (n_1, n_2) bezeichnet eine gerichtete Kante vom Knoten n_1 zum Knoten n_2. Eine ungerichtete Kante zwischen den Knoten n_1 und n_2 könnte man wahlweise durch (n_1, n_2) oder durch (n_2, n_1) identifizieren; man löst diese Zweideutigkeit in der Regel so, dass man jede ungerichtete Kante wie zwei gegenläufig gerichtete Kanten behandelt.

Natürlich gehört nicht zu jedem Paar von Nummern eine Kante. Wir ergänzen das abstrakte Graphenobjekt mit einer Funktion, die zu jedem Paar von Nummern angibt, ob eine entsprechende Kante existiert:

```
function Connected (n1, n2: Integer): Boolean;
```

Um das obige Beispiel wiederzugeben, müsste die Funktion für die folgenden Paare von Nummern wahr sein, für alle übrigen falsch:

```
(2 3) und (3 2)
(2 4) und (4 2)
(3 4) und (4 3)
(3 5) und (5 3)
(3 6)
(6 4)
```

In mathematischer Sprechweise entspricht diese Funktion einer Relation auf der Menge der Knotennummern; wir nennen sie die *Kantenrelation*. In einem Graphen mit anonymen Kanten genügt sie zu deren Beschreibung. Um die Relation zu ändern, d.h. um Kanten einfügen und entfernen zu können, führen wir zwei weitere Operationen ein:

```
procedure Connect (n1, n2: Integer);
procedure Disconnect (n1, n2: Integer);
```

Wenn hingegen die Kanten nicht anonym sein, sondern als selbständige Objekte auftreten sollen, ersetzen wir Connect und Disconnect durch drei Operationen, mit denen man auf eine Kante zugreifen sowie Kanten einfügen und entfernen kann:

```
function EdgeAtNumberPair (n1, n2: Integer): Edge;
procedure InsertAtNumberPair (n1, n2: Integer; e: Edge);
procedure RemoveAtNumberPair (n1, n2: Integer; var e: Edge);
```

Ein Nachteil dieser Abstraktion ist, dass sie Mehrfachkanten ausschliesst: Zu einem Paar von Knotennummern kann es höchstens eine (anonyme oder explizite) Kante geben.

Matrix-Darstellung

Eine naheliegende Darstellung der obigen Abstraktion geht von der Array-Darstellung für die Knotenliste aus und ergänzt diese mit einer *Kantenmatrix* (Adjazenzmatrix). Dies ist eine quadratische Matrix, deren Indizes

Knotennummern sind; im Fall anonymer Kanten sind die Zellen vom Typ Boolean und geben den Wert der Funktion Connected an:

Ziel: / Quelle:		Insel 1	Hafen 2	Bahnhof 3	Marktplatz 4	Flughafen 5	Rathaus 6
Insel	1						
Hafen	2			√	√		
Bahnhof	3		√		√	√	√
Marktplatz	4		√	√			
Flughafen	5			√			
Rathaus	6				√		

Die Operationen Connect und Disconnect sind für diese Darstellung sehr einfach zu implementieren. Wenn die Kanten nicht anonym, sondern selbständige Objekte sein sollen, kann die Kantenmatrix statt Boolean-Werten Zeiger auf die Kantenobjekte enthalten (resp. **nil** für eine fehlende Kante).

Neben den bekannten Nachteilen der Array-Darstellung von Listen kommt hier als Nachteil hinzu, dass die Kantenmatrix viel Speicherplatz benötigt, nämlich für n Knoten n^2 Zellen. Sie ist deshalb nur für kleine Graphen zweckmässig, oder für Graphen, deren Kantenzahl tatsächlich in dieser Grössenordnung liegt ("dichte" Graphen). Der direkte Zugang und die Matrixdarstellung haben vor allem historische Bedeutung: Viele klassische Graphenalgorithmen wurden ursprünglich für direkten Zugang formuliert.

Zugang durch Navigation

In einem zweiten Ansatz beschreiben wir einen Graphen abstrakt, indem wir zu jedem Knoten die Nachbarknoten angeben. Die Absicht dabei ist, den Graphen durch Schreiten von Knoten zu Knoten zu erfassen, wie wir dies schon bei Listen und Bäumen getan haben. Allerdings besteht ein grundlegender Unterschied zu den Listen und Bäumen: Über die Kanten allein lässt sich ein Graph im allgemeinen nicht systematisch erfassen. So ist in unserem Beispiel der Knoten Insel von den übrigen Knoten nicht über Kanten erreichbar.

Man löst dieses Problem üblicherweise, indem man die Knotenmenge unabhängig von den Kanten durch eine Liste erfasst. Ein Graph ist also eine Liste von Knoten, die zusätzlich durch Kanten verbunden sind:

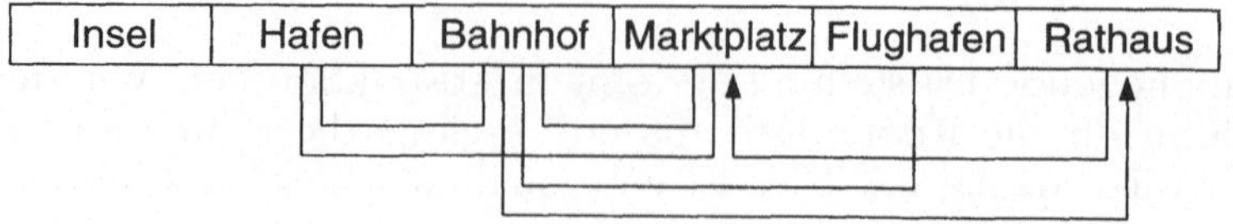

In Object Pascal ausgedrückt:

```
type Graph = object
  {Liste mit Elementen vom Typ Node}
  end;
```

Wir werden später auf die Knotenliste zurückkommen und vorläufig nur voraussetzen, dass sie existiert. Nun beschreiben wir die Kanten, indem wir zu jedem Knoten dessen Nachbarn angeben. Für viele Anwendungen genügt es, jeweils "vorwärts" schreiten zu können, also jeweils nur die Zielnachbarn anzugeben. Wenn wir wie früher jede ungerichtete Kante als zwei gegenläufig gerichtete Kanten behandeln, verlaufen die möglichen Navigationsschritte gerade längs gerichteten Kanten:

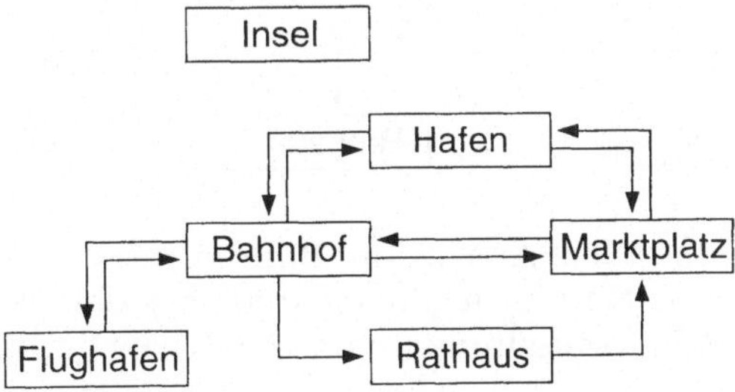

Ein Navigationsschritt entspricht einer Funktion, die von einem Knoten zu einem seiner Zielnachbarn führt. Wie bei den Bäumen formulieren wir dies so, dass jeder Knoten die Rolle einer direkt zugänglichen Liste spielt:

```
type Node = object
  function Length: Integer;
  function Neighbor (n: Integer): Node;
  procedure InsertNeighbor (n: Integer; x: Node);
  procedure RemoveNeighbor (n: Integer; var x: Node);
  end;
```

Dies gilt für Graphen mit anonymen Kanten. Bei Graphen mit selbständigen Kantenobjekten führt ein Navigationsschritt nicht zu einem Knoten, sondern zu einer Kante, und erst von dieser ein weiterer Schritt zum Zielnachbarn:

```
type Node = object
  function Length: Integer;
  function EdgeAtNumber (n: Integer): Edge;
  procedure InsertAtNumber (n: Integer; e: Edge);
  procedure RemoveAtNumber (n: Integer; var e: Edge);
  end;

type Edge = object
  function Destination: Node;
  end;
```

Verkettete Darstellung

Es ist naheliegend, anonyme gerichtete Kanten durch Verkettungen zwischen Knotenobjekten darzustellen:

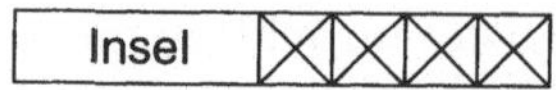

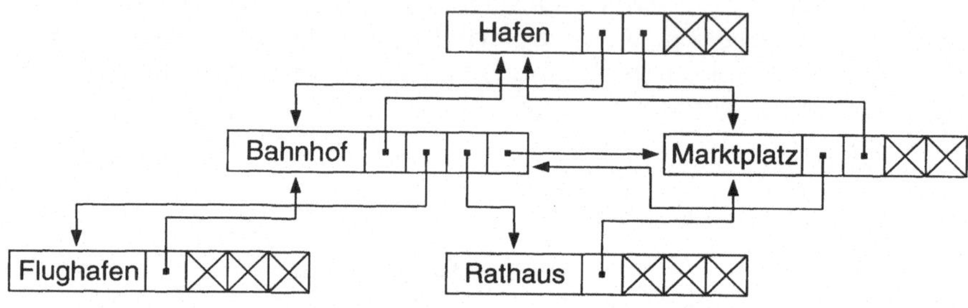

Wie beim entsprechenden Ansatz für Bäume muss man eine maximale Anzahl Nachbarn pro Knoten festlegen und in jedem Knotenobjekt eine entsprechende Anzahl Verkettungen vorsehen (vier im obigen Beispiel):

```
type Node = object(Thing)
  NodeLink: array [1..n] of Node;
  end;
```

Für explizite Kanten muss man die Knotenobjekte zunächst mit Kantenobjekten verketten, diese wiederum mit je einem Knotenobjekt:

```
type Node = object(Thing)
  EdgeLink: array [1..n] of Edge;
  end;

type Edge = object(Thing)
  Destination: Node;
  end;
```

Hier haben wir, wie früher in ähnlichen Fällen, die Funktion Edge.Destination durch direkten Zugriff auf eine Instanzvariable gleichen Namens dargestellt, was eine gewisse Verletzung des Kapselungsprinzips bedeutet.

Mit dieser Darstellung können wir die oben beschriebene Abstraktion implementieren. Als Einschränkung müssen wir die schon früher erwähnten Nachteile der Array-Darstellung von Listen in Kauf nehmen. Eine zweite Einschränkung besteht darin, dass es schwierig ist, einen Knoten aus dem Graphen zu entfernen: Um nämlich dessen einlaufende Kanten zu entfernen, benötigt man Zugang zu den entsprechenden Quellnachbarn, was bisher nicht vorgesehen ist.

Kantenlisten

Die erste der beiden Einschränkungen können wir einfach beheben. Wir ändern die Abstraktion so ab, dass ein Knoten eine beliebig organisierte Liste von Kanten ist:

```
type Node = object
  {Liste mit Elementen vom Typ Edge}
  end;
```

Eine ähnliche Änderung nahmen wir vor, als wir bei Bäumen Kinderlisten einführten. Ein Unterschied ist, dass wir hier nicht jedem Knoten eine separate Kantenliste zuordnen, sondern den Knoten selbst diese Rolle spielen lassen.

Als Listenform wählen wir natürlich die rekursiv zugängliche Liste. Wenn wir die verkettete Darstellung entsprechend anpassen, wird sie sehr ähnlich zu jeder von Wäldern. Sie umfasst Knoten- und Kantenobjekte; ein Knotenobjekt bildet mit einer Anzahl Kantenobjekten eine verkettete Liste, und jedes Kantenobjekt ist wiederum mit dem Knotenobjekt des Zielknotens verkettet:

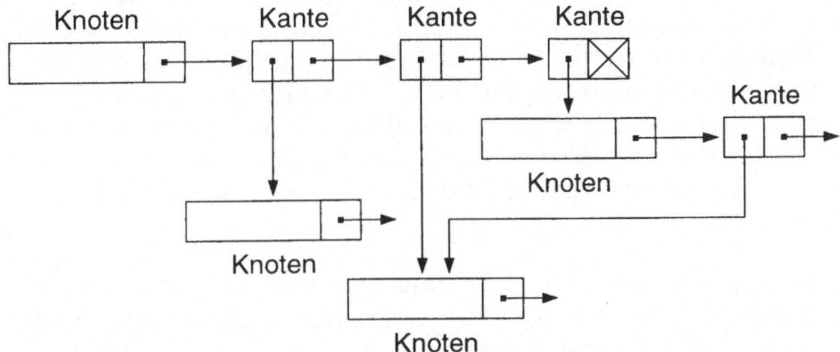

Der wesentliche Unterschied ist, dass die Verkettung von einem Baum zu dessen Kinderwald die einzige ist, die zu diesem Wald führt, während hier Verkettungen von mehreren Kantenobjekten zu demselben Knotenobjekt führen können.

Zur Implementation leiten wir beide Klassen von List ab, nach bekanntem Muster. Die einfachste Version wäre die folgende:

```
type Node = List;

type Edge = object(Element)
  Destination: Node;
  end;
```

Bei dieser Version würde aber jeder Zugriff auf eine Kante eine Typkonversion erfordern. In einer komfortableren Version führen wir deshalb eine Klasse EdgeList ein, mit Operationen, die die entsprechenden Typkonversionen beinhalten:

```
type EdgeList = object(List)
  function FirstEdge: Edge;
  function AfterFirstEdge: EdgeList;
  procedure InsertEdge (e: Edge);
  procedure RemoveEdge (var e: Edge);
  {sowie weitere Listenoperationen}
  end;

type Node = EdgeList;

type Edge = object(EdgeList)
  Destination: Node;
  end;
```

Die Implementation dieser Operationen ist reine Fleissarbeit, auf die wir hier nicht eingehen.

Symmetrische Kanten

Nun wollen wir die zweite Einschränkung beheben, auf die wir gestossen sind: Um einen Knoten korrekt entfernen zu können, muss man alle zugehörigen Kanten entfernen, seine Kantenliste enthält aber nur die auslaufenden Kanten. Natürlich könnte man beim Entfernen eines Knotens die Kantenlisten aller übrigen Knoten durchsuchen und so auch die einlaufenden Kanten finden. Stattdessen erweitern wir die Abstraktion, sodass jede Kante nicht nur in der Kantenliste ihrer Quelle, sondern auch in jener ihres Zieles enthalten ist.

Der Ausgangspunkt dazu ist, dass eine gerichtete Kante immer zwei Rollen spielt, nämlich bei der Quelle jene einer auslaufenden Kante, beim Ziel jene einer einlaufenden Kante:

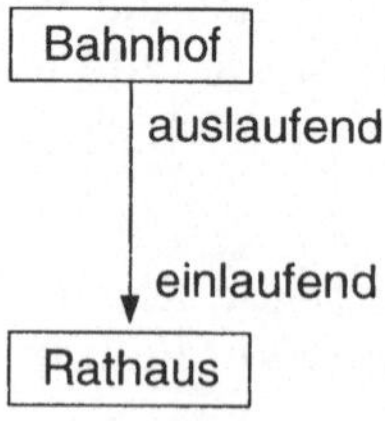

Um diese zwei Rollen wiederzugeben, ersetzen wir das Kantenobjekt durch zwei Objekte, welche den beiden "Enden" der Kante entsprechen. Das auslaufende Kantenende ist – wie das bisherige Kantenobjekt – in der Kantenliste der Quelle enthalten und bietet eine Funktion, die zum Ziel der Kante führt. Das einlaufende Ende ist in der Kantenliste des Zieles enthalten und bietet eine entsprechende Funktion, die nun rückwärts zur

Quelle der Kante führt. In der verketteten Darstellung erhalten wir folgendes Bild:

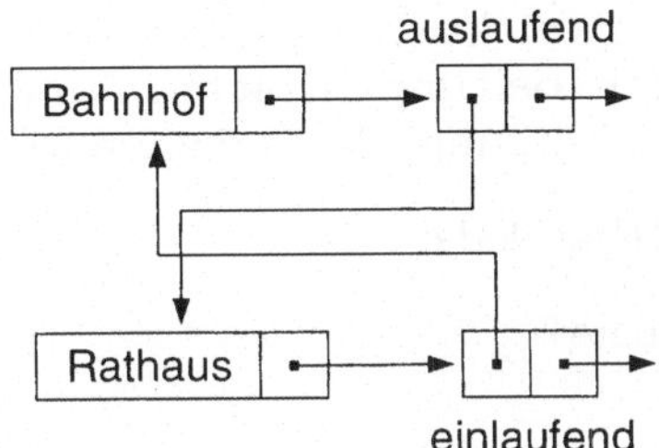

Ein Kantenende-Objekt hat wie das bisherige Kantenobjekt eine Instanzvariable, die es mit dem gegenüberliegenden Nachbarn (Ziel oder Quelle) verkettet und die wir neutral mit There ("dort") bezeichnen. Eine weitere Instanzvariable namens Outgoing gibt die Richtung des Kantenendes an:

```
type EdgeEnd = object(EdgeList)
  Outgoing: Boolean;
  There: Node;
  end;
```

Die Erweiterung hat einen angenehmen Nebeneffekt: Bisher mussten wir jede ungerichtete Kante wie zwei gegenläufig gerichtete Kanten behandeln. Jetzt legen wir stattdessen fest, dass eine ungerichtete Kante aus *zwei auslaufenden* Kantenenden besteht.

Nun haben wir erreicht, dass jede Kante symmetrisch aufgebaut ist und Navigation in beiden Richtungen erlaubt. Was allerdings noch fehlt, ist eine Verbindung zwischen den beiden Enden einer Kante. Diese benötigt man zum Beispiel, um beim Entfernen einer Kante beide Enden zu entfernen. Wir geben deshalb dem Kantenende eine zusätzliche Navigationsmöglichkeit zum "anderen" Kantenende, dargestellt durch eine weitere Verkettung:

```
type EdgeEnd = object(EdgeList)
  ...
  OtherEnd: EdgeEnd;
  end;
```

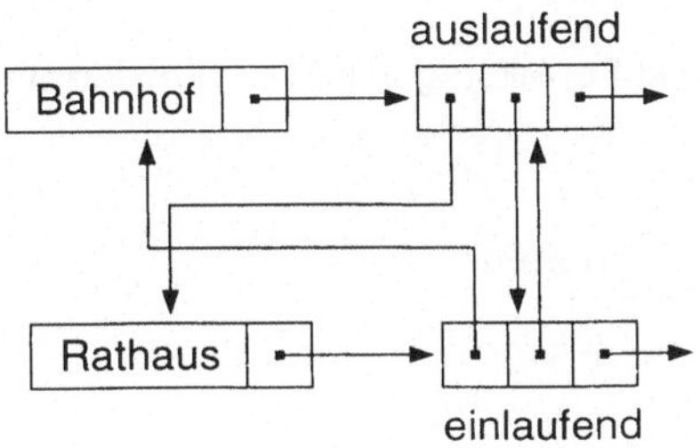

Von OtherEnd lassen sich weitere Navigationsmöglichkeiten ableiten: Der Ausdruck OtherEnd.There führt von einem Kantenende zum Knoten, dem die Kantenliste gehört, also nach "hier" im Gegensatz zu "dort". Wenn man auch die Richtung berücksichtigt, lassen sich ausserdem die Quelle und das Ziel bestimmen (bei ungerichteten Kantenenden beziehen wir dies auf die auslaufende Richtung). Wir erhalten folgende Funktionen:

```
function EdgeEnd.Here: Node;
begin
Here := OtherEnd.There;
end;

function EdgeEnd.Source: Node;
begin
if Outgoing then
  Source := Here
else
  Source := There;
end;

function EdgeEnd.Destination: Node;
begin
if Outgoing then
  Destination := There
else
  Destination := Here;
end;
```

Ein Kantenende ist einlaufend, wenn das andere Ende auslaufend ist; es ist ungerichtet, wenn es sowohl auslaufend als auch einlaufend ist:

```
function EdgeEnd.Incoming: Boolean;
begin
Incoming := OtherEnd.Outgoing;
end;

function EdgeEnd.Undirected: Boolean;
begin
Undirected := Outgoing and Incoming;
end;
```

Da die Kantenlisten nun verschiedenartige Kantenenden enthalten, sind zusätzliche Operationen zweckmässig, welche beim Durchlaufen einer Kantenliste nur gewisse Kantenenden berücksichtigen:

```
procedure EdgeList.ForAllOutgoingEdges (procedure Action (e: EdgeEnd));
begin
if not Empty then
  begin
  if FirstEdge.Outgoing then
    Action(FirstEdge);
  AfterFirstEdge.ForAllOutgoingEdges(Action);
  end;
end;
```

Auf die gleiche Weise stellen wir ForAllIncomingEdges und ForAllUndirectedEdges zur Verfügung.

Ein neues Problem taucht auf, wenn die Kanten nicht anonym sein sollen. Die Kantenenden eignen sich nicht als explizite Kantenobjekte, weil jede Kante zwei Enden hat. Deshalb verketten wir die Enden mit einem dritten Objekt, das dem "Rumpf" der Kante entspricht:

```
type EdgeEnd = object(EdgeList)
  ...
  Body: EdgeBody;
  ...
  end;

type EdgeBody = Thing;
```

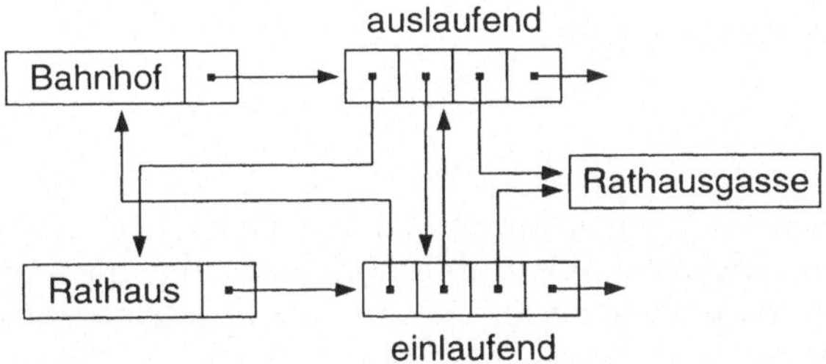

Mittlerweile ist eine Kante ein Gebilde aus drei Objekten geworden, das mit zwei Knoten verkettet ist und sich gleichzeitig in zwei Kantenlisten befindet. Der Aufbau einer Kante sowie das Einfügen und Entfernen von Kanten in Kantenlisten sind damit nicht mehr trivial.

Betrachten wir zunächst die *Einfügeoperation.* Wenn man ein Kantenende in eine Kantenliste einfügt, muss man gleichzeitig das andere Ende in eine andere Kantenliste einfügen, die Operation benötigt deshalb eine zweite Kantenliste als Parameter:

```
procedure EdgeList.InsertEdge (OtherList: EdgeList; e: EdgeEnd);
```

Beim Einfügen müssen die Kantenenden mit den beiden zu verbindenden Knoten verkettet werden. Es sind gerade die Knoten, zu denen die beiden Kantenlisten gehören. Damit InsertEdge zu diesen Knoten Zugang hat, ergänzen wir EdgeList mit einer Funktion, die von jeder Kantenliste oder Teil-Kantenliste zu "ihrem" Knoten führt. Zur Implementation dieser Funktion erinnern wir uns daran, dass eine Kantenliste aus Objekten der Klassen Node und EdgeEnd besteht, die beide von EdgeList abgeleitet sind:

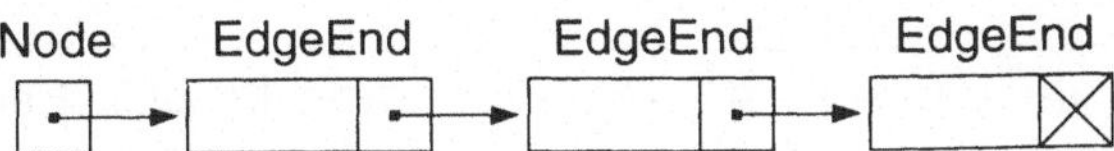

Instanzen der Klasse EdgeList gibt es keine, die Instanzen der zwei Unterklassen spielen jeweils die Rolle einer EdgeList. In beiden Fällen lässt sich die gewünschte Funktion einfach implementieren:

- Das Objekt der Klasse Node ist selbst der Knoten, dem die Kantenliste gehört. Für dieses Objekt muss die Funktion den Wert Self haben.
- Ein Objekt der Klasse EdgeEnd ist Teil einer bestehenden Kante und somit schon mit dem Knoten verkettet, dem die Kantenliste gehört. Wir haben früher eine Funktion EdgeEnd.Here definiert, die zu diesem Knoten führt.

Wir führen deshalb die neue Schreitfunktion in EdgeList ebenfalls unter dem Namen Here ein; in der Unterklasse EdgeEnd wird die bisherige Definition von Here dann zu einer Neudefinition, die in der Typvereinbarung mit override gekennzeichnet werden muss. Ausserdem soll auch Node diese Funktion neu definieren:

```
function Node.Here: Node;
begin
Here := Self;
end;
```

Nach dieser Vorbereitung können wir die Operation EdgeList.InsertEdge implementieren. Die folgende Implementation fügt die beiden Enden rekursiv ein, und zwar verwendet sie zur Steuerung der Rekursion die Instanzvariable There:

```
procedure EdgeList.InsertEdge (OtherList: EdgeList; e: EdgeEnd);
begin
e.OtherEnd.There := Here;
Insert(e);
if e.There = nil then
  OtherList.InsertEdge(Self, e.OtherEnd);
end;
```

Eine etwas erweiterte Version prüft, ob eine zyklische Kante eingefügt werden soll, und fügt diese nur einmal ein:

```
procedure EdgeList.InsertEdge (OtherList: EdgeList; e: EdgeEnd);
begin
e.OtherEnd.There := Here;
if OtherList = nil then {cyclic edge}
  e.There := Here
else if OtherList.Here = Here then {cyclic edge, ignore OtherList}
  e.There := Here;
Insert(e);
if e.There = nil then
  OtherList.InsertEdge(Self, e.OtherEnd);
end;
```

Eine Kante zu *entfernen* bedeutet, sie aus zwei Kantenlisten zu entfernen (ausser wenn sie zyklisch ist). Die Operation EdgeList.RemoveEdge muss also einerseits das erste in der Kantenliste enthaltene Kantenende entfernen, andrerseits muss sie das zugehörige andere Kantenende in der entsprechenden Kantenliste suchen und ebenfalls entfernen. Die folgende Implementation verwendet zur Suche die Listenoperation AtFirstEdgeMatching mit dem Suchkriterium SameEdge:

```
procedure EdgeList.RemoveEdge (var e: EdgeEnd);
var x, y: Element;
begin
Remove(x);
e := EdgeEnd(x);
if e.There <> e.Here then
  e.There.AtFirstEdgeMatching(SameEdge, e.OtherEnd).Remove(y);
e.There := nil;
e.OtherEnd.There := nil;
end;
```

Der *Aufbau* einer Kante umfasst zwei Schritte. Die Klasse EdgeEnd muss zunächst Initialize erweitern, um alle Instanzvariablen zu initialisieren:

```
procedure EdgeEnd.Initialize;
begin
inherited Initialize;
Outgoing := True;
There := nil;
OtherEnd := nil;
Body := nil;
end;
```

Mit einer zweiten Operation werden zwei Kantenenden und ein Kantenrumpf zu einer Kante verknüpft:

```
procedure EdgeEnd.MakeEdge (e: EdgeEnd; b: EdgeBody);
begin
OtherEnd := e;
e.OtherEnd := Self;
Body := b;
e.Body := b;
end;
```

Eine Funktion, die eine neue Kante erzeugt, benützt diese zwei Operationen:

```
function NewEdge (Outgoing, Incoming: Boolean; b: EdgeBody): EdgeEnd;
var e1, e2: EdgeEnd;
begin
New(e1);
e1.Initialize;
e1.Outgoing := Outgoing;
New(e2);
e2.Initialize;
e2.Outgoing := Incoming;
e1.MakeEdge(e2, b);
NewEdge := e1;
end;
```

Zur *Vernichtung* einer Kante müssen die drei Objekte voneinander getrennt und einzeln vernichtet werden. Als Besonderheit kommt hinzu, dass man vorher prüfen muss, ob das andere Ende noch in einer Kantenliste enthalten ist, und es allenfalls entfernen muss:

```
procedure EdgeEnd.Delete;
var x: Element;
begin
if OtherEnd <> nil then
  begin
  if (There <> nil) and (There <> Here) then
    There.AtFirstEdgeMatching(SameEdge, OtherEnd).Remove(x);
  OtherEnd.OtherEnd := nil;
  OtherEnd.Body := nil;
  OtherEnd.Delete;
  end;
if Body <> nil then
  Body.Delete;
inherited Delete;
end;
```

Knotenlisten

Wie früher erwähnt, genügt die Verknüpfung über Kanten nicht, um alle Knoten eines Graphen systematisch zu erfassen. Deshalb fasst man die Knoten unabhängig von den Kanten zu einer *Knotenliste* zusammen:

```
type Graph = object
  {Liste mit Elementen vom Typ Node}
  end;
```

Die Knotenliste kann beliebig organisiert sein, wir werden sie natürlich als rekursiv zugängliche Liste organisieren und zur Darstellung die Klasse List verwenden. Nach dem üblichen Verfahren wären die Knoten gleichzeitig Elementobjekte der Knotenliste, also im einfachsten Fall von Element abgeleitet:

```
type Graph = List;

type Node = object(Element)
  ...
  end;
```

Dies geht aber nicht, da Node bereits von EdgeList abgeleitet ist. Stattdessen bauen wir die Knotenliste aus Elementen auf, die jeweils mit einem Knoten verkettet sind:

```
type Graph = List;

type NodeElement = object(Element)
  Contents: Node;
  end;
```

Damit erhalten wir folgendes Bild:

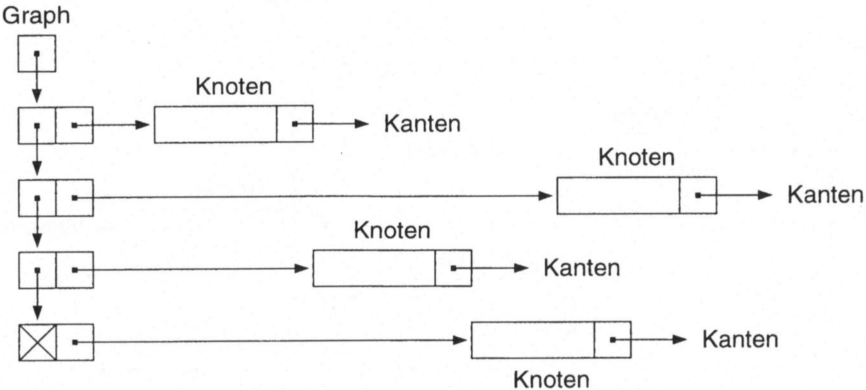

Wenn man NodeElement direkt von Element ableitet, erfordert jeder Zugriff auf einen Knoten eine Typkonversion. Wie schon mehrmals in ähnlichen Situationen führen wir deshalb eine neue Listenklasse ein, mit Operationen, welche die jeweils notwendigen Typkonversionen durchführen und von welcher die Elementobjekte abgeleitet sind. Hier heisst diese Klasse NodeList:

```
type NodeList = object(List)
  function FirstNode: Node;
  function AfterFirstNode: NodeList;
  procedure InsertNode (x: Node);
  procedure RemoveNode (var x: Node);
  {sowie weitere Listenoperationen}
  end;

type NodeElement = object(NodeList)
  Contents: Node;
  end;

type Graph = NodeList;
```

Auf die Implementation dieser Operationen gehen wir wieder nicht ein. Sie ist eng verwandt zu jener der ThingList und im Anhang beschrieben.

Hinzu kommt nun ein zweiter Wunsch. Wir werden später sehen, dass es zweckmässig ist, von einem Knoten aus den gesamten Graphen erfassen zu können; wir erweitern deshalb das abstrakte Knotenobjekt nochmals um eine entsprechende Schreitoperation:

```
function Node.Home: Graph;
```

In der verketteten Darstellung erfordert dies eine weitere Verkettung, die vom Knotenobjekt zum Graphenobjekt führt:

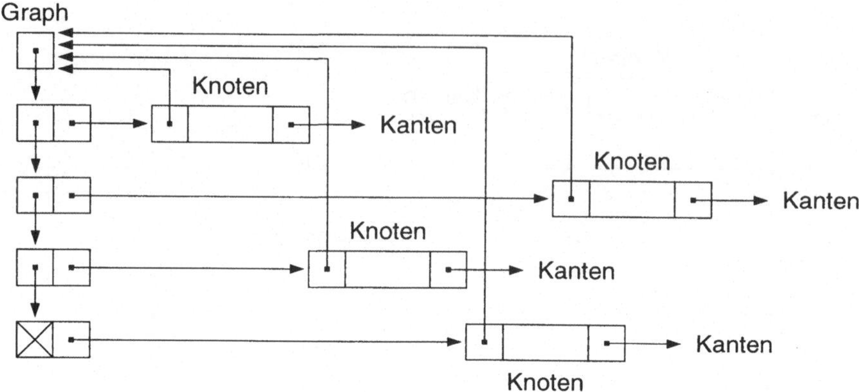

Wir geben dieser neuen Instanzvariablen den Namen Home, die Funktion wird also durch direkten Zugriff auf diese dargestellt:

```
type Node = object(EdgeList)
  Home: Graph;
  ...
  end;
```

Die Erweiterung wirkt sich auf die Operation NodeList.InsertNode aus. Sie muss nun beim Einfügen eines Knotens diesen mit dem Graphen verketten. Die Aufgabe ist ähnlich zu jener, beim Einfügen einer Kante diese mit den beiden beteiligten Knoten zu verketten. Wir wenden auch denselben Lösungsansatz an, d.h. wir erweitern NodeList um eine Funktion, die von einer Knotenliste oder Teil-Knotenliste zum Graphen führt, und nützen zu deren Implementation aus, dass die Rolle einer NodeList einerseits durch das Graphenobjekt wahrgenommen wird, andrerseits durch Objekte der Unterklasse NodeElement:

- Das Graphenobjekt ist selbst das Objekt, zu welchem die Funktion führen soll, hier hat sie also den Wert Self.
- Ein Objekt der Klasse NodeElement ist über Contents mit einem schon bestehenden Knoten verkettet, dieser über Home mit dem Graphen; die Funktion hat somit hier den Wert Contents.Home.

Wir führen diese Funktion in NodeList ebenfalls unter dem Namen Home ein. In der Unterklasse NodeElement müssen wir sie mit override kennzeichnen und neu definieren:

```
type NodeElement = object(NodeList)
  Contents: Node;
  function Home: Graph; override;
  end;
```

```
function NodeElement.Home: Graph;
begin
Home := Contents.Home;
end;
```

Graph machen wir zu einer Unterklasse von NodeList und definieren Home darin ebenfalls neu:

```
type Graph = object(NodeList)
  function Home: Graph; override;
  end;

function Graph.Home: Graph;
begin
Home := Self;
end;
```

Die Prozedur NodeList.InsertNode kann nun die Funktion Home verwenden, um die Verkettung des Knotens zum Graphen herzustellen.

Wiederverwendung

Damit haben wir eine flexible Darstellung von Graphen durch Objekte zur Verfügung. Um mit ihr experimentieren zu können, leiten wir von Node eine Klasse StringNode ab:

```
type StringNode = object(Node)
  Contents: string;
  procedure Initialize; override;
  end;

procedure StringNode.Initialize;
begin
inherited Initialize;
Contents := '';
end;

function NewStringNode (s: string): StringNode;
var x: StringNode;
begin
New(x);
x.Initialize;
x.Contents := s;
NewStringNode := x;
end;
```

Auf die gleiche Weise leiten wir von EdgeBody eine Klasse StringEdgeBody ab:

```
type StringEdgeBody = object(EdgeBody)
  Contents: string;
  procedure Initialize; override;
  end;
```

```
procedure StringEdgeBody.Initialize;
begin
inherited Initialize;
Contents := '';
end;

function NewStringEdgeBody (s: string): StringEdgeBody;
var b: StringEdgeBody;
begin
New(b);
b.Initialize;
b.Contents := s;
NewStringEdgeBody := b;
end;
```

4.2 Graphenalgorithmen

Kernpunkte dieses Kapitels:

- *Ein Graph kann durch wiederholtes Einfügen von Knoten sowie von Kanten zwischen Knoten aufgebaut werden.*
- *Die von einem Knoten ausgehenden Pfade bilden einen meist unendlich grossen Pfadbaum. Diesen kann man auf verschiedene Arten durchlaufen und dabei zu einem endlichen Baum reduzieren. Wichtige Varianten sind der Tiefendurchlauf und der Breitendurchlauf.*
- *Mit Hilfe des Tiefendurchlaufs kann man kritische Kanten und Knoten erkennen, d.h. Knoten und Kanten, bei deren Entfernung sich die Erreichbarkeit im verbleibenden Graphen verschlechtert.*
- *Es kann zweckmässig sein, einen Pfadbaum in der Datenstruktur zu speichern, um die gefundenen Pfade nachträglich zu durchlaufen.*

Aufbau von Graphen

Wie bei Listen und Bäumen überlegen wir uns zuerst, wie man Graphen mit Hilfe der zur Verfügung stehenden Operationen aufbaut. Dazu muss man einerseits die Knotenliste aufbauen, andrerseits die Knoten durch Kanten miteinander verbinden. Das folgende Programmstück baut die Knotenliste eines Graphen aus Konstanten auf:

```
var g: Graph;
...
g := NewGraph;
g.InsertNode(NewStringNode('Insel'));
g.AtNodeListEnd.InsertNode(NewStringNode('Hafen'));
g.AtNodeListEnd.InsertNode(NewStringNode('Bahnhof'));
g.AtNodeListEnd.InsertNode(NewStringNode('Marktplatz'));
g.AtNodeListEnd.InsertNode(NewStringNode('Flughafen'));
g.AtNodeListEnd.InsertNode(NewStringNode('Rathaus'));
...
```

Die folgende Prozedur dient der besseren Lesbarkeit, sie erzeugt einen Knoten und fügt ihn am Ende der Knotenliste des Graphen g an:

```
procedure gAppendStringNode (s: string);
begin
g.AtNodeListEnd.InsertNode(NewStringNode(s));
end;

...
g := NewGraph;
gAppendStringNode('Insel');
gAppendStringNode('Hafen');
gAppendStringNode('Bahnhof');
gAppendStringNode('Marktplatz');
gAppendStringNode('Flughafen');
gAppendStringNode('Rathaus');
...
```

Um eine Kante einzufügen, muss man zuerst die beiden zu verbindenden Knoten in der Datenstruktur identifizieren und dann die Kante in die beiden Kantenlisten einfügen. Man könnte zum Beispiel die Knoten aufgrund ihrer Position innerhalb der Knotenliste identifizieren, eine Kante von Hafen (Knoten 2) nach Bahnhof (Knoten 3) würde wie folgt eingefügt:

```
var x, y: Node;
...
x := g.AtNodeNumber(2).FirstNode;
y := g.AtNodeNumber(3).FirstNode;
x.AtEdgeListEnd.InsertEdge(y.AtEdgeListEnd, NewEdge(Undirected, nil));
...
```

Das Beispiel fügt die neue Kante jeweils am Ende der Kantenlisten an. Bei Anwendungen, in denen die Reihenfolge der Kanten eine Bedeutung hat, kann sie stattdessen an den passenden Stellen eingefügt werden.

Die Identifikation der Knoten durch ihre Positionen ist aber schwer lesbar und fehleranfällig. Besser ist es, die Knoten durch ihren Inhalt zu identifizieren. Die folgende Prozedur sucht im Graphen g zwei Knoten aufgrund ihres Inhalts und fügt deren Kantenlisten eine neue Kante an, die der Vollständigkeit halber selbst wieder einen Inhalt haben kann:

```
procedure gAppendStringEdge
    (s1, s2: string; Outgoing, Incoming: Boolean; s: string);
var l1, l2: NodeList; e: EdgeEnd;
begin
l1 := gAtStringNode(s1);
l2 := gAtStringNode(s2);
if not l1.Empty and not l2.Empty then
  begin
  e := NewEdge(Outgoing, Incoming, NewStringEdgeBody(s));
  l1.FirstNode.AtEdgeListEnd.InsertEdge(l2.FirstNode.AtEdgeListEnd, e);
  end;
end;
```

Dabei wird eine Funktion gAtStringNode verwendet, die einen Knoten innerhalb der Knotenliste von g sucht:

```
function gAtStringNode (s: string): NodeList;
  function ContentsEqualS (x: Node): Boolean;
  begin
  ContentsEqualS := (StringNode(x).Contents = s);
  end;
begin
gAtStringNode := g.AtFirstGoodNode(ContentsEqualS);
end;
```

Dank der Prozedur gAppendStringEdge wird nun der Aufbau des Graphen besser lesbar:

```
...
gAppendStringEdge('Hafen', 'Bahnhof', True, True, 'Hafenstrasse');
gAppendStringEdge('Hafen', 'Marktplatz', True, True, 'Hafenstrasse');
gAppendStringEdge('Bahnhof', 'Marktplatz', True, True, 'Bahnhofstrasse');
gAppendStringEdge('Bahnhof', 'Flughafen', True, True, 'Flughafenstrasse');
gAppendStringEdge('Bahnhof', 'Rathaus', True, False, 'Rathausgasse');
gAppendStringEdge('Marktplatz', 'Rathaus', False, True, 'Marktgasse');
...
```

Das Programmstück erzeugt den folgenden Graphen:

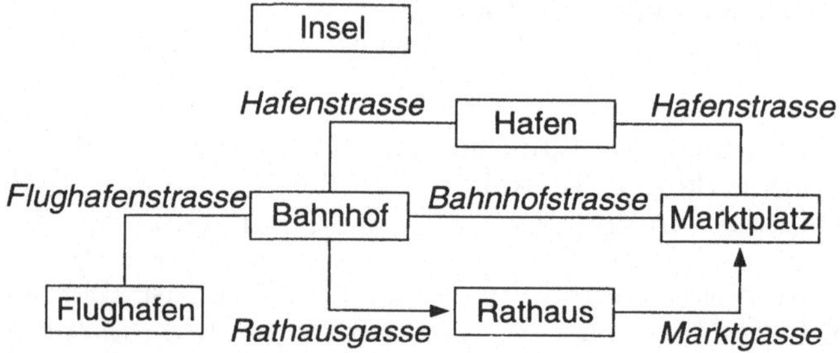

Man kann die Funktion gAtStringNode auch benützen, um bei der Einfügeoperation dafür zu sorgen, dass keine zwei Knoten dieselbe Zeichenkette enthalten:

```
procedure gAppendUniqueStringNode (s: string);
var l: NodeList;
begin
l := gAtStringNode(s);
if l.Empty then l.InsertNode(NewStringNode(s));
end;
```

In einer etwas abstrakteren Sprechweise ist gAppendStringNode die Zufügeoperation einer Multimenge von Knoten, gAppendUniqueStringNode jene einer Menge von Knoten.

Als zweites Beispiel bauen wir einen Graphen aufgrund einer Texteingabe auf. Zunächst müssen wir uns überlegen, wie man einen Graphen durch einen Text beschreiben kann. Für Graphen mit anonymen Kanten schlagen wir folgende Syntax vor:

Graph = {Line} ↲

Line = Source {Destination} ↲

Source = Word

Destination = Word

Das Symbol "↲" soll dabei ein Zeilenende bedeuten. Ein Graph wird also durch eine Anzahl Zeilen beschrieben, die je wenigstens ein Wort enthalten. Jedes Wort bezeichnet einen Knoten, wobei dasselbe Wort mehrmals vorkommen darf und immer denselben Knoten bezeichnet. Wenn eine Zeile mehr als ein Wort enthält, bezeichnet das erste Wort eine Quelle, alle folgenden sind Ziele von anonymen Kanten, die von dieser Quelle ausgehen. Den Abschluss der Beschreibung bildet eine Leerzeile. Ein Beispiel einer solchen Beschreibung ist der folgende Text:

```
Insel
Hafen
Bahnhof
Marktplatz
Flughafen
Rathaus
Hafen Bahnhof
Hafen Marktplatz
Bahnhof Marktplatz
Bahnhof Flughafen
Bahnhof Rathaus
Marktplatz Rathaus
↲
```

Man sieht leicht ein, dass *jeder* Text die Syntax erfüllt, der aus beliebig vielen nichtleeren Zeilen besteht und mit einer Leerzeile endet, denn an die in den nichtleeren Zeilen enthaltenen Wörter stellt die Syntax keine Bedingungen. Verschiedene Texte können denselben Graphen beschreiben; der folgende Text ist gleichwertig zum obigen, aber kürzer:

```
Insel
Hafen Bahnhof Marktplatz
Bahnhof Marktplatz Flughafen Rathaus
Marktplatz Rathaus
↲
```

Ob die Kanten des durch den Text beschriebenen Graphen alle gerichtet oder alle ungerichtet sein sollen, ist noch offen, die Syntax eignet sich für beide Interpretationen. Wenn man sie als ungerichtet interpretiert, beschreiben die obigen zwei Texte den folgenden Graphen:

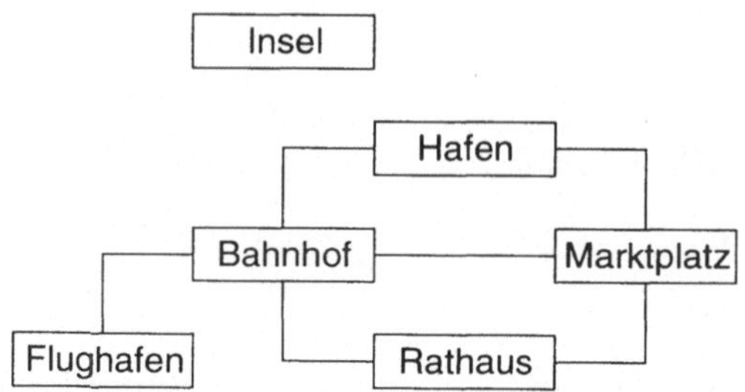

Um Graphen zu beschreiben, die sowohl ungerichtete als auch gerichtete Kanten enthalten können, müsste man die Syntax erweitern. Eine andere Erweiterung wäre nötig, um Graphen zu beschreiben, deren Kanten nicht anonym sind, sondern beispielsweise jeweils ein Wort enthalten. Um das Beispiel einfach zu halten, befassen wir uns nicht mit diesen Erweiterungen.

Nun entwickeln wir einen Algorithmus, der aus einem derartigen Text einen Graphen aufbaut. Zur Zerlegung des Textes in Wörter verwenden wir die aus Kapitel 2.2 und 3.2 bekannte und im Anhang beschriebene Prozedur ReadWord. Die folgende Prozedur macht aus dem ersten Wort jeder Zeile einen Knoten, und zwar ohne Duplikate, d.h. mit Hilfe von gAppendUniqueStringNode; gleichzeitig bewahrt sie dieses Wort auf. Aus allen folgenden Wörtern macht sie ebenfalls Knoten, erzeugt aber zusätzlich die entsprechenden Kanten unter Verwendung des ersten Wortes:

```
var g: Graph; s1, s2: string;
...
g := NewGraph;
ReadWord(s1);
while s1 <> '' do
  begin
  gAppendUniqueStringNode(s1);
  ReadWord(s2);
  while s2 <> '' do
    begin
    gAppendUniqueStringNode(s2);
    gAppendStringEdge(s1, s2, Undirected, '')
    ReadWord(s2);
    end;
  ReadWord(s1);
  end;
...
```

Dieser Algorithmus lässt sich noch etwas optimieren. Beim Einfügen einer Kante sucht nämlich gAppendStringEdge jeweils nach Knoten, die schon beim Einfügen mit gAppendUniqueStringNode gesucht wurden. Die folgende

Variante bewahrt die Suchresultate auf und vermeidet so diese doppelten Suchvorgänge:

```
var g: Graph; s: string; x, y: Node; e: Edge;
...
g := NewGraph;
ReadWord(s);
while s <> '' do
  begin
  gFindOrAppendStringNode(s, x);
  ReadWord(s);
  while s <> '' do
    begin
    gFindOrAppendStringNode(s, y);
    e := NewEdge(True, True, nil);
    x.AtEdgeListEnd.InsertEdge(y.AtEdgeListEnd, e);
    ReadWord(s);
    end;
  ReadWord(s);
  end;
...
```

Statt gAppendUniqueStringNode wird hier eine Prozedur gFindOrAppendStringNode verwendet, die einen Verweis zum gefundenen oder neu erzeugten Knoten als Resultat zurückgibt:

```
procedure gFindOrAppendStringNode (s: string; var x: StringNode);
var l: NodeList;
begin
l := gAtStringNode(s);
if l.Empty then
  begin
  x := NewStringNode(s);
  l.InsertNode(x);
  end
else
  x := StringNode(l.FirstNode);
end;
```

Durchlaufen von Graphen

Einen Graphen durchlaufen heisst, für jeden Knoten und/oder für jede Kante eine Aktion durchzuführen. Bei Bäumen haben wir mehrere sinnvolle Arten des Durchlaufens gefunden; bei Graphen ist die Vielfalt noch grösser. Es ist sogar so, dass viele Algorithmen zur Lösung klassischer Graphenaufgaben auf der einen oder anderen Art des Durchlaufens beruhen.

Für jeden *Knoten* eine Aktion durchzuführen ist einfach, man braucht dazu bloss die Knotenmenge zu durchlaufen, ohne Rücksicht auf deren Verbindung durch Kanten. Wir tun dies im folgenden Beispiel; damit es nicht gar zu einfach wird, durchlaufen wir zusätzlich bei jedem Knoten dessen Kantenliste:

```
procedure WriteBlankAndNeighbor (e: EdgeEnd);
begin
Write(' ', StringNode(e.There).Contents);
end;

procedure WriteLnNodeAndNeigbors (x: Node);
begin
Write(StringNode(x).Contents, ':');
x.ForAllEdges(WriteBlankAndNeighbor);
WriteLn;
end;

...
g.ForAllNodes(WriteLnNodeAndNeigbors);
...
```

Damit erhalten wir eine Beschreibung des Graphen durch einen Text, der dem zum Aufbau des Graphen verwendeten Text nicht unähnlich ist, allerdings tritt hier jede Kante zweimal auf:

```
Insel:
Hafen: Bahnhof Marktplatz
Bahnhof: Hafen Marktplatz Flughafen Rathaus
Marktplatz: Hafen Bahnhof Rathaus
Flughafen: Bahnhof
Rathaus: Bahnhof Marktplatz
```

Die soeben beschriebene Art des Durchlaufens eignet sich gut dazu, einen Graphen zu protokollieren. Um Aussagen über die Struktur eines Graphen zu gewinnen, ist eine andere Art zweckmässiger: Ausgehend von einem beliebigen Knoten des Graphen durchläuft man diesen auf *Pfaden* und führt für jeden dabei erreichten Knoten (also für jedes *Ziel* des Ausgangsknotens) eine Aktion durch, oder auch für jede dabei benützte Kante. Diese Art des Durchlaufens nennen wir *Pfaddurchlauf*. Sie ist verwandt mit dem Durchlaufen von Bäumen, weil die von einem Knoten ausgehenden Pfade einen Baum aufbauen, den *Pfadbaum*. Wir zeigen dies an unserem Beispiel, ausgehend vom Knoten Flughafen:

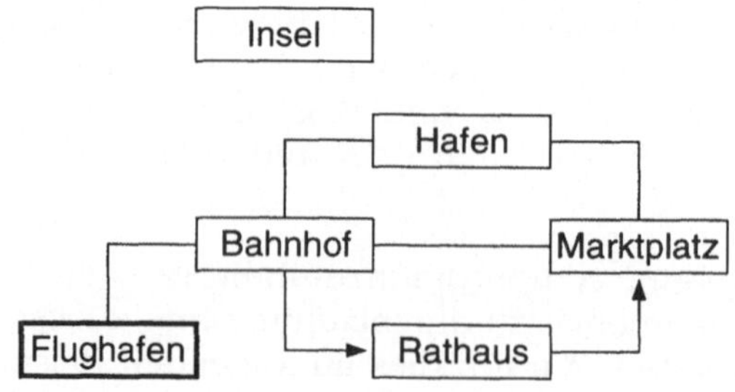

Der Ausgangsknoten, also Flughafen, bildet die Wurzel des Baumes. Die Zielnachbarn jedes Knotens treten im Baum als dessen Kinder auf; der Knoten Flughafen hat demnach nur ein Kind, nämlich Bahnhof, dieser wiederum hat die vier Kinder Hafen, Marktplatz, Flughafen und Rathaus, undsoweiter. Wir erhalten folgenden Baum:

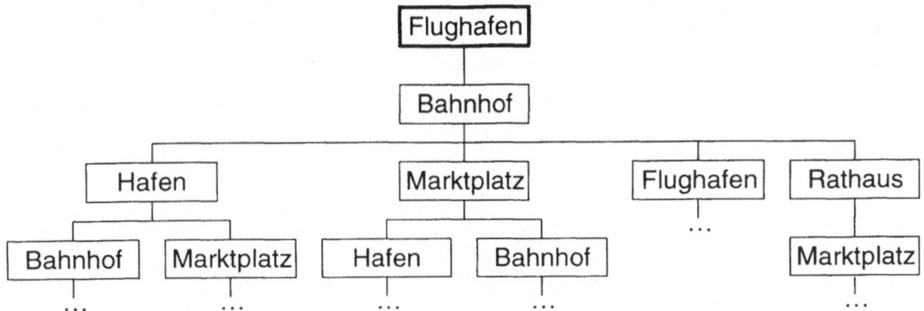

Man sieht sogleich, dass ein Knoten im Baum mehrmals auftreten kann, da mehrere Pfade im Graphen zum gleichen Knoten führen können. Ein Knoten kann auch als Nachkomme seiner selbst auftreten, wodurch der Baum unendlich gross wird; in unserem Beispiel ist dies sogar für sämtliche beteiligten Knoten der Fall.

Diesen Baum kann man nun im Prinzip mit allen in Kapitel 3.2 eingeführten Verfahren durchlaufen, allerdings muss man sie etwas abwandeln: Wenn man beim Durchlaufen auf einen schon früher besuchten Knoten stösst, verfolgt man den entsprechenden Teilbaum nicht mehr weiter. Welche Teilbäume auf diese Weise wegfallen, hängt von der Reihenfolge des Durchlaufens ab. Die preorder-Reihenfolge führt zu folgendem reduzierten Baum:

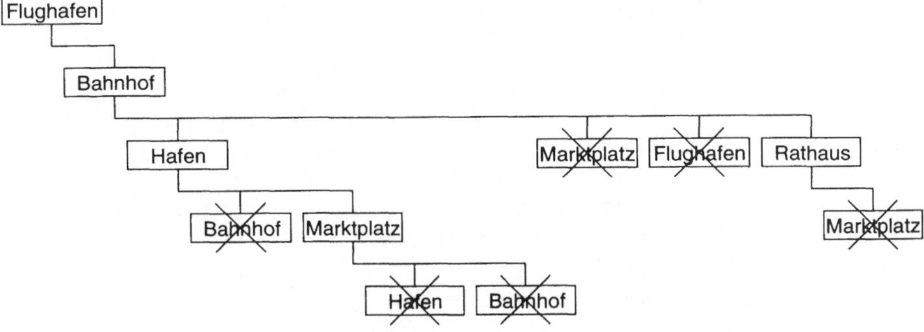

In der Zeichnung sind jene Knoten durchgestrichen, die schon vorher (d.h. weiter links) besucht wurden und deshalb nicht mehr weiterverfolgt wurden. Der so reduzierte Baum heisst der *tiefe* Pfadbaum, man spricht auch vom *Tiefendurchlauf* des Graphen. Der Name rührt daher, dass die Kinder eines Knotens vor seinen Nachfolgern berücksichtigt werden, was zu langen Pfaden führen kann; beispielsweise wird der Knoten Marktplatz von Bahnhof nicht direkt, sondern über Hafen erreicht.

Wenn man den tiefen Pfadbaum in der Graphendarstellung zeichnet und dabei die durchgestrichenen Knoten nicht berücksichtigt, erhält man folgendes Bild:

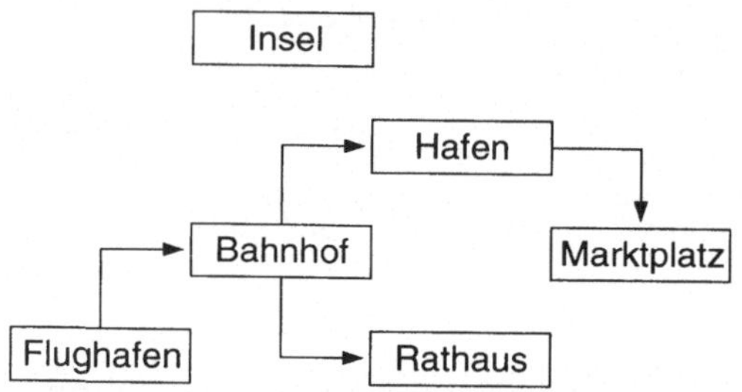

Im Baum kommt jeder Zielknoten von Flughafen genau einmal vor, aber nur ein Teil der Kanten wird zur Verbindung benützt. Alle übrigen von Zielknoten auslaufenden Kanten führen jeweils zu einem bereits besuchten Knoten:

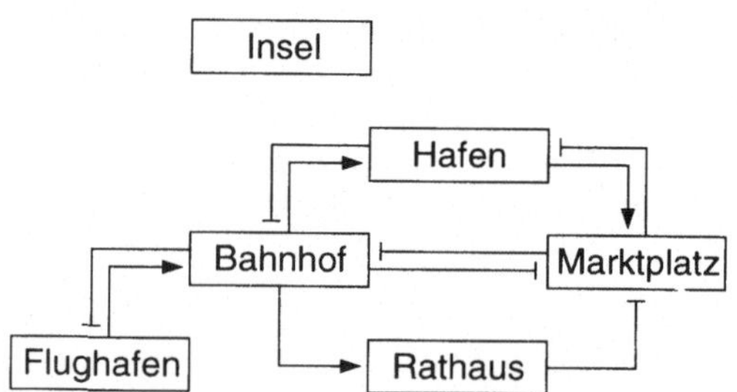

In einem gerichteten Graphen erfasst der tiefe Pfadbaum alle Knoten der Komponente, zu welcher der Ausgangsknoten gehört. Ein solcher Baum (resp. der zugehörige freie Baum) heisst *Spannbaum* der Komponente.

Nun wollen wir einen Algorithmus entwickeln, der den tiefen Pfadbaum aufbaut und dabei für alle Ziele eine Aktion durchführt. Der Algorithmus muss erkennen können, ob ein Knoten schon im Pfadbaum enthalten ist. Dies geht nicht ohne irgendeine Form von Gedächtnis, was wir abstrakt durch drei zusätzliche Operationen für Node und Graph formulieren:

```
function Node.inPath: Boolean;
procedure Node.IncludeInPath;

procedure Graph.ClearPaths;
```

Zur Implementation stellen wir die Funktion inPath durch direkten Zugriff auf eine Instanzvariable inPath dar; IncludeInPath gibt dieser den Wert True, Graph.ClearPaths gibt ihr in allen Knoten den Wert False. (Später werden wir noch eine andere Implementation vorstellen.)

Der Algorithmus lässt sich rekursiv ausdrücken: Um alle Ziele eines Knotens zu erfassen, erfasst man zuerst diesen Knoten, dann wendet man den Algorithmus der Reihe nach auf die noch nicht erfassten Zielnachbarn an. Vorgängig, also ausserhalb der Rekursion, müssen alle Knoten als nicht erfasst markiert werden. Wenn wir dies mit den gewohnten Techniken in Pascal übertragen, erhalten wir drei Prozeduren, je eine zur Behandlung der Knoten und Kanten sowie eine Rahmenprozedur für den Ausgangsknoten:

```
procedure Node.ForDeepPathTree (procedure Action (x: Node));

  procedure VisitNodeDestinations (x: Node);

    procedure VisitEdgeDestinations (e: EdgeEnd);
    begin
    if not e.There.inPath then
      VisitNodeDestinations(e.There);
    end;

  begin
  x.IncludeInPath;
  Action(x);
  x.ForAllOutgoingEdges(VisitEdgeDestinations);
  end;

begin
Home.ClearPaths;
VisitNodeDestinations(Self);
end;
```

Wir können den Algorithmus noch vereinfachen, indem wir die Behandlung der Knoten in die beiden anderen Prozeduren verlegen:

```
procedure Node.ForDeepPathTree (procedure Action (x: Node));

  procedure VisitDestinations (e: EdgeEnd);
  begin
  if not e.There.inPath then
    begin
    e.There.IncludeInPath;
    Action(e.There);
    e.There.ForAllOutgoingEdges(VisitDestinations);
    end;
  end;

begin
Home.ClearPaths;
IncludeInPath;
Action(Self);
ForAllOutgoingEdges(VisitDestinations);
end;
```

Nun wenden wir den Algorithmus auf unser Beispiel an:

```
...
gAtStringNode('Flughafen').FirstNode.ForDeepPathTree(WriteLnNode);
...
```

Dies ergibt folgendes Resultat:

```
Flughafen
Bahnhof
Hafen
Marktplatz
Rathaus
```

Das Beispiel verwendet eine Prozedur WriteLnNode (x: Node), welche die im Knoten enthaltene Zeichenkette schreibt.

Wenn man den vollständigen Pfadbaum in einer anderen Reihenfolge durchläuft und reduziert, entsteht ein anderer Pfadbaum, nur die Knotenmenge bleibt dieselbe. Eine praktische Bedeutung hat die Ebenen-Reihenfolge, sie definiert den *Breitendurchlauf*, welcher zum *breiten Pfadbaum* führt:

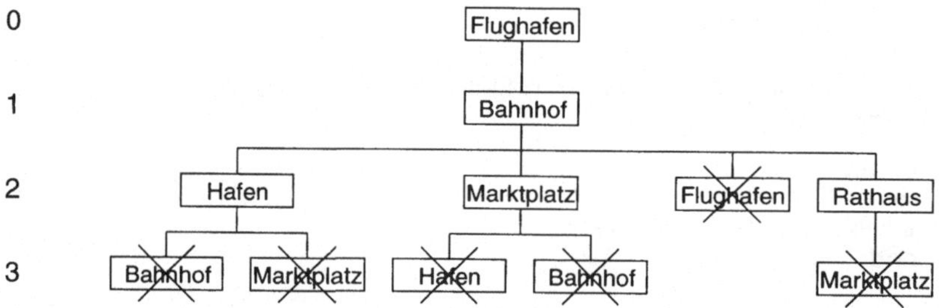

In der Graphendarstellung sieht man, dass dieser Pfadbaum jeden Knoten auf dem kürzesten Pfad mit dem Ausgangsknoten verbindet:

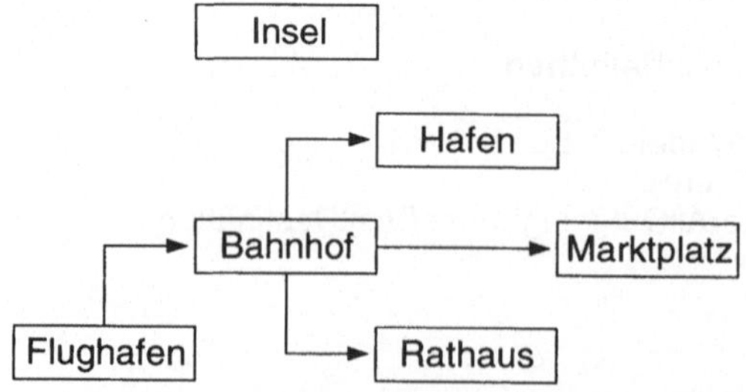

Wir werden in Kapitel 4.3 auf diese Eigenschaft des Breitendurchlaufs zurückkommen.

Der folgende Algorithmus baut den breiten Pfadbaum auf und führt dabei, wie ForDeepPathTree, für jedes Ziel eine Aktion aus. Er lehnt sich an den in Kapitel 3.2 vorgestellten Algorithmus ForAllLevelOrder an, d.h. er nimmt beim Besuch eines Knotens dessen noch nicht erfasste Zielnachbarn wohl in den Baum auf, besucht sie aber nicht sofort, sondern über eine Warteschlange:

```
procedure Node.ForWidePathTree (procedure Action (x: Node));

  var q: ThingQueue; x: Thing;

  procedure RememberDestination (e: EdgeEnd);
  begin
  if not e.There.inPath then
    begin
    e.There.IncludeInPath;
    q.AppendThing(e.There);
    end;
  end;

begin
Home.ClearPaths;
IncludeInPath;
Action(Self);
q := NewThingQueue;
ForAllOutgoingEdges(RememberDestination);
while not q.Empty do
  begin
  q.RemoveThing(x);
  Action(Node(x));
  Node(x).ForAllOutgoingEdges(RememberDestination);
  end;
q.Delete;
end;
```

Der Tiefen- und der Breitendurchlauf bilden die Grundlage zur Lösung einer Reihe von Graphenaufgaben. Allerdings genügt es dabei meist nicht, für jeden Zielknoten eine Aktion durchzuführen. Oft wird auch für jede Kante eine Aktion benötigt, vielleicht je eine vor und nach dem Besuch des Zielknotens, vielleicht eine dritte für den Fall, dass die Kante zu einem schon erfassten Knoten führt. Wir verzichten darauf, allgemein verwendbare Versionen der Algorithmen zu suchen, sondern ändern zur Lösung der verschiedenen Aufgaben die Grundmuster jeweils passend ab. Die Prozeduren ForDeepPathTree und ForWidePathTree sind deshalb als Beispiele zu verstehen und dürften nur in Einzelfällen direkt verwendbar sein.

Ein Pfaddurchlauf erfasst die Ziele eines Ausgangsknotens und damit im allgemeinen nicht den ganzen Graphen. Für gewisse Aufgaben ist es aber notwendig, den ganzen Graphen zu erfassen. In diesen Fällen kann man die Knotenliste des Graphen durchlaufen und dabei ausgehend von jedem noch nicht erfassten Knoten einen neuen Pfaddurchlauf durchführen. So entsteht ein *Pfadwald*, der den ganzen Graphen erfasst. Wir werden später mehreren Beispielen dafür begegnen.

Eine einfache Anwendung des Durchlaufens ist das *Zählen*. Beispiele dafür haben wir schon für Listen und Bäume vorgestellt. Um etwa die Knoten eines Graphen zu zählen, haben wir bereits die Funktion Length zur Verfügung, da ein Graph eine Knotenliste ist. Ein Knoten wiederum ist eine Kantenliste, wenn wir also Length auf einen Knoten anwenden, erhalten wir dessen Kantenzahl. Um die Gesamtzahl der Kanten des Graphen zu bestimmen, bilden wir die Summe der Kantenzahlen aller Knoten; diese Summe müssen wir allerdings noch durch zwei teilen, da jede Kante in zwei Kantenlisten enthalten ist:

```
function Graph.Edges: Integer;

  var n: Integer;

  procedure AddEdgeEnds (x: Node);
  begin
  n := n + x.Length;
  end;

begin
n := 0;
ForAllNodes(AddEdgeEnds);
Edges := n div 2;
end;
```

Ein Pfaddurchlauf erreicht alle Ziele eines Knotens; deshalb lässt sich beispielsweise mit Hilfe eines Tiefendurchlaufs die Anzahl dieser Ziele bestimmen:

```
function Node.Destinations: Integer;

  var n: Integer;

  procedure CountDestinations (e: EdgeEnd);
  begin
  if not e.There.inPath then
    begin
    n := n + 1;
    e.There.IncludeInPath;
    e.There.ForAllOutgoingEdges(CountDestinations);
    end;
  end;

begin
Home.ClearPaths;
IncludeInPath;
n := 1;
ForAllOutgoingEdges(CountDestinations);
Destinations := n;
end;
```

In einem ungerichteten Graphen erfasst ein Pfaddurchlauf gerade eine Komponente. Wenn man nach dem weiter oben beschriebenen Verfahren einen Pfadwald aufbaut und dabei dessen Bäume zählt, erhält man die Zahl der Komponenten des Graphen:

```
function Graph.UComponents: Integer;
  var n: Integer;
  procedure CountComponent (x: Node);
  begin
  if not x.inPath then
    begin
    n := n + 1;
    x.IncludeInPath;
    x.ForAllUndirectedEdges(UIncludeDestinations);
    end;
  end;
begin
n := 0;
ClearPaths;
ForAllNodes(CountComponent);
UComponents := n;
end;
```

Entsprechend der Aufgabenstellung berücksichtigt dieser Algorithmus nur die ungerichteten Kanten. Er bezieht sich also auf einen Teilgraphen, den wir den *ungerichteten Teilgraphen* nennen und der durch Weglassen aller gerichteten Kanten entsteht. Der Buchstabe U im Namen der Prozedur soll dies ausdrücken; wir werden diese Namenskonvention für alle Algorithmen verwenden, die nur auf ungerichtete Graphen anwendbar sind.

Die oben verwendete Prozedur UIncludeDestinations führt den Tiefendurchlauf ohne irgendwelche Aktionen durch (weil ja nur die Komponenten gezählt werden sollen), beschränkt auf den ungerichteten Teilgraphen:

```
procedure UIncludeDestinations (e: EdgeEnd);
begin
if not e.There.inPath then
  begin
  e.There.IncludeInPath;
  e.There.ForAllUndirectedEdges(UIncludeDestinations);
  end;
end;
```

Diese Prozedur wird später nochmals nützlich sein, ebenso die auf den ganzen Graphen bezogene Variante:

```
procedure IncludeDestinations (e: EdgeEnd);
begin
if not e.There.inPath then
  begin
  e.There.IncludeInPath;
  e.There.ForAllOutgoingEdges(IncludeDestinations);
  end;
end;
```

Anwendung: Kritische Kanten und Knoten

Oft interessiert man sich nicht nur dafür, ob ein Knoten für einen anderen Knoten erreichbar ist, sondern auch, wie zuverlässig diese Erreichbarkeit ist: Bleibt sie erhalten, wenn man eine Kante oder einen Knoten entfernt? Knoten oder Kanten, bei deren Entfernung sich die Erreichbarkeit im verbleibenden Graphen verschlechtert, nennen wir *kritisch*. Wir suchen nun Algorithmen, mit denen man kritische Kanten oder Knoten erkennen kann.

Eine *gerichtete Kante* ist genau dann unkritisch, wenn zu ihr ein *Ausweichpfad* existiert, also ein Pfad, der von ihrer Quelle zu ihrem Ziel führt und sie nicht enthält:

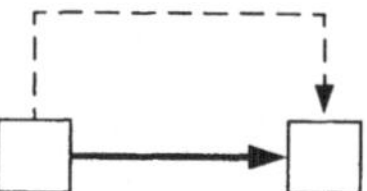

Für eine ungerichtete Kante muss dies in beiden Richtungen gelten:

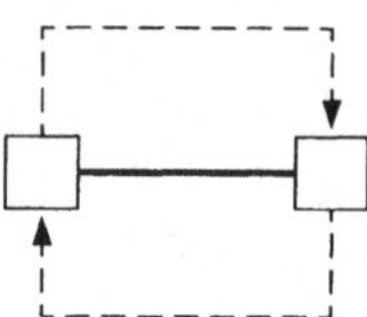

Im folgenden Beispiel sind die kritischen Kanten fett gezeichnet:

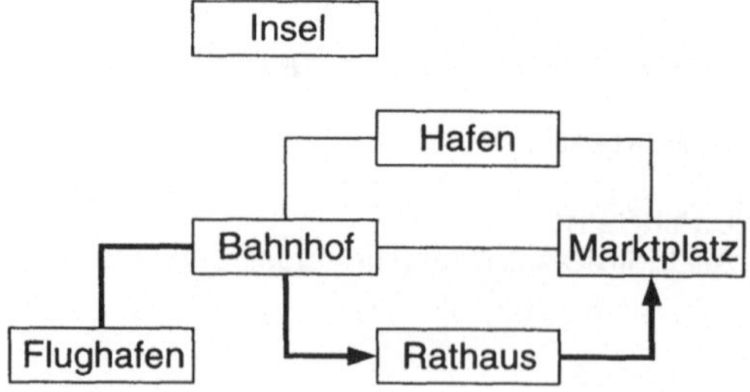

Man kann feststellen, ob eine gerichtete Kante kritisch ist, indem man zu ihr einen Ausweichpfad sucht. Dazu führt man ausgehend von ihrer Quelle einen Tiefendurchlauf durch, von welchem man sie ausschliesst, indem man ihr Ziel zuvor als besucht markiert. Wenn während des Durchlaufs ihr Ziel als Ziel einer anderen Kante auftritt, hat man einen Ausweichpfad gefunden.

Um eine ungerichtete Kante zu prüfen, muss man dieses Verfahren auf beide Richtungen anwenden, d.h. sie ist nur dann unkritisch, wenn beide Richtungen unkritisch sind. Der folgende Algorithmus ist noch etwas allgemeiner gefasst, er prüft jede der beiden Richtungen nur dann, wenn sie auslaufend ist; damit liefert er sowohl für gerichtete als auch für ungerichtete Kanten die richtige Aussage:

```
function EdgeEnd.Critical: Boolean;
  var AlternatePathFound: Boolean;

  procedure FindAlternatePath (e: EdgeEnd);
  begin
  if not e.There.inPath then
    begin
    e.There.IncludeInPath;
    e.There.ForAllOutgoingEdges(FindAlternatePath);
    end
  else if (e <> Self) and (e.There = There) then
    AlternatePathFound := True;
  end;

  function CriticalDirection (e: EdgeEnd): Boolean;
  begin
  if e.Outgoing then
    begin
    AlternatePathFound := False;
    e.Here.Home.ClearPaths;
    e.Here.IncludeInPath;
    e.There.IncludeInPath;
    e.Here.ForAllOutgoingEdges(FindAlternatePath);
    CriticalDirection := not AlternatePathFound;
    end
  else
    CriticalDirection := False;
  end;

begin
Critical := CriticalDirection(Self) or CriticalDirection(OtherEnd);
end;
```

Ein *Knoten* ist genau dann unkritisch, wenn von allen seinen Quellnachbarn zu allen seinen Zielnachbarn Ausweichpfade existieren:

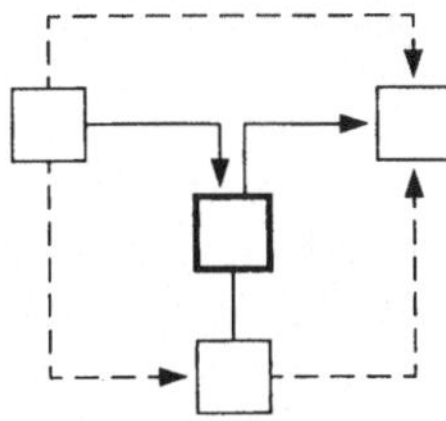

Bei ungerichteten Kanten berücksichtigt diese Regel beide Richtungen, denn ein über eine ungerichtete Kante verbundener Nachbar tritt sowohl als Quellnachbar als auch als Zielnachbar auf. Im folgenden Beispiel sind zwei Knoten kritisch:

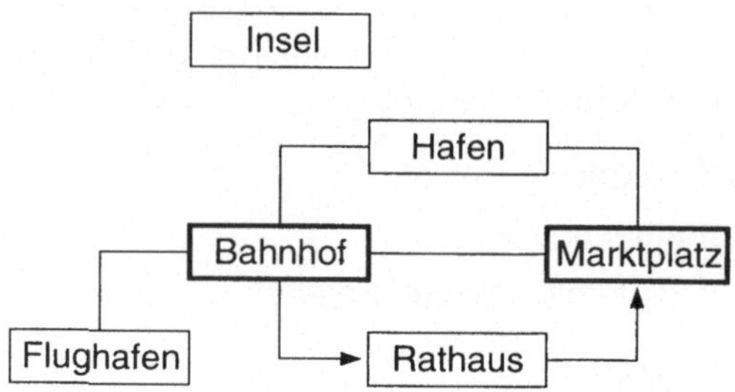

Um herauszufinden, ob ein Knoten kritisch ist, muss man von jedem Quellnachbarn zu jedem Zielnachbarn einen Ausweichpfad suchen. Der folgende Algorithmus führt ausgehend von jedem Quellnachbarn einen Tiefendurchlauf durch, unter Ausschluss des zu prüfenden Knotens, und überprüft nach jedem Durchlauf, ob alle Zielnachbarn im Pfadbaum enthalten sind:

```
function Node.Critical: Boolean;
  var AlternatePathMissing: Boolean;

  procedure DestinationMustBeInPath (e: EdgeEnd);
  begin
  if not e.There.inPath then
    AlternatePathMissing := True;
  end;

  procedure FindAlternatePaths (e: EdgeEnd);
  begin
  e.There.Home.ClearPaths;
  e.There.IncludeInPath;
  e.Here.IncludeInPath;
  e.There.ForAllOutgoingEdges(IncludeDestinations);
  ForAllOutgoingEdges(DestinationMustBeInPath);
  end;

begin
AlternatePathMissing := False;
ForAllIncomingEdges(FindAlternatePaths);
Critical := AlternatePathMissing;
end;
```

Wenn man voraussetzen kann, dass der Graph nur ungerichtete Kanten enthält, werden die Regeln einfacher. Eine Kante ist in diesem Fall genau dann unkritisch, wenn sie in einem zyklischen Pfad enthalten ist:

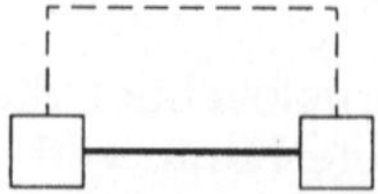

Ein Knoten eines ungerichteten Graphen ist genau dann unkritisch, wenn alle seine Nachbarn durch Ausweichpfade verbunden sind:

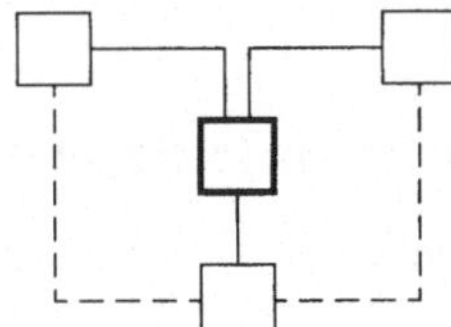

Eine andere, gleichwertige Formulierung ist die folgende: Eine Kante oder ein Knoten eines ungerichteten Graphen ist genau dann unkritisch, wenn beim Entfernen der Kante oder des Knotens die zugehörige Komponente zusammenhängend bleibt.

Entsprechend einfacher werden die Algorithmen zur Erkennung kritischer Kanten und Knoten, wenn man sie auf den ungerichteten Teilgraphen beschränkt. Zur Erkennung kritischer Kanten muss man nicht mehr beide Richtungen überprüfen:

```
function EdgeEnd.UCritical: Boolean;
  var AlternatePathFound: Boolean;

  procedure FindAlternatePath (e: EdgeEnd);
  begin
  if not e.There.inPath then
    begin
    e.There.IncludeInPath;
    e.There.ForAllUndirectedEdges(FindAlternatePath);
    end
  else if (e <> Self) and (e.There = There) then
    AlternatePathFound := True;
  end;

begin
if Undirected then
  begin
  AlternatePathFound := False;
  Here.Home.ClearPaths;
  Here.IncludeInPath;
  There.IncludeInPath;
  Here.ForAllUndirectedEdges(FindAlternatePath);
  UCritical := not AlternatePathFound;
  end
else
  UCritical := False;
end;
```

Die Erkennung kritischer Knoten lässt sich noch stärker vereinfachen. Der folgende Algorithmus lehnt sich an Graph.UComponents an; er führt einen einzigen Tiefendurchlauf durch und zählt dabei die Teilkomponenten, in welche die zugehörige Komponente beim Entfernen des Knotens zerfallen würde. Wenn diese Zahl grösser als eins ist, ist der Knoten kritisch:

```
function Node.UCritical: Boolean;

  var n: Integer;

  procedure CountSubcomponent (e: EdgeEnd);
  begin
  if not e.There.inPath then
    begin
    n := n + 1;
    UIncludeDestinations(e);
    end;
  end;

begin
n := 0;
Home.ClearPaths;
IncludeInPath;
ForAllUndirectedEdges(CountSubcomponent);
UCritical := n > 1;
end;
```

Die bisher beschriebenen Algorithmen zur Erkennung kritischer Kanten und Knoten ergeben sich auf offensichtliche Weise aus der Definition. Sie erfordern jeweils mindestens einen Tiefendurchlauf, um eine Kante oder einen Knoten zu prüfen. Es gibt Algorithmen, die weniger offensichtlich, aber wesentlich effizienter sind, indem sie *alle* kritischen Kanten oder Knoten eines ungerichteten Graphen in einem einzigen Tiefendurchlauf finden. Sie beruhen darauf, dass der Tiefendurchlauf in einem ungerichteten Graphen jeden zyklischen Pfad *gesamthaft* erfassen kann. Um dies zu verstehen, nehmen wir an, beim Tiefendurchlauf eines Graphen sei soeben der erste Knoten a eines Zyklus erfasst worden:

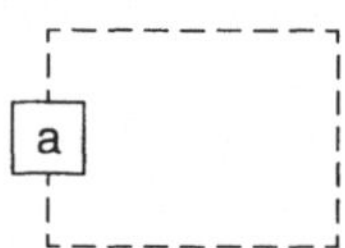

Ausgehend von a baut nun der Tiefendurchlauf einen Pfadbaum auf, der zu a "zurückkehrt", d.h. a tritt irgendwann als bereits erfasster Nachbar eines Nachkommen b auf:

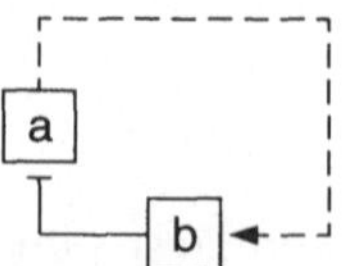

Dies liegt daran, dass der Tiefendurchlauf den vollständigen Pfadbaum in preorder-Reihenfolge durchläuft, also jeweils die Kinder eines Knotens vor seinen Nachfolgern berücksichtigt:

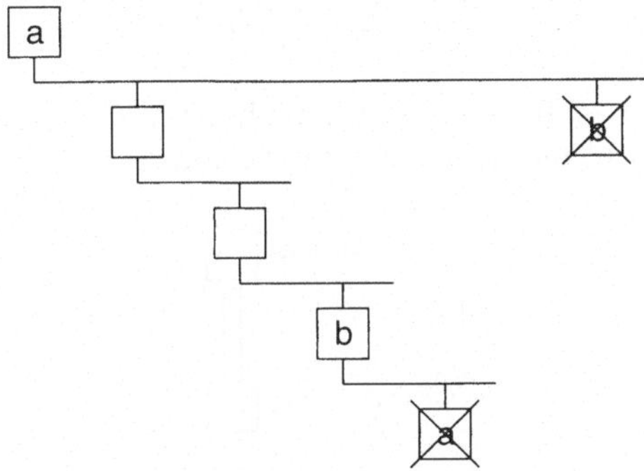

Um also einen Zyklus zu erkennen, muss man während des Tiefendurchlaufs auf Kanten achten, die zu einem bereits erfassten Vorfahren führen; wir nennen diese Kanten *Rückwärtskanten*. Wenn eine solche vorliegt, bildet sie mit dem zum Vorfahren führenden Baumpfad einen Zyklus, der damit in seiner Gesamtheit erfassbar ist. Das folgende Bild zeigt in der ungerichteten Variante unseres Beispielgraphen den von Hafen ausgehenden tiefen Pfadbaum, ergänzt um die Rückwärtskanten:

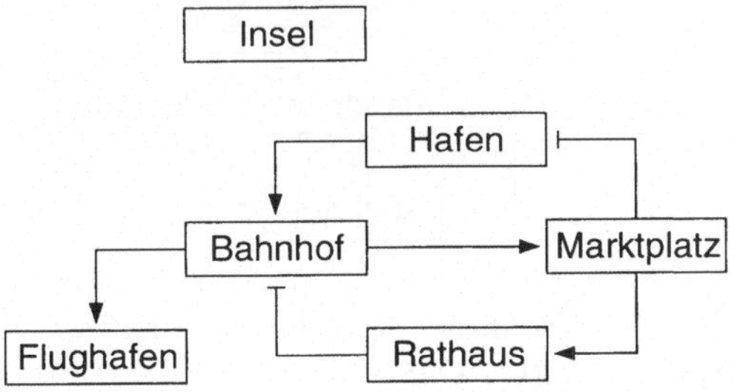

Wie erkennt man nun eine Rückwärtskante? Wenn der Tiefendurchlauf auf einen bereits erfassten Nachbarn stösst, handelt es sich dabei nicht immer um einen Vorfahren. Die obige Baumdarstellung zeigt, dass im weiteren Verlauf auch b als Nachbar von a auftreten wird, in diesem Fall handelt es sich also um einen Nachkommen:

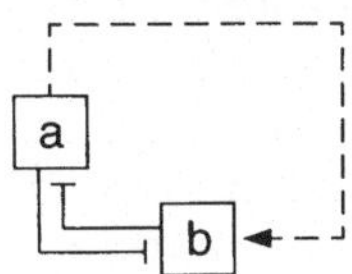

Ausserdem tritt der Vater *jedes* Knotens wieder als dessen Nachbar auf, nämlich über dieselbe Kante in umgekehrter Richtung. In diesem Fall ist der Nachbar zwar ein Vorfahre, aber es liegt kein Zyklus vor:

Weitere Fälle gibt es nicht; insbesondere kann im Gegensatz zum Breitendurchlauf die folgende Situation nicht vorkommen:

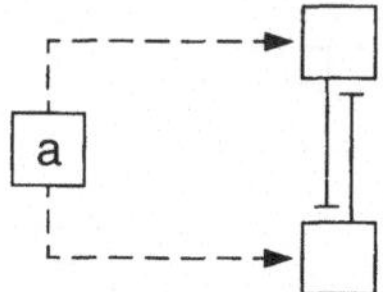

Ein bereits erfasster Nachbar ist also innerhalb des Pfadbaums immer ein Vorfahre oder ein Nachkomme des gegenwärtigen Knotens. Um Rückwärtskanten zu erkennen, benötigen wir deshalb ein Kriterium, das es erlaubt, die Vorfahren eines Knotens von seinen Nachkommen zu unterscheiden. Dazu numerieren wir die Ebenen (Generationen) des Baumes:

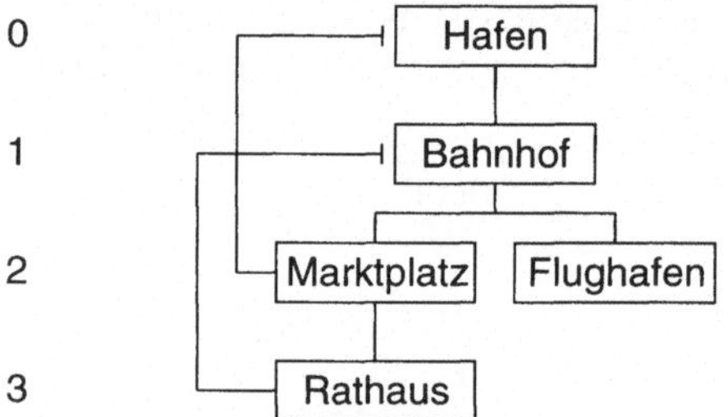

Ausserdem müssen wir die Kante ausschliessen, über welche der gegenwärtige Knoten erfasst wurde. Das vollständige Kriterium lautet deshalb: Beim Besuch eines Knotens ist eine seiner Kanten genau dann eine Rückwärtskante, wenn erstens der betreffende Nachbar schon erfasst ist und auf einer höheren Ebene liegt, und zweitens die Kante nicht zum Pfad gehört, der zum gegenwärtigen Knoten führt.

Mit diesem Kriterium sind wir grundsätzlich in der Lage, *alle kritischen Kanten* eines ungerichteten Graphen in einem Tiefendurchlauf zu finden: Wenn jeweils eine Rückwärtskante auftritt, bedeutet dies, dass alle im betreffenden Zyklus enthaltenen Kanten unkritisch sind. Kanten, die nie auf diese Weise als unkritisch erkannt werden, sind kritisch. Der Algorithmus kann beispielsweise darin bestehen, bei jedem Auftreten einer Rückwärtskante die betroffenen Kanten zu markieren; dies setzt allerdings voraus, dass die Datenstruktur eine solche Markierung vorsieht und dass der durchlaufene Pfad rekonstruiert werden kann.

Es gibt aber einen eleganteren Weg, der an die Datenstruktur geringere Anforderungen stellt. Wir formulieren das Kriterium aus der Sicht einer einzelnen Kante des Pfades; beim Besuch eines Knotens x ist eine zu y führende Kante genau dann unkritisch, wenn sie entweder selbst eine Rückwärtskante ist, oder wenn der Tiefendurchlauf ausgehend von y eine Rückwärtskante zu x oder zu einem Vorfahren von x findet:

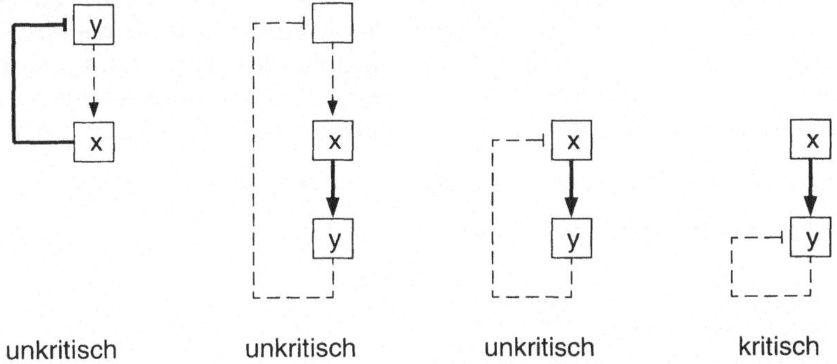

Dazu muss der Tiefendurchlauf als Resultat Angaben über die gefundenen Rückwärtskanten liefern. Es genügt, wenn er die *höchste Ebene* angibt, zu welcher eine Rückwärtskante gefunden wurde: Wenn x oberhalb der von y aus gefundenen höchsten Ebene liegt, ist die Kante von x nach y kritisch. Zur Angabe der Ebenen verwenden wir die oben eingeführte Numerierung, eine höhere Ebene bedeutet demnach eine kleinere Nummer.

Der Tiefendurchlauf kann diese höchste Ebene rekursiv bestimmen: Jeder Knoten durchläuft seine Nachbarn und sammelt dabei Ebenennummern, einerseits im Falle einer Rückkante jene des Nachbarn, andrerseits im Falle eines neuen Knotens das vom Tiefendurchlauf gefundene Resultat. Unter diesen Ebenennummern wählt er die kleinste (oder seine eigene, wenn keine vorliegen) als Resultat. Im folgenden Beispiel steht bei jedem Knoten die so bestimmte Nummer:

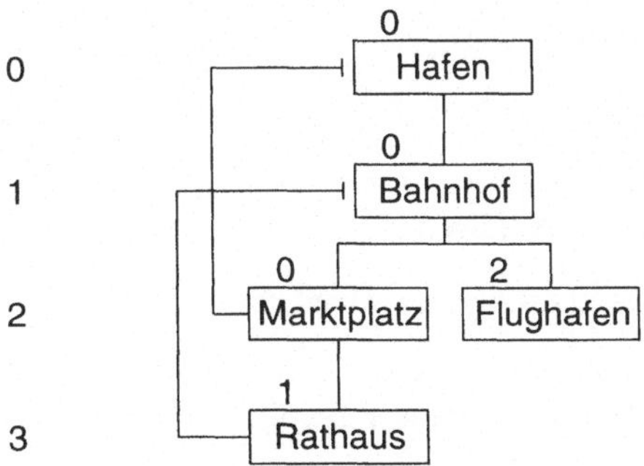

Der Knoten Rathaus liefert das Resultat 1 wegen der Rückkante zu Bahnhof. Marktplatz nimmt dieses Resultat entgegen, wegen der Rückkante zu Hafen liefert er aber das Resultat 0. Flughafen hat keine Rückkanten und liefert deshalb seine eigene Ebene 2. Bahnhof bestimmt unter den zwei Resultaten das kleinere, also 0, das Hafen unverändert weitergibt.

Nun formulieren wir den Algorithmus aus. Als Voraussetzung müssen wir die Datenstruktur erweitern: Wir geben jedem Knoten eine zusätzliche Instanzvariable Level vom Typ Integer, die angeben soll, in welcher Ebene des Baumes der Knoten liegt. Im Mittelpunkt des Algorithmus steht eine Prozedur, die den Tiefendurchlauf ausgehend von einem Knoten *x* durchführt und dabei die Nummer der höchsten gefundenen Ebene bestimmt:

```
procedure VisitNode (x: Node; var xTopLevel: Integer);
  procedure VisitEdge (e: EdgeEnd);
  ...
begin
xTopLevel := x.Level;
x.ForAllUndirectedEdges(VisitEdge);
end;
```

Die Hauptlast trägt die Prozedur VisitEdge. Wenn die Kante *e* zu einem noch nicht erfassten Nachbarn *y* führt, erfasst sie diesen wie üblich und bestimmt dabei dessen Ebene mit y.Level := x.Level + 1. Anschliessend wendet sie VisitNode auf *y* an, um den Tiefendurchlauf fortzusetzen. Dieser liefert als Resultat die Nummer der höchsten von y aus gefundenen Ebene, yTopLevel; wenn diese grösser als x.Level ist, ist die Kante als kritisch erkannt, ausserdem wird yTopLevel verwendet, um xTopLevel zu minimieren.

Wenn dagegen *y* schon erfasst ist, prüft die Prozedur, ob die Kante eine Rückwärtskante ist; wenn ja, verwendet sie y.Level, um xTopLevel zu minimieren. In Pascal ausgedrückt:

```
procedure VisitEdge (e: EdgeEnd);
var y: Node; yTopLevel: Integer;
begin
y := e.There;
if not y.inPath then
  begin
  y.IncludeInPath;
  y.Level := x.Level + 1;
  VisitNode (y, yTopLevel);
  if yTopLevel > x.Level then
    Action(e);
  xTopLevel := Min(xTopLevel, yTopLevel);
  end
else if y.Level < x.Level - 1 then
  xTopLevel := Min(xTopLevel, y.Level);
end;
```

Zum Schluss müssen wir diese zwei Prozeduren in eine Rahmenprozedur einbetten, die den Tiefendurchlauf im ganzen Graphen durchführt. Dabei ist eine weitere lokale Prozedur nötig, welche für die Komponenten des Graphen zuständig ist. Insgesamt ergibt sich folgende Struktur:

```
procedure Graph.UForAllCriticalEdges (procedure Action (e: EdgeEnd));
  procedure VisitNode (x: Node; var xTopLevel: Integer);
    procedure VisitEdge (e: EdgeEnd);
    ...
  ...

  procedure VisitComponent (x: Node);
  var ignore: Integer;
  begin
  if not x.inPath then
    begin
    x.IncludeInPath;
    x.Level := 0;
    VisitNode(x, ignore);
    end;
  end;

begin
ClearPaths;
ForAllNodes(VisitComponent);
end;
```

Nach einem ähnlichen Verfahren lassen sich auch *alle kritischen Knoten* in einem Tiefendurchlauf erkennen. Wir setzen wieder voraus, dass der Tiefendurchlauf für jeden Knoten als Resultat die höchste über eine Rückwärtskante gefundene Ebene liefert. Diese Information benützen wir, um beim Besuch eines Knotens x die Teilkomponenten zu zählen, in welche die durchlaufene Komponente beim Entfernen von x zerfallen würde:

- Wenn x nicht Wurzel ist, vertritt sein Vater eine Teilkomponente.
- Eine Kante zu einem Nachbarn y vertritt dann eine weitere Teilkomponente, wenn y noch nicht erfasst ist und der von y ausgehende Tiefendurchlauf keine Rückwärtskanten zu einem Vorfahren von x findet:

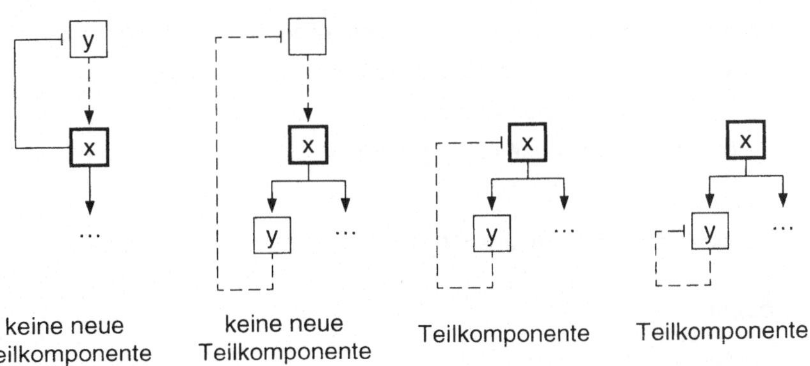

Auch bei diesem Algorithmus steht im Mittelpunkt eine Prozedur VisitNode, die den Tiefendurchlauf ausgehend von einem Knoten *x* durchführt und dabei die Nummer der höchsten über eine Rückwärtskante gefundenen Ebene bestimmt. Hinzu kommt aber, dass VisitNode die gefundenen Teilkomponenten zählt; wenn deren Anzahl grösser als eins ist, ist *x* kritisch:

```
procedure VisitNode (x: Node; var xTopLevel: Integer);

  var Subcomponents: Integer;

  procedure VisitEdge (e: EdgeEnd);
  ...

begin
xTopLevel := x.Level;
if x.Level = 0 then
  Subcomponents := 0
else
  Subcomponents := 1;
x.ForAllUndirectedEdges(VisitEdge);
if Subcomponents > 1 then
  Action(x);
end;
```

Die lokale Prozedur VisitEdge unterscheidet sich von jener zur Erkennung kritischer Kanten nur in einer **if**-Anweisung. Dort war die Kante kritisch, wenn yTopLevel grösser als x.Level war. Hier liegt eine neue Teilkomponente vor, wenn yTopLevel grösser oder gleich x.Level ist:

```
procedure VisitEdge (e: EdgeEnd);
var y: Node; yTopLevel: Integer;
begin
...
  if yTopLevel >= x.Level then
    Subcomponents := Subcomponents + 1;
...
end;
```

Der Rahmenprozedur wiederum ist völlig identisch zu jener von UForAllCriticalEdges:

```
procedure Graph.UForAllCriticalNodes (procedure Action (x: Node));

  procedure VisitNode (x: Node; var xTopLevel: Integer);

    var Subcomponents: Integer;

    procedure VisitEdge (e: EdgeEnd);
    ...
  ...

  procedure VisitComponent (x: Node);
  ...

begin
ClearPaths;
ForAllNodes(VisitComponent);
end;
```

Pfadbäume

Wir haben den Tiefendurchlauf zur Lösung einer Reihe von Aufgaben verwendet und dabei immer davon gesprochen, es werde ein Pfadbaum aufgebaut. Tatsächlich aufgebaut und greifbar gemacht haben wir aber nur die Knotenmenge des Baumes, mit Hilfe der Operationen Graph.ClearPaths, Node.IncludeInPath und Node.inPath. Es gibt Anwendungen, für die es nützlich oder sogar notwendig ist, die gesamte Baumstruktur aufzubauen, etwa dann, wenn die Aufgabe lautet, Pfade mit gewissen Eigenschaften zu finden. Deshalb ergänzen wir die Abstraktion mit zwei Operationen, mit denen der Startknoten und die Kantenmenge des Pfadbaumes festgehalten werden können:

```
procedure Node.StartPath;
procedure EdgeEnd.IncludeInPath;
```

Um nun nachträglich die Pfade rekonstruieren zu können, wäre es naheliegend, eine Boolean-Funktion EdgeEnd.inPath anzubieten, in Anlehnung an die bisher verwendete Funktion Node.inPath. Nützlicher – und ebenso leicht implementierbar – ist eine Funktion, die zu einem Knoten die letzte Kante des zu ihm führenden Pfades liefert; hinzu kommt eine Funktion, mit welcher sich der Startknoten erkennen lässt:

```
function Node.StartsPath: Boolean;
function Node.LastPathEdge: EdgeEnd;
```

Mit diesen zwei Funktionen lässt sich der Baum in Wurzelrichtung durchschreiten, wie im folgenden Bild angedeutet:

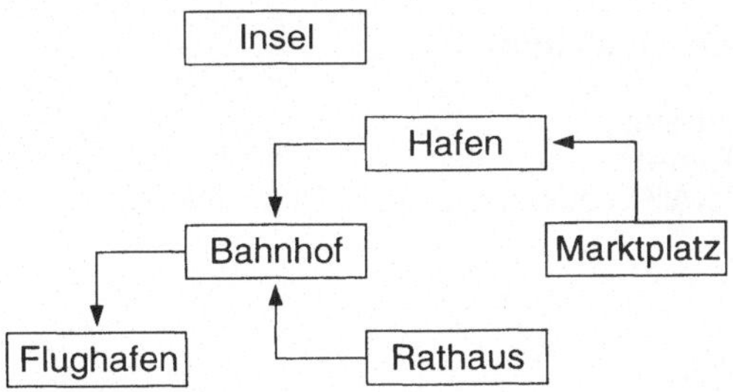

Zur Implementation der neuen Operationen erweitern wir die Knotenobjekte um zwei Instanzvariablen StartsPath und LastPathEdge, die gerade die Funktionen gleichen Namens darstellen. StartPath gibt StartsPath den Wert True; mit IncludeInPath verkettet eine Kante ihr Ziel mit sich selbst:

```
procedure EdgeEnd.IncludeInPath;
begin
There.LastPathEdge := Self;
begin;
```

Ein Knoten gehört nun genau dann zum Baum, wenn er entweder ein Startknoten ist oder wenn eine Kante des Baumes zu ihm führt. Die Operation Node.IncludeInPath wird damit hinfällig, und die Instanzvariable Node.inPath können wir durch folgende Funktion ersetzen:

```
function Node.inPath: Boolean;
begin
inPath := StartsPath or (LastPathEdge <> nil);
end;
```

Die früher eingeführte Prozedur Graph.ClearPaths erhält eine neue Rolle, sie gibt in allen Knoten StartsPath den Wert False und LastPathEdge den Wert **nil**. Eine zusätzliche Prozedur gibt LastPathEdge in einem Knoten den Wert **nil** und erlaubt es damit, diesen samt der zu ihm führenden Pfadkante wieder aus dem Baum zu entfernen:

```
procedure Node.ExcludeLastPathEdge;
```

Da wir die früher angebotene Operation Node.IncludeInPath fallengelassen haben, müssen wir *alle* auf Pfaddurchlauf beruhenden Algorithmen geringfügig abändern. Der Startknoten eines Pfadbaumes wird nun statt mit IncludeInPath mit StartPath festgehalten; die weiteren Knoten werden nicht selbst in den Baum aufgenommen, sondern die jeweils zu ihnen führende Kante, d.h. wir müssen etwa e.There.IncludeInPath durch e.IncludeInPath ersetzen. Im folgenden Beispiel sind für den Algorithmus ForDeepPathTree die Änderungen mit einem Punkt markiert:

```
    procedure Node.ForDeepPathTree (procedure Action (x: Node));
      procedure VisitDestinations (e: EdgeEnd);
      begin
      if not e.There.inPath then
        begin
•       e.IncludeInPath;
        Action(e.There);
        e.There.ForAllOutgoingEdges(VisitDestinations);
        end;
      end;
    begin
    Home.ClearPaths;
•   StartPath;
    Action(Self);
    ForAllOutgoingEdges(VisitDestinations);
    end;
```

Man mag diese Änderung als unschön bemängeln; bei strenger Einhaltung der gängigen Regeln darf eine Spezifikation nicht nachträglich abgeändert werden. Die Praxis zeigt aber, dass es oft Gründe gibt, diese Regeln zu durchbrechen: Eine Aufgabenstellung kann sich durch äussere Einflüsse verändern, oder es können sich – wie im vorliegenden Fall – im Laufe der Entwicklungsarbeit neue Anwendungsbereiche zeigen, die eine Änderung rechtfertigen. Es ist ein Zeichen eines gut gegliederten Entwurfs, wenn solche nachträglichen Änderungen ohne Schaden möglich sind.

Nachdem wir nun in der Lage sind, einen Pfadbaum vollständig aufzubauen, möchten wir auch auf ihn zugreifen können. Der wohl wichtigste Wunsch ist, den Pfad zu durchlaufen, der von der Wurzel zu einem vorgegebenen Knoten führt. Die folgende Prozedur leistet dies; da die Verkettungen innerhalb des Pfades rückwärts verlaufen, ist sie ähnlich aufgebaut wie List.ForAllBackward:

```
procedure Node.ForPath (procedure Action (e: EdgeEnd));
begin
if LastPathEdge <> nil then
  begin
  LastPathEdge.Here.ForPath(Action);
  Action(LastPathEdge);
  end;
end;
```

Die folgende Prozedur verwendet ForPath, um die in den Knoten eines Pfades enthaltenen Zeichenketten auf einer Zeile zu schreiben:

```
procedure WriteLnPath (x: Node);

  procedure WriteSource (e: EdgeEnd);
  begin
  Write(' ', StringNode(e.Here).Contents);
  end;

begin
x.ForPath(WriteSource);
WriteLn(' ', StringNode(x).Contents);
end;
```

Wenn man diese Prozedur beispielsweise auf den Knoten Marktplatz des Beispielgraphen anwendet und in der Datenstruktur der von Flughafen ausgehende tiefe Pfadbaum aufgebaut ist, ergibt sich folgende Ausgabe:

```
Flughafen Bahnhof Hafen Marktplatz
```

Ein wichtiger Spezialfall des Durchlaufens ist, die Anzahl der Kanten eines Pfades zu bestimmen:

```
function Node.PathLength: Integer;
begin
if LastPathEdge = nil then
  PathLength := 0
else
  PathLength := LastPathEdge.Here.PathLength + 1;
end;
```

Diese Operation ermöglicht eine weitere Anpassung früher vorgestellter Algorithmen: In den Algorithmen zur Erkennung aller kritischer Kanten oder Knoten eines ungerichteten Graphen hatten wir eine zusätzliche Instanzvariable Level benützt, um für jeden Knoten die Nummer der Baumebene zu bestimmen, in welcher er sich befand. Diese Nummer ist aber gerade gleich dem Resultat von PathLength; die Instanzvariable ist damit hinfällig[7].

Obwohl der Pfadbaum in Wurzelrichtung verkettet ist, kann man ihn dank der darunterliegenden Graphenstruktur auch in Blattrichtung durchlaufen. Die folgende Operation durchläuft in einer Kantenliste die in Blattrichtung führenden Pfadkanten:

```
procedure EdgeList.ForAllPathEdges (procedure Action (e: EdgeEnd));
begin
if not Empty then
  begin
  if FirstEdge.There.LastPathEdge = FirstEdge then
    Action(FirstEdge);
  AfterFirstEdge.ForAllPathEdges(Action);
  end;
end;
```

Man kann diese Operation benützen, um einen Pfadbaum von der Wurzel aus in preorder-Reihenfolge zu durchlaufen:

```
procedure Node.ForPathTree (procedure Action (x: Node));

  procedure VisitSubtree (e: EdgeEnd);
  begin
  Action(e.There);
  e.There.ForAllPathEdges(VisitSubtree);
  end;

begin
Action(Self);
ForAllPathEdges(VisitSubtree);
end;
```

Anwendung: Aufzählung aller Pfade

Der mit Hilfe eines Pfaddurchlaufs aufgebaute Pfadbaum enthält vom Ausgangsknoten zu jedem Zielknoten einen Pfad. Für eine Anwendung könnte es nun notwendig sein, jeweils nicht einen, sondern *alle* zu einem Zielknoten führenden Pfade zu finden (wir beschränken uns hier auf einfache Pfade). Ein Algorithmus, der dies leistet, lässt sich auf erstaunlich einfache Weise vom Tiefendurchlauf ableiten. Der einzige Unterschied besteht da-

---

7 Die Bestimmung der Baumebene ist mit Hilfe von PathLength aufwendiger als mit Hilfe einer Instanzvariablen. Bei Bedarf könnte man aber die Funktion PathLength so optimieren, dass sie die bereits berechneten Längen in einer Instanzvariablen speichert und verwendet.

rin, dass jeder besuchte Knoten nur *vorübergehend* in den Pfadbaum aufgenommen wird, nämlich nur solange, bis der Besuch seiner Nachbarn abgeschlossen ist. Dies hat zur Folge, dass der Pfadbaum zu jeder Zeit nur einen Pfad enthält. In der folgenden Implementation ist die zusätzliche Anweisung durch einen Punkt gekennzeichnet:

```
procedure Node.ForAllPaths (procedure Action (x: Node));

  procedure PathsViaDestination (e: EdgeEnd);
  begin
  if not e.There.inPath then
    begin
    e.IncludeInPath;
    Action(e.There);
    e.There.ForAllOutgoingEdges(PathsViaDestination);
•   e.There.ExcludeLastPathEdge;
    end;
  end;

begin
Home.ClearPaths;
StartPath;
ForAllOutgoingEdges(PathsViaDestination);
end;
```

Die Aktionsprozedur kann den Pfad, der zum betreffenden Knoten führt, mit Hilfe von ForPath nachvollziehen. Wenn man beispielsweise die weiter oben beschriebene Prozedur WriteLnPath als Aktionsprozedur verwendet, schreibt ForAllPaths eine Liste aller gefundenen Pfade, etwa ausgehend vom Knoten Flughafen des Beispielgraphen folgende Liste:

```
Flughafen Bahnhof
Flughafen Bahnhof Hafen
Flughafen Bahnhof Hafen Marktplatz
Flughafen Bahnhof Marktplatz
Flughafen Bahnhof Marktplatz Hafen
Flughafen Bahnhof Rathaus
Flughafen Bahnhof Rathaus Marktplatz
Flughafen Bahnhof Rathaus Marktplatz Hafen
```

Eine andere Aufgabenstellung könnte lauten, alle durch einen Knoten verlaufenden *zyklischen* Pfade zu finden (wieder beschränkt auf einfache Pfade). Diese Aufgabe lässt sich durch eine Variante des obigen Algorithmus lösen: Wenn er dem Startknoten begegnet, soll er den Pfad schliessen und die Aktion durchführen. Nun geht dies allerdings nicht ohne Vorarbeit. Wir haben zwar die Datenstruktur so erweitert, dass sie einen Pfadbaum darstellen kann; es ist aber bisher nicht vorgesehen, zyklische Pfade darzustellen. Natürlich könnte man einen Pfad schliessen, indem man den Startknoten über LastPathEdge mit dem letzten Knoten des Pfades verkettet. Sobald man aber versucht, diesen zyklischen Pfad zu durchlaufen, versagen die im letzten Abschnitt eingeführten Algorithmen ForPath und PathLength, weil sie voraussetzen, dass beim Startknoten die Variable Last-

PathEdge den Wert **nil** hat. Glücklicherweise ist es nicht schwierig, sie anzupassen:

```
procedure Node.ForPath (procedure Action (e: EdgeEnd));
begin
if LastPathEdge <> nil then
  begin
• if not LastPathEdge.Here.StartsPath then
    LastPathEdge.Here.ForPath(Action);
  Action(LastPathEdge);
  end;
end;

function Node.PathLength: Integer;
begin
if LastPathEdge = nil then
  PathLength := 0
• else if LastPathEdge.Here.StartsPath then
•   PathLength := 1
else
  PathLength := LastPathEdge.Here.PathLength + 1;
end;
```

Nun können wir den Algorithmus formulieren, der alle zyklischen Pfade findet:

```
procedure Node.ForAllCyclicPaths (procedure Action (x: Node));

  procedure PathsToStartViaDestination (e: EdgeEnd);
  begin
  if not e.There.inPath then
    begin
    e.IncludeInPath;
    e.There.ForAllOutgoingEdges(PathsToStartViaDestination);
    e.There.ExcludeLastPathEdge;
    end
  else if (e.There = Self) and (e.Here.LastPathEdge <> e.OtherEnd) then
    begin
    e.IncludeInPath;
    Action(Self);
    ExcludeLastPathEdge;
    end;
  end;

begin
Home.ClearPaths;
StartPath;
ForAllOutgoingEdges(PathsToStartViaDestination);
end;
```

4.3 Graphen mit gewichteten Kanten

Kernpunkte dieses Kapitels:

- *In gewissen Graphen-Anwendungen ist jeder Kante eine Zahl zugeordnet, die man als ihr Gewicht bezeichnet und die man beispielsweise als Mass für einen Transportaufwand auffassen kann.*
- *Eine Variante des Breitendurchlaufs findet einen Pfadbaum, dessen einzelne Pfade vom Ausgangsknoten zu jedem Ziel minimales Gewicht haben.*
- *Eine andere Variante findet einen Spannbaum oder Spannwald mit minimalem Gesamtgewicht.*

Kanten- und Pfadgewicht

Kapitel 4.2 behandelt Aufgaben, die sich mit der Erreichbarkeit von Knoten befassen. Von den einzelnen Kanten ist dabei jeweils nur wesentlich, dass sie existieren. Es gibt Aufgaben, bei denen den Kanten weitere Eigenschaften zugeordnet sind. Dies ist insbesondere bei Graphen der Fall, deren Kanten Transportwege darstellen, also beispielsweise Strassen oder Telefonverbindungen. Hier kann zum Beispiel jeder Kante ein Mass für den Transportaufwand zugeordnet sein, etwa die Länge, der Zeitaufwand oder die Kosten. Etwas neutraler nennen wir eine solche Zahl das *Gewicht* einer Kante, durch Addition der Gewichte kann man Aussagen über den Gesamtaufwand eines Transports machen. Davon zu unterscheiden sind Eigenschaften von Kanten, die eher den Charakter einer *Kapazität* haben, etwa die Breite oder die Höchstlast einer Strasse oder die Zahl der Kanäle einer Telefonverbindung. Anders als beim Gewicht wird die Kapazität eines Pfades nicht durch Addition der Kapazitäten der Kanten bestimmt.

Wir versuchen hier gar nicht, einen Überblick über diese Art von Aufgaben zu geben; stattdessen beschränken wir uns auf zwei klassische Aufgaben, bei welchen jeweils ein Transportaufwand zu optimieren ist. Dazu ergänzen wir das Beispiel des Strassennetzes mit Längenangaben zu den Kanten:

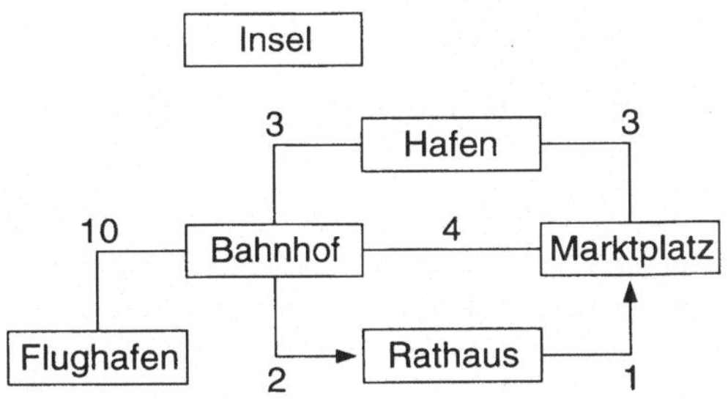

Um mit solchen Graphen experimentieren zu können, müssen wir die Datenstruktur so erweitern, dass sie zu jeder Kante eine Integer-Zahl speichern kann. Der richtige Ort dafür ist das Kantenrumpf-Objekt, wir leiten also von der Klasse EdgeBody eine Klasse IntegerEdgeBody ab:

```
type IntegerEdgeBody = object(EdgeBody)
  Contents: Integer;
  end;

function NewIntegerEdgeBody (n: Integer): IntegerEdgeBody;
var b: IntegerEdgeBody;
begin
New(b);
b.Initialize;
b.Contents := n;
NewIntegerEdgeBody := b;
end;
```

Nun möchten wir diese Zahl als Kantengewicht interpretieren und die Summe der Gewichte längs eines Pfades bestimmen können. Dazu führen wir eine Operation ein, die ähnlich aufgebaut ist wie die Operation PathLength; statt aber die Kanten des Pfades zu zählen, addiert sie für jede Kante einen zugehörigen Integer-Wert. Um die Darstellung der Kante nicht einzuschränken, übergeben wir der Operation diese Werte durch einen Funktionsparameter:

```
function Node.PathSum (function Value (e: EdgeEnd): Integer): Integer;
begin
if LastPathEdge = nil then
  PathSum := 0
else if LastPathEdge.Here.StartsPath then
  PathSum := Value(LastPathEdge)
else
  PathSum := LastPathEdge.Here.PathSum(Value) + Value(LastPathEdge);
end;
```

Für Value kann man im Prinzip eine beliebige Funktion mit passender Argument- und Resultatmenge einsetzen. Um die Summe der in den Kanten gespeicherten Zahlen zu bestimmen, wählen wir die folgende Funktion:

```
function Value (e: EdgeEnd): Integer;
begin
Value := IntegerEdgeBody(e.Body).Contents;
end;
```

Wenn wir nun voraussetzen, dass ein durch irgendeinen Algorithmus aufgebauter Pfadbaum vorliegt, ergibt der Ausdruck x.PathSum(Value) die Summe der in den Kanten längs des Pfades zu x enthaltenen Integer-Zahlen.

Anwendung: Minimale Pfade

Eine typische Aufgabe besteht darin, den Aufwand für einen Transport zwischen zwei Knoten zu minimieren. Gegeben ist bei dieser Aufgabe ein Graph, dessen Kanten gerichtete oder ungerichtete Transportwege darstellen und denen (positive) Gewichte zugeordnet sind. Gesucht ist ein Pfad mit minimalem Gewicht von einem vorgegebenen Startknoten zu einem vorgegebenen Zielknoten. Da verschiedene Pfade zum gleichen Zielknoten führen können, kann es zu dieser Aufgabe mehrere Lösungen geben, also mehrere Pfade mit gleichem Gewicht.

Zunächst betrachten wir einen Spezialfall, nämlich einen Graphen, dessen Kanten alle dasselbe Gewicht haben; das Gewicht eines Pfades ist gerade proportional zu seiner Länge, also zur Anzahl seiner Kanten. Für diesen Spezialfall haben wir die Aufgabe schon früher gelöst: Der vom Startknoten ausgehende *Breitendurchlauf* erzeugt nämlich einen Pfadbaum, der zu jedem Zielknoten einen Pfad minimaler Länge enthält. Dies liegt daran, dass beim Aufbau des Baumes die in Frage kommenden Kanten nach *aufsteigender Pfadlänge* ausgewählt werden:

- Zunächst wird zu jedem Zielnachbarn des Startknotens eine Kante in den Baum aufgenommen; diese bilden minimale Pfade der Länge 1.
- Anschliessend wird zu jedem noch nicht erfassten Zielnachbarn der bereits erfassten Knoten eine Kante in den Baum aufgenommen; dies verlängert die bisher gefundenen Pfade zu Pfaden der Länge 2. Diese müssen wieder minimal sein, sonst wären die betreffenden Zielnachbarn schon beim ersten Schritt erfasst worden.
- Dieselbe Überlegung lässt sich bei jeder weiteren Verlängerung anstellen: Wenn zu *allen* über eine bestimmte Anzahl Kanten erreichbaren Knoten bereits minimale Pfade bestehen, sind die um eine Kante verlängerten Pfade wieder minimal, sonst wären die betreffenden Zielnachbarn schon früher erfasst worden.

Das folgende Bild zeigt diesen Ablauf an unserem Beispiel, ausgehend vom Knoten Flughafen:

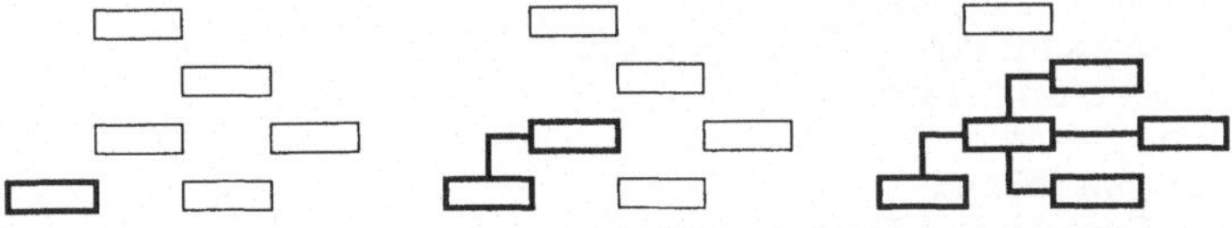

Wir haben schon in Kapitel 4.2 gezeigt, wie man den Breitendurchlauf mit Hilfe einer Warteschlange implementieren kann: Wenn der Algorithmus ForWidePathTree einen Knoten besucht, nimmt er dessen noch nicht erfasste Zielnachbarn in den Baum auf und reiht sie gleichzeitig in eine Warteschlange ein, um sie später zu besuchen.

Dieses Verfahren verallgemeinern wir nun auf Kanten mit beliebigen Gewichten. Dazu wählen wir beim Aufbau des Baumes die in Frage kommenden Kanten nicht nach aufsteigender Pfadlänge, sondern nach *aufsteigendem Pfadgewicht*. Zu jedem Zeitpunkt erweitern wir also den Baum um eine Kante, die einen neuen Pfad mit möglichst kleinem Gewicht erzeugt. Da jede Kante positives Gewicht hat, kann dieser Pfad kein kleineres Gewicht haben als die bisher gefundenen. Er ist minimal, denn sonst wäre zum betreffenden Knoten schon früher ein kürzerer Pfad gefunden worden. Das folgende Bild zeigt diesen Ablauf wieder an unserem Beispiel:

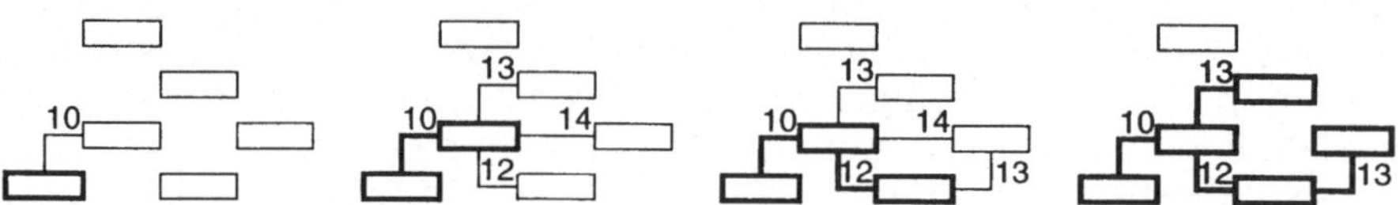

Der so definierte Algorithmus ist bekannt unter dem Namen *Algorithmus von Dijkstra*. Zu seiner Implementation ändern wir den Breitendurchlauf-Algorithmus so ab, dass er die Kanten in der oben beschriebenen Reihenfolge auswählt. Wir tun dies in zwei Schritten; zunächst lassen wir ihn nicht die Knoten, sondern die zu ihnen führenden Kanten in eine Warteschlange einreihen:

```
procedure Node.ForWidePathTree (procedure Action (x: Node));
  var q: ThingQueue; e: Thing;
  procedure RememberEdge (e: EdgeEnd);
  begin
  if not e.There.inPath then
    q.AppendThing(e);
  end;
begin
Home.ClearPaths;
IncludeInPath;
Action(Self);
q := NewThingQueue;
ForAllOutgoingEdges(RememberEdge);
while not q.Empty do
  begin
  q.RemoveThing(x);
  if not EdgeEnd(e).There.inPath then
    begin
    EdgeEnd(e).IncludeInPath;
    Action(EdgeEnd(e).There);
    EdgeEnd(e).There.ForAllOutgoingEdges(RememberEdge);
    end;
  end;
q.Delete;
end;
```

Diese Variante durchläuft die Knoten immer noch in derselben Reihenfolge wie die ursprüngliche Variante. Die Warteschlange kann hier allerdings länger werden, da sie gleichzeitig mehrere Kanten zu demselben Zielknoten enthalten kann.

Um nun zu erreichen, dass die Kanten nach aufsteigendem Pfadgewicht in den Baum aufgenommen werden, brauchen wir nur die "gewöhnliche" Warteschlange durch eine nach aufsteigenden Pfadgewichten geordnete Warteschlange zu ersetzen. Wir implementieren diese durch eine geordnete Liste und beschreiben die Ordnungsrelation durch eine Funktion LowerPathWeight, welche für je zwei Kanten die Gewichte der um diese Kanten verlängerten Pfade vergleicht. So erhalten wir folgende Implementation:

```
procedure Node.ForMinimalPaths
    (function Weight (e: EdgeEnd): Integer; procedure Action (x: Node));

  function LowerPathWeight (e1, e2: EdgeEnd): Boolean;
  begin
  LowerPathWeight := e1.Here.PathSum(Weight) + Weight(e1)
      < e2.Here.PathSum(Weight) + Weight(e2);
  end;

  var q: ThingList; e: Thing;

  procedure RememberEdge (e: EdgeEnd);
  begin
  if not e.There.inPath then
    q.AtFirstThingMatched(e, LowerPathWeight).InsertThing(e);
  end;

begin
Home.ClearPaths;
StartPath;
q := NewThingList;
ForAllOutgoingEdges(RememberEdge);
while not q.Empty do
  begin
  q.RemoveThing(e);
  if not EdgeEnd(e).There.inPath then
    begin
    EdgeEnd(e).IncludeInPath;
    Action(EdgeEnd(e).There);
    EdgeEnd(e).There.ForAllOutgoingEdges(RememberEdge);
    end;
  end;
q.Delete;
end;
```

Anwendung: Minimale Spannwälder

Bei der vorhergehenden Aufgabe stand der Aufwand für die einzelnen Transporte im Vordergrund. Eine dazu verwandte Aufgabe betrachtet den Transportaufwand aus einem globalen Blickwinkel und lautet, zwischen vorgegebenen Knoten ein *minimales Transportsystem* zu finden. Gegeben ist dabei wieder ein Graph, dessen Kanten positive Gewichte tragen; gesucht ist eine Teilmenge der Kanten, welche dieselben Erreichbarkeiten bietet wie die gesamte Kantenmenge, und zwar soll sie unter allen derartigen Teilmengen minimales Gesamtgewicht haben. Innerhalb einer solchen Teilmenge ist jede Kante kritisch; denn wenn eine Kante nicht kritisch wäre, könnte man sie weglassen und so das Gewicht verringern, ohne die Erreichbarkeit zu verschlechtern.

Die Aufgabe ist einfacher zu lösen, wenn man sich auf einen ungerichteten Graphen beschränkt. Wir ändern deshalb das Beispiel geringfügig ab, sodass es nur ungerichtete Kanten enthält:

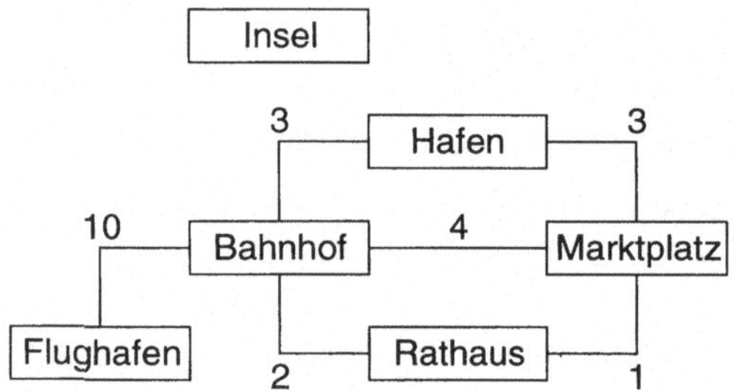

In einem ungerichteten Graphen ist eine Kante kritisch, wenn sie in keinem Zyklus enthalten ist. Da alle Kanten der gesuchten Teilmenge kritisch sind, kann sie keine Zyklen enthalten, sie definiert also einen (freien) Wald. Da keine Erreichbarkeiten verlorengehen sollen, muss zudem jeder Baum dieses Waldes ein *Spannbaum* des ursprünglichen Graphen sein, d.h. jeweils alle Knoten einer Komponente verbinden. Gesucht ist also in jeder Komponente ein Spannbaum mit minimalem Gewicht. Unser Beispielgraph hat zwei Komponenten, eine davon gebildet durch den isolierten Knoten Insel; das folgende Bild zeigt für die andere Komponente alle freien Spannbäume mit ihrem jeweiligen Gesamtgewicht:

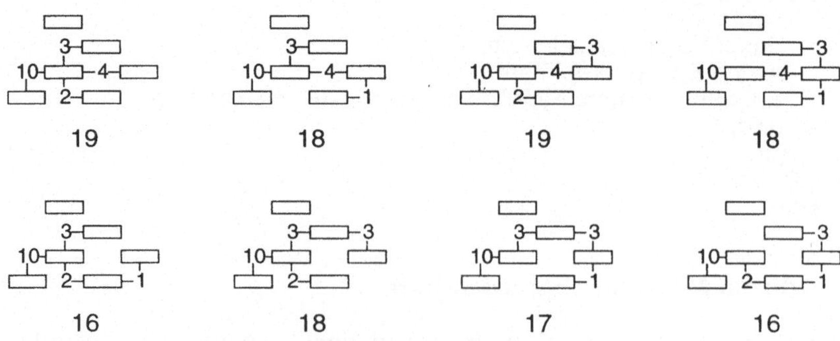

Man sieht, dass zwei dieser Spannbäume das minimale Gewicht 16 haben, die Aufgabe kann also wieder mehrere Lösungen haben.

Wir wissen bereits, dass ein Pfaddurchlauf einen Spannbaum aufbauen kann, und zwar führen verschiedene Durchlaufreihenfolgen zu verschiedenen Spannbäumen. Folgende Regel für die Reihenfolge führt ausgehend von einem beliebigen Knoten immer zu einem Spannbaum mit minimalem Gewicht: Man wählt jeweils unter allen Kanten, die von einem bereits erfassten zu einem noch nicht erfassten Knoten führen, eine mit minimalem Gewicht. Wenn man im obigen Beispiel etwa von Flughafen ausgeht, gelangt man zunächst zwangsläufig zu Bahnhof, dann zu Rathaus (Gewicht 2) und von da zu Marktplatz (Gewicht 1); als nächste Kante kann man entweder jene von Bahnhof zu Hafen oder jene von Marktplatz zu Hafen wählen (beide Gewicht 3), dies ergibt gerade die beiden Lösungen. Das folgende Bild veranschaulicht diesen Ablauf:

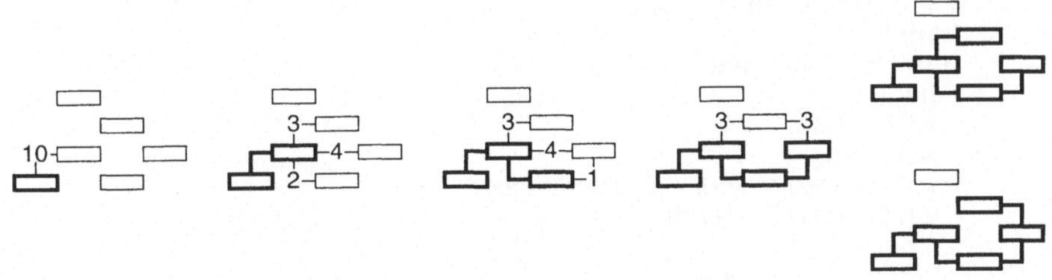

Man kann dieselbe Regel auch ausgehend vom Knoten Hafen anwenden und erhält je nach Wahl der ersten Kante die folgenden zwei Abläufe, die wieder zu den beiden Lösungen führen:

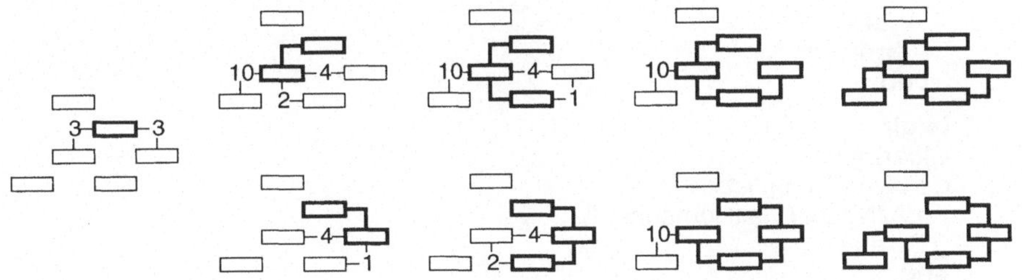

Der auf dieser Regel beruhende Algorithmus ist als *Algorithmus von Prim* bekannt. Wir implementieren ihn nach demselben Prinzip wie den Algorithmus von Dijkstra. Der Hauptunterschied ist, dass die Warteschlange hier nach aufsteigenden Kantengewichten statt nach aufsteigenden Pfadgewichten geordnet ist. An die Stelle der Funktion LowerPathWeight tritt deshalb die einfachere Funktion LowerWeight, welche die Gewichte zweier Kanten vergleicht. Die weiteren Unterschiede rühren daher, dass der Algorithmus nur die ungerichteten Kanten berücksichtigt und zudem nicht nur einen Baum aufbaut, sondern einen Wald, der den ganzen Graphen erfasst. Wir erhalten folgende Implementation:

```
procedure Graph.UForMinimalPathForest
      (function Weight (e: EdgeEnd): Integer; procedure Action (x: Node));

  function LowerWeight (e1, e2: EdgeEnd): Boolean;
  begin
  LowerWeight := Weight(e1) < Weight(e2);
  end;

  var q: ThingList; {ordered queue of edges}

  procedure RememberEdge (e: EdgeEnd);
  begin
  if not e.There.inPath then
    q.AtFirstThingMatched(e, LowerWeight).InsertThing(e);
  end;

  procedure VisitComponent (x: Node);
  var e: Thing; {edge end}
  begin
  if not x.inPath then
    begin
    x.StartPath;
    Action(x);
    x.ForAllUndirectedEdges(RememberEdge);
    while not q.Empty do
      begin
      q.RemoveThing(e);
      if not EdgeEnd(e).There.inPath then
        begin
        EdgeEnd(e).IncludeInPath;
        Action(EdgeEnd(e).There);
        EdgeEnd(e).There.ForAllUndirectedEdges(RememberEdge);
        end;
      end;
    end;
  end;

begin
ClearPaths;
q := NewThingList;
ForAllNodes(VisitComponent);
q.Delete;
end;
```

Andere Anwendungen

Für Graphen mit gewichteten Kanten gibt es noch viele weitere Aufgabenstellungen. So kann man beispielsweise statt nach einem minimalen Pfad auch nach einem *maximalen Pfad* zwischen zwei Knoten fragen. Diese Aufgabe hat eine praktische Bedeutung zur Bestimmung sogenannter kritischer Pfade in einem Netzplan. Ein Netzplan dient der Planung voneinander abhängiger Vorgänge und ist ein gerichteter, zyklenfreier Graph, dessen Kanten den Vorgängen entsprechen. Der Verlauf der Kanten drückt deren gegenseitige Abhängigkeiten aus: Ein von einem Knoten auslaufender Vorgang kann erst beginnen, wenn alle in diesen Knoten einlaufenden Vorgänge beendet sind; die Knoten heissen deshalb auch Meilensteine. Wenn man nun jedem Vorgang einen Zeitaufwand zuordnet, ist der gesamte Zeitaufwand, der erforderlich ist, um von einem Meilenstein zu einem anderen zu gelangen, durch die maximale Pfadlänge zwischen den Meilensteinen gegeben.

Während der Algorithmus von Dijkstra zur Suche nach einem minimalen Pfad mit einem Pfaddurchlauf auskommt, der jede Kante nur einmal besucht, gibt es zur Suche nach einem maximalen Pfad keinen vergleichbar effizienten Algorithmus. Es bleibt keine andere Wahl, als alle möglichen Pfade durchzutesten, was bei grossen Graphen einen immensen Aufwand erfordert.

Eine andere berühmte Aufgabe ist jene des *Handelsreisenden* (traveling salesman). Hier ist in einem Graphen mit gewichteten Kanten ein minimaler Pfad unter jenen Pfaden gesucht, die alle Knoten berühren. Auch zur Lösung dieser Aufgabe muss man im Prinzip alle möglichen Pfade durchtesten; immerhin lässt sich durch geeignete Strategien ein grosser Teil der Varianten ausschliessen.

Programmbeispiele

Die Teile 2 bis 4 dieses Buches entwickeln schrittweise eine Bibliothek zur Darstellung von Listen, Bäumen und Graphen durch Objekte. Um den Überblick über diese Bibliothek zu erleichtern, ist sie hier nochmals zusammengestellt. Sie umfasst folgende Module:

- Modul Error für Fehlerbehandlung
- Modul Thing für Objekte, die sich initialisieren und vernichten können
- Modul List für rekursiv zugängliche Listen mit leeren, durch Vererbung erweiterbaren Elementobjekten
- Modul ThingList für Listen von Objekten der Klasse Thing (oder deren Unterklassen)
- Modul IntegerList für Listen ganzer Zahlen
- Module Queue und ThingQueue für Warteschlangen
- Modul Forest für Bäume und Wälder
- Modul Graph für Graphen

Ein zusätzliches Modul TextInput ermöglicht eine flexible Dateneingabe für Zeichenketten und ist für Experimente mit den beschriebenen Datenstrukturen nützlich.

Wer Zugang zum Internet hat, kann diese Programmbeispiele in elektronischer Form beziehen. Zur Zeit der Drucklegung des Buches sind sie über das File Transfer Protocol (ftp) zugänglich, und zwar auf dem dafür vorgesehenen Rechner ftp.ifi.unizh.ch des Instituts für Informatik der Universität Zürich. Die Technik der Veröffentlichung von Daten über Rechnernetzwerke ist gegenwärtig stark im Wandel begriffen, deshalb ist es denkbar, dass die Programmbeispiele später über andere Verfahren angeboten werden.

Fehlerbehandlung

Das Modul Error behandelt ein grundlegendes Problem: Viele Aufgabenstellungen erfordern Funktionen, die nicht für jeden möglichen Argumentwert definiert sind. Beispielsweise ist die Funktion First, die bei Anwendung auf eine Liste deren erstes Element liefern soll, im Falle einer leeren Liste nicht definiert. In mathematischer Sprechweise bedeutet dies, dass die betreffende Funktion *partiell* ist. Umgangssprachlich sagt man, die Anwendung der Funktion auf einen solchen Argumentwert führe zu einem *Fehler*. In einem interaktiven System besteht die einfachste Art der Behandlung von Fehlern darin, dem Benutzer die Art des Fehlers mitzuteilen und das Programm abzubrechen. Dazu bietet das Modul die in Kapitel 2.1 eingeführte Prozedur Error mit folgender Implementation:

```
procedure Error (s: string);
begin
WriteLn(s);
Halt;
end;
```

Ein Anwendungsbeispiel dafür zeigt die Implementation von List.First:

```
function List.First: Element;
begin
if Empty then
  Error('List.First: No elements');
First := Link;
end;
```

Das Beispiel nützt aus, dass Error nach dem Aufruf nicht mehr zur rufenden Stelle zurückkehrt, der Fehler also nicht mehr weiter behandelt werden muss.

Es wäre auch eine differenziertere Behandlung solcher Situationen denkbar. Man kann jede partielle Funktion zu einer totalen Funktion erweitern, die im Resultat Aussagen über allfällige Fehler macht; wir tun dies etwa bei der Operation List.AtNumber, indem wir sie bei einer nicht existierenden Position das Resultat **nil** liefern lassen. Der rufende Algorithmus muss diese Aussagen interpretieren und Fehlersituationen behandeln.

Ein anderes Konzept besteht darin, einer partiellen Funktion besondere Aktionen zur Verfügung zu stellen, die der betreffende Algorithmus beim Auftreten von Fehlern auslösen kann. Anders als die Aktion Error sollen diese Aktionen eine differenzierte Fehlerbehandlung erlauben, vielleicht sogar die Weiterführung des Algorithmus. Statt von Fehlern spricht man dabei weniger radikal von *Ausnahmen* (engl. exceptions). Neuere Programmiersprachen bieten besondere Mechanismen zur Behandlung von Ausnahmen.

Erzeugung und Vernichtung

Vererbung führt dazu, dass mehrere Klassen die Darstellung eines Objekts beeinflussen können. Von der Darstellung eines Objekts hängt aber ab, was zu seiner Erzeugung und Vernichtung getan werden muss, deshalb muss jede dieser Klassen die Möglichkeit haben, ihren Anteil zu den entsprechenden Algorithmen beizutragen. Das Modul Thing dient diesem Zweck, es bietet die in Kapitel 2.4 eingeführte Klasse Thing an, deren Objekte sich initialisieren und vernichten können (und sonst nichts). Das Modul hat folgenden Schnittstellenteil:

```
type Thing = object
  procedure Initialize;
  procedure Delete;
  end;
```

Die zugehörige Implementation ist sehr einfach:

```
procedure Thing.Initialize;
begin
end;

procedure Thing.Delete;
begin
Dispose(Self);
end;
```

Die Klasse Thing wird mittels Vererbung benützt, d.h. wenn sich die Objekte einer Klasse initialisieren und vernichten können sollen, muss diese eine Unterklasse von Thing sein und die Operationen **Initialize** und **Delete** passend erweitern. Dies wird in Kapitel 2.4 näher beschrieben.

Erweiterbare Listen

Das Modul List bietet eine Klasse List an, die rekursiv zugängliche Listen mit leeren, durch Vererbung erweiterbaren Elementobjekten definiert. Sein Schnittstellenteil enthält folgende Vereinbarungen:

```
type List = object(Thing)
  Link: Element;

  procedure Initialize; override;
  procedure Delete; override;

  function Empty: Boolean;
  function First: Element;
  function AfterFirst: List;
  procedure Insert (x: Element);
  procedure Remove (var x: Element);
  procedure SwapWith (l: List);

  procedure InsertFrom (l: List);
  procedure RemoveAndDelete;

  function Length: Integer;
  procedure ForAll (procedure Action (x: Element));
  procedure ForAllBackward (procedure Action (x: Element));

  function AtMiddle: List;
  function AtLast: List;
  function AtEnd: List;
  function AtNumber (n: Integer): List;
```

```
function AtFirstGood (function Good (x: Element): Boolean): List;
function AtLastGood (function Good (x: Element): Boolean): List;
function AtFirstBad (function Good (x: Element): Boolean): List;
function AtFirstMatching
   (function Match (x, y: Element): Boolean; y: Element): List;
function AtFirstNotMatching
   (function Match (x, y: Element): Boolean; y: Element): List;
function AtFirstMatchedBy
   (x: Element; function Match (x, y: Element): Boolean): List;
function AtFirstNotMatchedBy
   (x: Element; function Match (x, y: Element): Boolean): List;
function AtFirstOptimal (function Better (x, y: Element): Boolean): List;
function AtLastOptimal (function Better (x, y: Element): Boolean): List;

procedure MergeFrom (l: List; function Before (x, y: Element): Boolean);
procedure Mergesort (function Before (x, y: Element): Boolean);
procedure SortGoodTo (l: List; function Good (x: Element): Boolean);
procedure SortMatchingTo
   (l: List; function Match (x, y: Element): Boolean; x: Element);
procedure SortMatchedTo
   (l: List; x: Element; function Match (x, y: Element): Boolean);
procedure Quicksort (function Before (x, y: Element): Boolean);

end;

type Element = List;

function NewList: List;

function SameElement (x, y: Element): Boolean;
```

Wegen eines Fehlers in THINK Pascal 4.0 darf die Typvereinbarung von List allerdings nicht in dieser Form verwendet werden; damit der Compiler sie akzeptiert, muss man den Namen Element überall durch das Synonym List ersetzen. Für die Implementation und für die Anwendung ergibt sich daraus kein Unterschied.

Die zugehörige Implementation ist in Kapitel 2.4 beschrieben, zum Teil durch Hinweise auf Kapitel 2.2 und 2.3.

Listen "beliebiger" Objekte

Das Modul ThingList bietet eine von List abgeleitete Klasse ThingList an, die Listen von Objekten der Klasse Thing (oder davon abgeleiteter Klassen) definiert. Auch diese Klasse wird in Kapitel 2.4 eingeführt. Der Schnittstellenteil des Moduls enthält folgende Vereinbarungen:

```
type ThingList = object(List)
  function FirstThing: Thing;
  function AfterFirstThing: ThingList;
  procedure InsertThing (x: Thing);
  procedure RemoveThing (var x: Thing);
  procedure SwapThingsWith (l: ThingList);
```

```
  procedure InsertThingFrom (l: ThingList);
  procedure RemoveAndForget;
  procedure ForAllThings (procedure Action (x: Thing));
  procedure ForAllThingsBackward (procedure Action (x: Thing));
  function AtMiddleThing: ThingList;
  function AtLastThing: ThingList;
  function AtThingListEnd: ThingList;
  function AtThingNumber (n: Integer): ThingList;
  function AtFirstGoodThing (function Good (x: Thing): Boolean): ThingList;
  function AtLastGoodThing (function Good (x: Thing): Boolean): ThingList;
  function AtFirstBadThing (function Good (x: Thing): Boolean): ThingList;
  function AtFirstThingMatching
    (function Match (x, y: Thing): Boolean; y: Thing): ThingList;
  function AtFirstThingNotMatching
    (function Match (x, y: Thing): Boolean; y: Thing): ThingList;
  function AtFirstThingMatchedBy
    (x: Thing; function Match (x, y: Thing): Boolean): ThingList;
  function AtFirstThingNotMatchedBy
    (x: Thing; function Match (x, y: Thing): Boolean): ThingList;
  function AtFirstOptimalThing
    (function Better (x, y: Thing): Boolean): ThingList;
  function AtLastOptimalThing
    (function Better (x, y: Thing): Boolean): ThingList;
  procedure MergeThingsFrom
    (l: ThingList; function Before (x, y: Thing): Boolean);
  procedure MergesortThings (function Before (x, y: Thing): Boolean);
  procedure SortGoodThingsTo
    (l: ThingList; function Good (x: Thing): Boolean);
  procedure SortMatchingThingsTo
    (l: ThingList; function Match (x, y: Thing): Boolean; y: Thing);
  procedure SortMatchedThingsTo
    (l: ThingList; x: Thing; function Match (x, y: Thing): Boolean);
  procedure QuicksortThings (function Before (x, y: Thing): Boolean);
  end;

function NewThingList: ThingList;

function SameThing (x, y: Thing): Boolean;
```

Die zugehörige Implementation ist in Kapitel 2.4 nur angedeutet, wir stellen sie hier nochmals vollständig zusammen. Sie definiert zunächst eine Klasse für Elementobjekte mit einer Instanzvariablen vom Typ Thing:

```
type ThingElement = object(ThingList)
  Contents: Thing;
  procedure Initialize; override;
  procedure Delete; override;
  end;
```

Diese Klasse muss Initialize erweitern, weil sie eine Instanzvariable einführt, und Delete, weil diese Instanzvariable vom Typ Thing ist; dies folgt aus den in Kapitel 2.4 erläuterten Faustregeln, wie auch die Implementation dieser zwei Operationen:

```
procedure ThingElement.Initialize;
begin
inherited Initialize;
Contents := nil;
end;

procedure ThingElement.Delete;
begin
if Contents <> nil then
  Contents.Delete;
inherited Delete;
end;
```

Die *Grundoperationen* der Klasse ThingList bauen auf jenen der Klasse List auf. Wie bei der in Kapitel 2.1 eingeführten StringList muss beim Einfügen eines Elements ein Elementobjekt erzeugt, beim Entfernen eines vernichtet werden:

```
function ThingList.FirstThing: Thing;
begin
FirstThing := ThingElement(First).Contents;
end;

function ThingList.AfterFirstThing: ThingList;
begin
AfterFirstThing := ThingList(AfterFirst);
end;

procedure ThingList.InsertThing (x: Thing);
var y: ThingElement;
begin
New(y);
y.Initialize;
y.Contents := x;
Insert(y);
end;

procedure ThingList.RemoveThing (var x: Thing);
var y: Element;
begin
Remove(y);
x := ThingElement(y).Contents;
ThingElement(y).Contents := nil;
y.Delete;
end;

procedure ThingList.SwapThingsWith (l: ThingList);
begin
SwapWith(l);
end;
```

Die *Abkürzungen* InsertThingFrom und RemoveAndForget sind einfach zu implementieren:

```
procedure ThingList.InsertThingFrom (l: ThingList);
begin
InsertFrom(l);
end;

procedure ThingList.RemoveAndForget;
var x: Thing;
begin
RemoveThing(x);
end;
```

Die *Durchlaufoperationen* ForAllThings und ForAllThingsBackward könnte man mit Hilfe von ForAll und ForAllBackward implementieren. Dazu müsste man die auf Thing-Objekte anzuwendende Aktionsprozedur umsetzen in eine Aktionsprozedur für Elementobjekte:

```
procedure ThingList.ForAllThings (procedure Action (x: Thing));

  procedure ThingAction (x: ThingElement);
  begin
  Action(x.Contents);
  end;

begin
ForAll(ThingAction);
end;
```

Es ist aber einfacher und effizienter, den bei ForAll und ForAllBackward verwendeten Algorithmus bei ForAllThings und ForAllThingsBackward nachzuvollziehen:

```
procedure ThingList.ForAllThings (procedure Action (x: Thing));
begin
if not Empty then
  begin
  Action(FirstThing);
  AfterFirstThing.ForAllThings(Action);
  end;
end;
```

Die *Schreitoperationen* AtMiddleThing, AtLastThing, AtThingListEnd und AtThingNumber lassen sich analog zu AfterFirstThing implementieren, nämlich durch Anwendung einer Typkonversion auf das Resultat von AtMiddle, AtLast, AtEnd resp. AtNumber:

```
function ThingList.AtMiddleThing: ThingList;
begin
AtMiddleThing := ThingList(AtMiddle);
end;
```

Zur Implementation der *Suchoperationen* gibt es wieder zwei Möglichkeiten. Bei den relativ aufwendigen Operationen AtLastGoodThing, AtFirstOptimalThing und AtLastOptimalThing setzen wir das auf Thing-Objekte anzuwendende Suchkriterium Good resp. Better in ein Suchkriterium ThingGood resp. ThingBetter für Elementobjekte um und verwenden die Suchoperationen AtLastGood, AtFirstOptimal und AtLastOptimal:

```
function ThingList.AtLastGoodThing
    (function Good (x: Thing): Boolean): ThingList;

  function ThingGood (x: ThingElement): Boolean;
  begin
  ThingGood := Good(x.Contents);
  end;

begin
AtLastGoodThing := ThingList(AtLastGood(ThingGood));
end;

function ThingList.AtFirstOptimalThing
    (function Better (x, y: Thing): Boolean): ThingList;

  function ThingBetter (x, y: ThingElement): Boolean;
  begin
  ThingBetter := Better(x.Contents, y.Contents);
  end;

begin
AtFirstOptimalThing := ThingList(AtFirstOptimal(ThingBetter));
end;
```

Bei den übrigen Suchoperationen ist es einfacher, den in AtFirstGood usw. verwendeten Algorithmus direkt nachzuvollziehen:

```
function ThingList.AtFirstGoodThing
    (function Good (x: Thing): Boolean): ThingList;
begin
if Empty then
  AtFirstGoodThing := Self
else if Good(FirstThing) then
  AtFirstGoodThing := Self
else
  AtFirstGoodThing := AfterFirstThing.AtFirstGoodThing(Good);
end;
```

Zur Implementation der *Misch- und Sortieroperationen* wenden wir dieselben Verfahren an. Bei MergeThingsFrom, MergesortThings und QuicksortThings setzen wir – nach dem Muster von AtFirstOptimalThing – die Relation Before in eine Relation ThingBefore um und verwenden MergeFrom, Mergesort resp. Quicksort. SortGoodThingsTo wiederum implementieren wir nach dem Muster von AtLastGoodThing, also unter Verwendung von SortGoodTo mit einem Sortierkriterium ThingGood. Die Operationen SortMatchingThingsTo und SortMatchedThingsTo lassen sich nicht auf diese Weise auf Sort-

MatchingTo resp. SortMatchedTo zurückführen; stattdessen definieren wir hier ein etwas abgeändertes Sortierkriterium und verwenden SortGoodTo:

```
procedure ThingList.SortMatchingThingsTo
    (l: ThingList; function Match (x, y: Thing): Boolean; y: Thing);

  function ThingMatchesY (x: ThingElement): Boolean;
  begin
  ThingMatchesY := Match(x.Contents, y);
  end;

begin
SortGoodTo(l, ThingMatchesY);
end;

procedure ThingList.SortMatchedThingsTo
    (l: ThingList; x: Thing; function Match (x, y: Thing): Boolean);

  function ThingMatchedByX (y: ThingElement): Boolean;
  begin
  ThingMatchedByX := Match(x, y.Contents);
  end;

begin
SortGoodTo(l, ThingMatchedByX);
end;
```

Die verbleibenden Funktionen NewThingList und SameThing lassen sich völlig analog zu NewList und SameElement implementieren.

Listen ganzer Zahlen

Das Modul IntegerList bietet eine Klasse IntegerList für Listen ganzer Zahlen an. Diese wird in Kapitel 3.2 eingeführt, um die Operation Forest.AtNumbers formulieren zu können. Zur Vereinfachung lassen wir die Such- und Sortieroperationen weg und erhalten folgenden Schnittstellenteil:

```
type IntegerList = object(List)
  function FirstInteger: Integer;
  function AfterFirstInteger: IntegerList;
  procedure InsertInteger (n: Integer);
  procedure RemoveInteger (var n: Integer);
  procedure SwapIntegersWith (l: IntegerList);

  procedure InsertIntegerFrom (l: IntegerList);

  procedure ForAllIntegers (procedure Action (n: Integer));
  procedure ForAllIntegersBackward (procedure Action (n: Integer));

  function AtMiddleInteger: IntegerList;
  function AtLastInteger: IntegerList;
  function AtIntegerListEnd: IntegerList;
  function AtIntegerNumber (n: Integer): IntegerList;

  end;

function NewIntegerList: IntegerList;
```

Die Implementation definiert zunächst eine Klasse IntegerElement für die Elementobjekte:

```
type IntegerElement = object(IntegerList)
  Contents: Integer;
  procedure Initialize; override;
  end;
```

Man beachte, dass hier nur Initialize erweitert werden muss, aber nicht Delete, weil die zusätzliche Instanzvariable nicht von Thing abgeleitet ist.

Der Rest der Implementation ist analog zu jener von ThingList.

Warteschlangen

Die Klasse Queue erweitert die Klasse List um eine Operation Append, die das Anfügen eines Elements am Ende einer Warteschlange optimiert. Das entsprechende Modul Queue hat folgenden Schnittstellenteil:

```
type Queue = object(List)
  Tail: List;
  procedure Append (x: Element);
  end;

function NewQueue: Queue;
```

Die Funktion NewQueue wird wie NewList implementiert. Die Implementation von Append übernehmen wir sinngemäss von der in Kapitel 2.2 beschriebenen Operation StringQueue.Append:

```
procedure Queue.Append (x: Element);
begin
if Empty then
  Tail := Self;
Tail.Insert(x);
Tail := Tail.AfterFirst;
end;
```

Auf dieselbe Weise kann man die Klasse ThingList zu ThingQueue erweitern; diese Klasse wird in den Kapiteln 3.2 und 4.2 zur Implementation von Forest.ForAllLevelOrder und Node.ForWidePathTree verwendet. Das Modul ThingQueue bietet sie mit folgender Schnittstelle an:

```
type ThingQueue = object(ThingList)
  Tail: ThingList;
  procedure AppendThing (x: Thing);
  end;

function NewThingQueue: ThingQueue;
```

Die Implementation ist analog zu jener von Queue und in Kapitel 2.4 beschrieben.

Bäume und Wälder

Das Modul Forest bietet die von List abgeleiteten Klassen Forest und Tree zur Darstellung von Bäumen und Wäldern an. Es hat folgende Schnittstelle:

```
type Forest = object(List)
  function FirstTree: Tree;
  function AfterFirstTree: Forest;
  procedure InsertTree (x: Tree);
  procedure RemoveTree (var x: Tree);
  procedure SwapTreesWith (f: Forest);

  function FirstChildren: Forest;
  procedure InsertTreeFrom (f: Forest);
  procedure InsertFromFirstChildren;
  procedure RemoveToSecondChildren;
  procedure ReplaceFirstRoot (x: Tree; var y: Tree);

  function Size: Integer;
  function Height: Integer;
  function BinaryHeight: Integer;
  function Degree: Integer;
  procedure ForAllTrees (procedure Action (x: Tree));
  procedure ForAllTreesBackward (procedure Action (x: Tree));
  procedure ForAllLeaves (procedure Action (x: Tree));
  procedure ForAllPreorder
    (procedure Action (x: Tree); procedure Down; procedure Up);
  procedure ForAllPostorder
    (procedure Down; procedure Up; procedure Action (x: Tree));
  procedure ForAllBinaryInorder
    (procedure Down; procedure Up; procedure Action (x: Tree));
  procedure ForAllLevelOrder
    (procedure Action (x: Tree); procedure Down);

  function AtMiddleTree: Forest;
  function AtLastTree: Forest;
  function AtForestEnd: Forest;
  function AtTreeNumber (n: Integer): Forest;
  function AtFirstLeaf: Forest;
  function AtNumbers (l: IntegerList): Forest;
  function AtCode (s, Alphabet: string): Forest;
  function AtBinaryCode (s: string; ToFirstChild, ToNext: Char): Forest;

  function AtFirstGoodTree (function Good (x: Tree): Boolean): Forest;
  function AtLastGoodTree (function Good (x: Tree): Boolean): Forest;
  function AtFirstBadTree (function Good (x: Tree): Boolean): Forest;
  function AtFirstTreeMatching
    (function Match (x, y: Tree): Boolean; y: Tree): Forest;
  function AtFirstTreeNotMatching
    (function Match (x, y: Tree): Boolean; y: Tree): Forest;
  function AtFirstTreeMatchedBy
    (x: Tree; function Match (x, y: Tree): Boolean): Forest;
  function AtFirstTreeNotMatchedBy
    (x: Tree; function Match (x, y: Tree): Boolean): Forest;
```

```
    function AtFirstOptimalTree
       (function Better (x, y: Tree): Boolean): Forest;
    function AtLastOptimalTree
       (function Better (x, y: Tree): Boolean): Forest;

    function AtGoodPostorder
       (function Good (x: Tree): Boolean;
       function AfterGood (x: Tree): Boolean): Forest;
    function AfterGoodPostorder
       (function AfterGood (x: Tree): Boolean): Forest;
    function AtGoodPostorderB (n: Integer;
       function Good (x: Tree): Boolean;
       function NotBeforeGood (x: Tree): Boolean;
       function NewMaxTree: Tree): Forest;
    procedure RemoveRootPostorder (var x: Tree);

    end;

  type Tree = object(Forest)
    Children: Forest;
    procedure Initialize; override;
    procedure Delete; override;
    end;

  function NewForest: Forest;

  function SameTree (x, y: Tree): Boolean;
```

Die Implementation ist in den Kapiteln 3.1 bis 3.4 beschrieben, mit Ausnahme der über die Grundoperationen hinausgehenden Listenoperationen. Diese lassen sich aber sehr einfach implementieren; beispielsweise kann man die *Durchlaufoperationen* ForAllTrees und ForAllTreesBackward direkt, mit unveränderter Aktionsprozedur, auf die Operationen ForAll resp. ForAllBackward zurückführen:

```
procedure Forest.ForAllTrees (procedure Action (x: Tree));
begin
ForAll(Action);
end;
```

Die *Schreitoperationen* AtMiddleTree, AtLastTree, AtForestEnd und AtTreeNumber lassen sich wie bei der ThingList durch eine Typkonversion auf AtMiddle, AtLast, AtEnd resp. AtNumber zurückführen. Anders als bei der ThingList gilt dies auch für die *Suchoperationen* AtFirstGoodTree usw., weil man hier das Suchkriterium direkt für AtFirstGood usw. verwenden kann:

```
function Forest.AtFirstGoodTree (function Good (x: Tree): Boolean): Forest;
begin
AtFirstGoodTree := Forest(AtFirstGood(Good));
end;
```

Die Funktionen NewForest und SameTree werden wie NewList und SameElement implementiert.

Graphen

Das Modul Graph bietet mehrere Klassen an, welche die verschiedenen Komponenten von Graphen definieren:

- eine Klasse EdgeEnd für Kantenenden ("halbe Kanten"),
- eine von List abgeleitete Klasse EdgeList für Listen von Kantenenden,
- eine Klasse Node für Knoten,
- eine von List abgeleitete Klasse NodeList für Listen von Knoten,
- eine Klasse Graph für Graphen.

Der Schnittstellenteil des Moduls ist dadurch relativ gross. Er enthält folgende Vereinbarungen:

```
type EdgeList = object(List)
  function FirstEdge: EdgeEnd;
  function AfterFirstEdge: EdgeList;
  procedure InsertEdge (OtherList: EdgeList; e: EdgeEnd);
  procedure RemoveEdge (var e: EdgeEnd);

  procedure ForAllEdges (procedure Action (e: EdgeEnd));
  procedure ForAllEdgesBackward (procedure Action (e: EdgeEnd));
  procedure ForAllOutgoingEdges (procedure Action (e: EdgeEnd));
  procedure ForAllIncomingEdges (procedure Action (e: EdgeEnd));
  procedure ForAllUndirectedEdges (procedure Action (e: EdgeEnd));
  procedure ForAllPathEdges (procedure Action (e: EdgeEnd));

  function AtMiddleEdge: EdgeList;
  function AtLastEdge: EdgeList;
  function AtEdgeListEnd: EdgeList;
  function AtEdgeNumber (n: Integer): EdgeList;
  function Here: Node;

  function AtFirstGoodEdge
      (function Good (e: EdgeEnd): Boolean): EdgeList;
  function AtLastGoodEdge
      (function Good (e: EdgeEnd): Boolean): EdgeList;
  function AtFirstBadEdge
      (function Good (e: EdgeEnd): Boolean): EdgeList;
  function AtFirstEdgeMatching
      (function Match (e1, e2: EdgeEnd): Boolean; e: EdgeEnd): EdgeList;
  function AtFirstEdgeNotMatching
      (function Match (e1, e2: EdgeEnd): Boolean; e: EdgeEnd): EdgeList;
  function AtFirstEdgeMatchedBy
      (e: EdgeEnd; function Match (e1, e2: EdgeEnd): Boolean): EdgeList;
  function AtFirstEdgeNotMatchedBy
      (e: EdgeEnd; function Match (e1, e2: EdgeEnd): Boolean): EdgeList;
  function AtFirstOptimalEdge
      (function Better (e1, e2: EdgeEnd): Boolean): EdgeList;
  function AtLastOptimalEdge
      (function Better (e1, e2: EdgeEnd): Boolean): EdgeList;
  end;

type EdgeBody = Thing;
```

```
type EdgeEnd = object(EdgeList)
  Outgoing: Boolean;
  There: Node;
  OtherEnd: EdgeEnd;
  Body: EdgeBody;

  procedure Initialize; override;
  procedure Delete; override;
  procedure MakeEdge (e: EdgeEnd; b: EdgeBody);

  function Incoming: Boolean;
  function Undirected: Boolean;
  function Here: Node; override;
  function Source: Node;
  function Destination: Node;

  function Critical: Boolean;
  function UCritical: Boolean;

  procedure IncludeInPath;

  end;

function NewEdge (Outgoing, Incoming: Boolean; b: EdgeBody): EdgeEnd;

function SameEdge (e1, e2: EdgeEnd): Boolean;

type Node = object(EdgeList)
  Home: Graph;
  LastPathEdge: EdgeEnd;
  StartsPath: Boolean;

  procedure Initialize; override;

  function Here: Node; override;

  procedure StartPath;
  function inPath: Boolean;
  procedure ExcludeLastPathEdge;
  function PathLength: Integer;
  function PathSum (function Value (e: EdgeEnd): Integer): Integer;
  procedure ForPath (procedure Action (e: EdgeEnd));
  procedure ForPathTree (procedure Action (x: Node));

  function Destinations: Integer;
  function Critical: Boolean;
  function UCritical: Boolean;
  procedure ForDeepPathTree (procedure Action (x: Node));
  procedure ForWidePathTree (procedure Action (x: Node));
  procedure ForMinimalPaths
     (function Weight (e: EdgeEnd): Integer; procedure Action (x: Node));
  procedure ForAllPaths (procedure Action (x: Node));
  procedure ForAllCyclicPaths (procedure Action (x: Node));

  end;

function SameNode (x, y: Node): Boolean;
```

```
type NodeList = object(List)
  function FirstNode: Node;
  function AfterFirstNode: NodeList;
  procedure InsertNode (x: Node);
  procedure RemoveNode (var x: Node);

  procedure ForAllNodes (procedure Action (x: Node));
  procedure ForAllNodesBackward (procedure Action (x: Node));

  function AtMiddleNode: NodeList;
  function AtLastNode: NodeList;
  function AtNodeListEnd: NodeList;
  function AtNodeNumber (n: Integer): NodeList;
  function Home: Graph;

  function AtFirstGoodNode (function Good (x: Node): Boolean): NodeList;
  function AtLastGoodNode (function Good (x: Node): Boolean): NodeList;
  function AtFirstBadNode (function Good (x: Node): Boolean): NodeList;
  function AtFirstNodeMatching
      (function Match (x, y: Node): Boolean; y: Node): NodeList;
  function AtFirstNodeNotMatching
      (function Match (x, y: Node): Boolean; y: Node): NodeList;
  function AtFirstNodeMatchedBy
      (x: Node; function Match (x, y: Node): Boolean): NodeList;
  function AtFirstNodeNotMatchedBy
      (x: Node; function Match (x, y: Node): Boolean): NodeList;
  function AtFirstOptimalNode
      (function Better (x1, x2: Node): Boolean): NodeList;
  function AtLastOptimalNode
      (function Better (x1, x2: Node): Boolean): NodeList;

  end;

type Graph = object(NodeList)
  function Graph.Edges: Integer;

  function Home: Graph; override;

  function UComponents: Integer;
  procedure UForAllCriticalEdges (procedure Action (e: EdgeEnd));
  procedure UForAllCriticalNodes (procedure Action (x: Node));
  procedure UForMinimalPathForest
      (function Weight (e: EdgeEnd): Integer; procedure Action (x: Node));

  procedure ClearPaths;

  end;

function NewGraph: Graph;
```

Die zugehörige Implementation ist – mit Ausnahme der Listenoperationen für die Klassen EdgeList und NodeList – in den Kapiteln 4.1 bis 4.3 beschrieben oder (für einige einfache Operationen) zumindest angedeutet. Die Klasse EdgeList ist der Klasse Forest nachgebildet, d.h. die Elementobjekte einer Kantenliste sind gerade die Kantenende-Objekte. Die Listenoperationen lassen sich deshalb analog zu den entsprechenden Operationen von Forest implementieren. Die Klasse NodeList dagegen ist der Klasse

ThingList nachgebildet, d.h. die Elementobjekte einer Knotenliste enthalten jeweils einen Verweis auf ein Knotenobjekt:

```
type NodeElement = object(NodeList)
  Contents: Node;
  procedure Initialize; override;
  procedure Delete; override;
  function Home: Graph; override;
  end;
```

Die Implementation der Listenoperationen folgt deshalb hier dem Muster der Klasse ThingList. Eine Besonderheit dabei ist, dass die Operation InsertNode das einzufügende Knotenobjekt über die Instanzvariable Home mit dem Graphenobjekt verketten muss:

```
procedure NodeList.InsertNode (x: Node);
var y: NodeElement;
begin
x.Home := Home;
New(y);
y.Initialize;
y.Contents := x;
Insert(y);
end;
```

Umgekehrt muss RemoveNode die Verkettung wieder lösen:

```
procedure NodeList.RemoveNode (var x: Node);
var y: Element;
begin
Remove(y);
x := NodeElement(y).Contents;
NodeElement(y).Contents := nil;
y.Delete;
x.Home := nil;
end;
```

Texteingabe

Beim Experimentieren mit den in diesem Buch vorgestellten Datenstrukturen tritt oft der Wunsch nach einer flexibleren Dateneingabe für Zeichenketten auf. Das Modul TextInput dient diesem Zweck. Es bietet die in Kapitel 2.2 eingeführte Operation ReadWord, die ein einzelnes "Wort" von der Textdatei Input liest, sowie zwei Funktionen isUnsignedInteger und UnsignedIntegerValue zur Interpretation gelesener Wörter als Zahlen.

Zunächst müssen wir festlegen, wie ein Text in Wörter gegliedert sein soll. Dazu teilen wir den Zeichensatz in Trennzeichen und nichttrennende Zeichen ein: Buchstaben und Ziffern sowie Zeichen oberhalb CHR(127) sind nichttrennende Zeichen, alle übrigen Zeichen sind Trennzeichen. Ein Wort ist entweder eine Folge nichttrennender Zeichen oder ein einzelnes nichtleeres Trennzeichen; Leerzeichen sind Trennzeichen, bilden aber keine Wörter. Der folgende Text besteht demnach aus drei Wörtern:

```
rot gelb grün
```

Der folgende Text besteht aus 5 Wörtern, da jedes Komma ein einzelnes Wort bildet:

```
rot, gelb, grün
```

Um auch die Zeileneinteilung und das Ende eines Textes erfassen zu können, erweitern wir die Definition: Das Ende jeder Zeile soll einem zusätzlichen leeren "Wort" entsprechen, ebenso das Ende des gesamten Textes. Diese Erweiterung ist möglich, weil ein Wort im Sinne der ursprünglichen Definition nie leer ist.

Die Operation ReadWord überliest zunächst allfällige Leerzeichen und liest anschliessend ein Wort von der Textdatei Input, unter Einbezug von Zeilen- und Dateiende gemäss der erweiterten Definition. Wir implementieren sie mit folgender Prozedur:

```
procedure ReadWord (var s: string);
const Separators = [CHR(0)..'/', ':'..'@', '['..'`', '{'..CHR(127)];
begin
s := '';
if not EOF then
  begin
  while (Input^ = ' ') and (not EOLN) do Get(Input);
  if not (Input^ in Separators) then
    repeat
      Insert(Input^, s, Length(s) + 1);
      Get(Input);
      until Input^ in Separators
  else
    begin
    if not EOLN then s := Input^;
    Get(Input);
    end;
  end;
end;
```

Ein Anwendungsbeispiel für diese Prozedur ist das folgende Programmfragment, es liest alle auf einer Zeile eingegebenen Wörter und verarbeitet sie in irgendeiner Weise:

```
...
repeat
  ReadWord(s);
  if s <> '' then
    {s verarbeiten}
  until s = '';
...
```

Nach diesem Muster werden in Kapitel 2.2 die Elemente einer Liste gelesen. Das folgende Beispiel erlaubt mehrzeilige Eingaben, es liest alle eingegebenen Wörter bis zu einer Leerzeile:

```
...
ReadWord(s);
while s <> '' do
  begin
  {Zeilenbeginn behandeln}
  repeat
    {s verarbeiten}
    ReadWord(s);
  until s = '';
  {Zeilenende behandeln}
  ReadWord(s);
  end;
...
```

Dieses Muster wird in leicht abgeänderter Form in Kapitel 4.2 verwendet, um die Knoten und Kanten eines Graphen zu lesen.

Gelegentlich soll ein so eingelesenes "Wort" als Zahl interpretiert werden; diesem Zweck dienen die folgenden zwei Funktionen. Die erste prüft, ob eine Zeichenkette eine vorzeichenlose ganze Zahl enthält, also eine nichtleere Folge von Ziffern:

```
function IsUnsignedInteger (s: string): Boolean;
var ok: Boolean; k: Integer;
begin
ok := (s <> '');
k := 0;
while ok and (k < Length(s)) do
  begin
  k := k + 1;
  ok := (s[k] in ['0'..'9']);
  end;
IsUnsignedInteger := ok;
end;
```

Die zweite Funktion interpretiert eine Zeichenkette als vorzeichenlose ganze Zahl und bestimmt den entsprechenden Zahlwert, unter der stillschweigenden Annahme, dass die Zeichenkette nur Ziffern enthält:

```
function UnsignedIntegerValue (s: string): Integer;
var n, k: Integer;
begin
n := 0;
for k := 1 to Length(s) do
  n := 10 * n + (Ord(s[k]) - Ord('0'));
UnsignedIntegerValue := n;
end;
```

Begriffe

abstrakter Datentyp
: Spezifikation einer Algebra, die bezüglich einer Menge von Datenwerten abstrakt ist. Muss Funktionen umfassen, mit denen Werte dieser Menge erzeugt und interpretiert werden können.

abstraktes Objekt
: abstrakter Datentyp, dessen abstrakt beschriebene Menge die Zustandsmenge eines Objektes ist.

abstrakte Spezifikation
: Spezifikation, die bezüglich einer Menge oder Funktion gerade soviel festlegt, dass man zur Anwendung deren Implementation nicht kennen muss. Beispiele: Die Spezifikation einer Menge von Datenwerten ist nicht abstrakt, da zur Implementation jeder Funktion, die solche Werte verwendet oder erzeugt, deren Darstellung bekannt sein muss. Hingegen ist die Spezifikation einer Funktion, die von einer vorgegebenen Darstellung der Argumente und Resultate ausgeht, abstrakt. Abstraktion von Teilaufgaben hilft bei der Lösung umfänglicher Aufgaben und bei der Wiederverwendung von Lösungen.

Aktion
: Funktion mit einer zusätzlichen Zuordnung, die sie an einen oder mehrere Speicher bindet, sodass deren Zustände als Argumente und Resultate auftreten. Man sagt auch, die Funktion bewirke einen Seiteneffekt auf den Speicher.

Algebra
: Kombination einer oder mehrerer Mengen mit einer Anzahl Funktionen, deren Argument- und Resultatmengen diese Mengen sind. Beispiel: Menge der ganzen Zahlen mit den Grundrechenoperationen.

Algorithmus
: Vorschrift zur Kombination bekannter Funktionen oder Aktionen zu einer neuen Funktion oder Aktion.

Baum
: Datenstruktur aus hierarchisch angeordneten Knoten. Als Sonderfall eines Graphen: Gerichteter Wald mit nur einer Wurzel (gerichteter

Baum), oder zusammenhängender freier Wald (ungerichteter oder freier Baum).

Darstellung
Bijektive Abbildung einer Menge auf eine andere Menge (Bildmenge). Beispiel: Darstellung von Zahlen durch Ziffernfolgen. Wenn man die Argument- und Resultatmengen einer Funktion durch beliebige Bildmengen darstellt, ergibt sich auf natürliche Weise zwischen den Bildmengen eine Darstellung für die Funktion selbst, nämlich jene Funktion, die den Bildern der Argumente die Bilder der Resultate zuordnet.

Datenstruktur
Strukturierter Wert oder Speicher; in einem allgemeineren Sinn auch eine Beschreibung strukturierter Werte oder Speicher, etwa in Pascal mit Hilfe strukturierter Typen.

Funktion
Relation zwischen zwei Mengen (Argument- und Resultatmenge), die jedem Argument höchstens ein Resultat zuordnet. Eine nicht für jedes Argument definierte Funktion heisst partiell. Verallgemeinerung auf mehrstellige Relation: Funktion mit mehreren Argument- und Resultatmengen.

Graph
Datenstruktur aus beliebig miteinander verknüpften Knoten. Eine Verknüpfung zwischen zwei Knoten heisst Kante.

Implementation zu einer Spezifikation
Datenstrukturen und/oder Algorithmen, welche die Spezifikation erfüllen.

Instanz einer Klasse
Objekt der Klasse.

Instanzvariable
Komponente des Zustands eines Objekts.

Kapselung
Mechanismus, der die Umgehung einer Schnittstelle verhindert.

Klasse
Implementation der Algebra eines Objekts, d.h. der Zustandsmenge und der Zugriffsoperationen.

Liste
Datenstruktur aus linear angeordneten Elementen.

Methode
Implementation einer Zugriffsoperation eines Objekts.

Modul
Gliederungseinheit mit getrenntem Schnittstellen- und Implementationsteil.

Objekt
Kombination eines Speichers mit einer Algebra, die die zugehörigen Zugriffsoperationen umfasst.

polymorphe Funktion
Etwas nachlässige Bezeichnung für eine Gesamtheit von Funktionen, die dieselbe polymorphe Spezifikation erfüllen.

polymorphe Spezifikation
Spezifikation, deren Bedingungen durch mehrere Kombinationen von Mengen und Funktionen erfüllt werden können.

Prozedur
in Pascal (oder einer verwandten Programmiersprache) formulierter Algorithmus.

Relation
Beziehung zwischen den Elementen zweier Mengen, d.h. Aussage, die für jedes Elementpaar entweder wahr oder falsch ist. Wird oft identifiziert mit der Menge der Paare, für welche die Aussage wahr ist. Verallgemeinerung auf mehr als zwei Mengen: mehrstellige Relation.

Schnittstelle
Die zur Anwendung einer abstrakt spezifizierten Funktion oder Algebra notwendigen Angaben.

Speicher
Träger eines Wertes. Hat eine Identität, z.B. ausgedrückt durch einen Namen. Kann veränderbar sein, in der Regel im Rahmen einer vorgegebenen Wertmenge.

Spezifikation
Beschreibung einer Aufgabe durch Angabe von Bedingungen, welche die Werte, Speicher und Funktionen erfüllen müssen.

strukturierter Speicher
Speicher für strukturierte Werte.

strukturierter Wert
Wert, der aus Komponentenwerten mittels Funktionen erzeugt und aus dem die Komponentenwerte mittels Funktionen rekonstruiert werden können. Beispiel: Paar von Werten.

Variable

Bezeichnung für veränderbare Speicher in Pascal (und verwandten Programmiersprachen).

Wald

Menge von Bäumen. Als Sonderfall eines Graphen: Gerichteter Graph, in welchem jeder Knoten höchstens eine einlaufende Kante hat (gerichteter Wald, Knoten ohne einlaufende Kanten sind Wurzeln), oder ungerichteter Graph ohne Zyklen (ungerichteter oder freier Wald).

Literatur

[Baase88] Sara Baase: *Computer Algorithms.* 2nd Edition, Addison-Wesley, Reading Mass. 1988

[Booch91] Grady Booch: *Object-Oriented Design with Applications.* Benjamin/Cummings, Redwood City Calif. 1991 (2nd Edition 1994)

[Budd91] Timothy Budd: *An Introduction to Object-Oriented Programming.* Addison-Wesley, Reading Mass. 1991

[Collins92] William J. Collins: *Data Structures: An Object-Oriented Approach.* Addison-Wesley, Reading Mass. 1992

[Cormen&al.90] Thomas H. Cormen, Charles E. Leiserson, Ronald L. Rivest: *Introduction to Algorithms.* MIT Press, Cambridge Mass. 1990

[Güting92] Ralf Hartmut Güting: *Datenstrukturen und Algorithmen.* Teubner, Stuttgart 1992

[Horowitz&Sahni90] Ellis Horowitz, Sartaj Sahni: *Fundamentals of Data Structures in Pascal.* 3rd Edition, Computer Science Press, New York 1990

[Meyer88] Bertrand Meyer: *Object-Oriented Software Construction.* Prentice Hall, New York 1988 (Deutsche Ausgabe Hanser, München 1990)

[Sedgewick88] Robert Sedgewick: *Algorithms.* 2nd Edition, Addison-Wesley, Reading Mass. 1988 (Deutsche Ausgabe 1991)

[Sedgewick92] Robert Sedgewick: *Algorithms in C++.* Addison-Wesley, Reading Mass. 1992 (Deutsche Ausgabe 1992)

[Sedgewick93] Robert Sedgewick: *Algorithms in Modula-3.* Addison-Wesley, Reading Mass. 1993

Index

Chr. Überhuber, P. Meditz

Software-Entwicklung in Fortran 90

1993. 27 Abbildungen. XIV, 426 Seiten.
Broschiert DM 60,–, öS 420,–
ISBN 3-211-82450-2

Praktisch tätige und künftige Entwickler numerischer Software sollen mit den neuen Ansätzen und den mächtigen Konstrukten von Fortran 90 vertraut gemacht werden. Die Darstellung ist stark auf Scientific Computing (Numerische Datenverarbeitung ausgerichtet.

E. Langer

Programmieren in Fortran

1993. XII, 320 Seiten.
Broschiert DM 45,–, öS 315,–
ISBN 3-211-82446-4

Das Werk beschreibt die Programmiersprache Fortran gemäß dem neuen Standard 90 (ANSI und ISO/IEC) und dient - grundlegende Programmierkenntnisse vorausgesetzt - sowohl als Einführung als auch als Nachschlagewerk. Da sämtliche Neuerungen gegenüber dem (in Fortran 90 vollständig enthaltenen) Standard 77 gekennzeichnet sind, ist es für beide Standards von Relevanz.